Hans
Grisebach

Claudia Kromrei

Hans Grisebach

Ein Architekt und sein Werk

niggli

INHALT

Houses are built to live in, and not to look on

Francis Bacon (1561–1626)
Essays, Civil and Moral

Der Architekt Hans Grisebach (1848–1904) kommt Anfang der 1880er-Jahre nach Berlin und gewinnt mehr oder weniger aus dem Stand den Wettbewerb für ein neues Geschäftshaus in der sich damals gerade lebhaft entwickelnden Friedrichstraße. Grisebach setzt sich mit seinem Entwurf gegen namhafte und längst etablierte Kollegen durch, realisiert das Haus umgehend, erhält größtes Lob in der Fachpresse und begründet so seine Berliner Selbstständigkeit. In den kommenden Jahren realisiert er weitere Geschäftshäuser und Villen, darunter auch sein eigenes Wohnhaus und Atelier in der Fasanenstraße, eines der ganz wenigen gereihten städtischen Wohnhäuser in Berlin überhaupt. Wilhelm von Bode vertraut ihm seine Villa an, Max Liebermann sein Atelier, die Berliner Secessionisten ihr erstes Ausstellungsgebäude, Gerhart Hauptmann schließlich sein Refugium im schlesischen Agnetendorf. Grisebach entwirft die Berliner Hochbahnstation am Schlesischen Tor, Herrenhäuser, öffentliche Bauten und Kirchen in den verschiedensten Provinzen des Deutschen Reiches und mit seinem letzten Werk 1903 ein typologisch neu- und einzigartiges Wohnhaus wiederum in der Berliner Fasanenstraße. Ein Jahr später, 1904, da ist er noch nicht 56 Jahre alt, stirbt Hans Grisebach.

Grisebachs schaffensreiche Jahre fallen in eine wirtschaftlich prosperierende Zeit in einer sich dynamisch entwickelnden Stadt Berlin; es wurde hier im ausgehenden 19. Jahrhundert nicht nur sehr viel gebaut, es dominierte gestalterisch auch ein zur Übertreibung und Überladung, wenn nicht zum Protz neigender Formenreichtum. Grisebachs Häuser unterscheiden sich von denen der meisten seiner Zeitgenossen und bilden in der Summe, wie man jetzt sehen kann, ein für die Zeit außerordentlich konvergentes Werk.

Über das Werk des Architekten, das schon in seiner Entstehungszeit höchste Anerkennung und Wertschätzung erfuhr, liegt bis heute keine zusammenhängende Betrachtung vor. Kurz nach Grisebachs Tod erwarb der Direktor der Bibliothek des Kunstgewerbemuseums Peter Jessen dessen umfangreiche Büchersammlung. 1966 überließ die Familie der Kunstbibliothek der Staatlichen Museen Preußischer Kulturbesitz rund 160 Blätter mit Skizzen und Zeichnungen Grisebachs und Fotos einiger Bauwerke. Weitere Zeichnungen und Fotos befinden sich in den Beständen des Architekturmuseums der Technischen Universität

← Eingang Wohnhaus Grisebach, Berlin-Charlottenburg, 1892, Foto aus: Nachlass

Berlin. Ekhart Berckenhagen hat die der Kunstbibliothek überlassenen Zeichnungen 1974 in einem Sammlungskatalog systematisch zusammengefasst und um biografische Angaben ergänzt. Dieses kleine Heft ist bis heute die ausführlichste Publikation zum Werk Grisebachs. Zur Geschichte des Wohn- und Atelierhauses des Architekten in der Berliner Fasanenstraße entstand im Jahr 1986 ein von der Deutschen Bank Berlin herausgegebenes Heft aus Anlass der gerade abgeschlossenen denkmalgerechten Wiederherstellung. Außerdem taucht Grisebachs Name mit biografischen Angaben und losen Auflistungen seiner Bauten in zahlreichen Übersichtswerken auf. Ein über Jahrzehnte außerordentlich sorgfältig erarbeitetes und umfangreiches Dissertationsvorhaben zu Hans Grisebach und Gerhart Hauptmanns Wiesenstein des Kunsthistorikers John Lochner-Griffith wurde nicht zu Ende geführt, ebenso wenig wie das der Kunsthistorikerin Dagmar Rösner.

Heute ist fast die Hälfte von Grisebachs Bauten zerstört. Sein Werk wird notwendigerweise anhand eines willkürlich überkommenen Teils wahrgenommen, in dem insbesondere der damals neue und von ihm beispielhaft entwickelte Typus des Geschäftshauses fehlt. Diese Monografie dient vor allem der Sichtbarmachung und Vergegenwärtigung von Grisebachs baukünstlerischem Gesamtwerk. Sie zielt nicht darauf, den Architekten und sein Werk aus der Geschichte und aus der Beziehung zu vermeintlichen Vorbildern zu deuten oder gar zu erklären. Der Blick auf die gebauten Werke Grisebachs soll vielmehr deutlich machen, mit welchen architektonischen Mitteln er in seiner Zeit etwas Neues schuf. Unabhängig von den historischen und kulturspezifischen Besonderheiten der Ausdrucksform geht es um den Baugedanken, das Thema, die Idee, und darum, darin Quellen beispielhafter Lösungen für bis heute gültige Fragen der Architektur zu entdecken.

Grisebachs architektonisches Werk

Was Grisebachs architektonisches Werk auszeichnet sind – verkürzt und zusammengefasst – drei Dinge:

Grisebachs Häuser sind aus ihrem inneren Organismus heraus konzipiert und nicht auf eine äußere Form und Gestalt hin. Der Anordnung der Räume im Inneren entspricht die Umrisslinie des Baukörpers und mit dieser meist bewegten Kontur bezieht sich das Haus gleichzeitig auf den Ort – den Stadtraum, den Garten oder die Landschaft. Grisebachs Wohnhäuser sind aus ihrem Zentrum, der meist zweigeschossigen Halle, heraus entwickelt, um die herum sich die Räume gruppieren, die sich dann ihrerseits nach außen körperlich abzeichnen und durch Erker, Loggien, Veranden und Terrassen zum Außenraum Beziehungen formulieren oder zeichenhaft in Türme oder übergiebelte Vorbauten münden. Aus den Bedürfnissen der Bewohner und dem Raumprogramm entsteht der Grundriss, der die Gestalt des Baukörpers bestimmt und den Ausdruck des Hauses. Das betrifft keinesfalls nur die frei stehenden, malerisch um die Ecken entworfenen Villen, sondern ebenso die städtischen Häuser, die dort, wo es keine begrenzende Brandwand gibt plastisch vor- und zurückspringen und insbesondere in Richtung Himmel keine horizontal abschließende Begrenzung erfahren.

> „(...) Sein Streben war, von innen nach außen zu bauen, in der Fassade nur den Zweck des Baues und seine innere Gestaltung zum Ausdruck zu bringen. In der Anlage wie in der Durchbildung nahm er sich dabei das altdeutsche Haus zum Vorbild, mit Einschluss des englischen und namentlich des holländischen Hauses, die sich mehr unseren modernen Verhältnissen entsprechend entwickeln konnten. (...) Sein Anschluss an ältere Vorbilder war dabei keineswegs ein ängstlicher oder gar knechtischer; er bildete seine Formensprache auf Grund derselben ganz nach den jedesmaligen Anforderungen und nach seiner Phantasie, stets bescheiden in den Details, einfach und groß in den Verhältnissen, malerisch in der Wirkung, innen wie außen, Eigenschaften, die in Berlin kaum ein zweiter Baumeister so zu vereinigen gewusst hat."[1]

Was Grisebachs Werk bis heute beispielhaft und relevant macht ist seine Auseinandersetzung mit zwei damals neuen urbanen Gebäudetypen: dem großstädtischen Geschäftshaus und dem städtischen gereihten Wohnhaus. Beide sind bis heute gängige Bauaufgaben und für beide hat er eine frühe gültige Form gefunden.

Die Entwicklung Berlins zu einer Metropole mit mehr als vier Millionen Einwohnern vollzieht sich nach 1871 in der Berliner Friedrichstadt umgehend auch städtebaulich-architektonisch. Die zwei- bis dreigeschossigen bürgerlichen Wohnhäuser, die der nur mäßig großen Residenzstadt Berlin noch genügt hatten, weichen dort sukzessive fünfgeschossigen Geschäftshäusern. Die künstlerische Bewältigung dieser neuen Bauaufgabe und die Entwicklung des Typus erscheint hier wie ein rasantes 1:1-Experiment. Grisebachs erstes Haus dieser Art entsteht 1883 und ist ein Wohn- und Geschäftshaus für den Bleistifthersteller Faber an der Friedrichstraße. Bei diesem auf zwei Arten genutzten Haus ist einerseits die strukturelle Trennung der Funktionen zu meistern und zum anderen die Gestaltung der Fassaden. Die Geschäfte im unteren Teil des Hauses brauchen repräsentative Schaufenster und breite Achsen, die Wohnungen oben haben eine kleinteiligere Struktur, eine geringere Geschosshöhe, benötigen Intimität und Privatheit, vielleicht massive Brüstungen, jedenfalls größere Wandanteile. Grisebach transformiert die Fensteröffnungen in Form und Größe geschossweise und schafft mit der kleinteiligen, anpassungsfähigen Struktur des roten Klinkers als Hintergrundfläche und hellem Naturstein als gliederndem Kontrast ein ausgewogenes, harmonisches Gesamtbild des Hauses.

Ganz anders wird dieselbe Aufgabe beispielsweise von den etablierten und deutlich erfolgreicheren Kollegen Heinrich Kayser (1842–1917) und Karl von Großheim (1841–1911) gelöst. Beim Wohn- und Geschäftshaus in der Leipziger Straße 83 von 1884 machen sie keinerlei Hehl daraus, dass es zwei unterschiedliche Nutzungen beherbergt. Der Wechsel von einem zweigeschossigen Geschäftshaus mit drei breiten Fensterachsen zu einem dreigeschossigen Wohnhaus erfolgt hier so abrupt wie lapidar ober- und unterhalb einer Gesimslinie.

Als Grisebach wenig später für den Teppich- und Polsterwarenhandel Ascher & Münchow in der Leipziger Straße ein reines Geschäftshaus konzipiert, gibt er ihm konsequent eine am Industriebau orientierte Struktur und Einfachheit mit einem einzigen großen Raum pro Ebene. In den hohen zweigeschossigen Schaufenstern nutzt er die Kämpfer, hinter denen die Eisenträger der Geschossdecke liegen, zur Aufnahme der Firmenschilder. In der Fassade aus rotem Ziegel, in der sich in den weiteren Obergeschossen auch der Wandanteil folgerichtig kaum verändert, wird das Eisen der Tragkonstruktion gezeigt, während der helle Naturstein entfällt.

Wer in den 1880er-Jahren die Aufgabe in einer ähnlichen Art und Weise löst und zu einem ähnlichen Ausdruck gelangt wie Grisebach mit seinen beiden ersten Geschäftshäusern, ist der britische Architekt Richard Norman Shaw (1831–1912). Mit dem Gebäude für die Allliance Assurance Company in der Londoner St James's Street Ecke Pall Mall, aber auch in einigen Elementen seiner Wohnhäuser erscheint er wie ein künstlerischer Gesinnungsgenosse Grisebachs.

Das Geschäftshaus wandelt sich in der Folge innerhalb weniger Jahre zum Typus des Warenhauses. Zur Jahrhundertwende eröffnet unweit von Ascher & Münchow

Kayser & von Großheim, Geschäftshaus Berlin, 1884,
Foto aus: Architekten- und Ingenieur-Verein zu Berlin
(Hg.): *Berlin und seine Bauten*

Richard Norman Shaw, Alliance Assurance Building
London, 1882, Foto aus: Saint, Andrew: *Richard Norman
Shaw*, New Haven/London 1976

Hans Grisebach, Wohn- und Gechäftshaus Faber Berlin,
1883, Foto aus: Architekturmuseum der TU Berlin, Inv.-Nr.
1599

Hans Grisebach, Geschäftshaus Ascher & Münchow
Berlin, 1887, Foto aus: Architekturmuseum der TU Berlin
ZFB 40 066

ebenfalls an der Leipziger Straße das Kaufhaus Tietz mit einer haushohen Glasfassade nach dem Entwurf des Architekten Bernhard Sehring (1855–1941). Kurz zuvor schon war in Richtung Leipziger Platz ein erster Bauabschnitt des Kaufhauses Wertheim von Alfred Messel (1853–1909) fertig geworden, dem dann 1906 der Kopfbau folgt.

„Hans Grisebachs Talent entfaltete sich während der Umwandlung Berlins aus einer mittleren Residenz zur Reichshauptstadt und er machte sie nicht nur mit, sondern er bestimmte ihren architektonischen Charakter mit durch sein Faberhaus, dessen letzte Konsequenz erst Messel ziehen sollte"[2], schreibt Max Liebermann 1916.

Der zweite urbane Typus, für den Grisebach früh schon eine neue Form entwickelt, ist das städtische gereihte Wohnhaus als Teil einer Blockrandbebauung. Grisebach realisiert ein solches Haus 1892 für seine Familie in der Fasanenstraße und 1903 noch einmal für zwei Familien etwas weiter südlich in derselben Straße. Die beiden Wohnhäuser sind schmal und hoch, beidseits von Brandwänden flankiert und stehen direkt an der Straße. Sie sind uneingeschränkt großstädtisch und in dieser Form für Berlin und Charlottenburg vollkommen neu. Mit den sogenannten Stadthäusern oder Palais des 19. Jahrhunderts, wie es sie in der Wilhelmstraße, im Tiergarten oder in der Kurfürstenstraße gibt, die sich im Grundriss und in der Proportion des Baukörpers von frei stehenden Villen kaum unterscheiden, haben sie wenig gemeinsam. Grisebachs Wohnhäuser sind typologisch vielmehr verwandt mit dem Amsterdamer Grachtenhaus oder dem Londoner Reihenhaus, die früh schon hoch und schmal Wand an Wand standen, weil hier Grund und Boden knapp bemessen waren. In Berlin, das sich mehrfach durch Stadterweiterungen über seine Bedürfnisse hinaus ausdehnte, konnte das Wohnhaus auf der Parzelle breit und wenig tief sein. In London, das lange auf räumliche Expansion verzichtete, mussten möglichst viele Wohnhäuser an einer Straße stehen und folgerichtig entwickelten sie sich schmal und hoch und in die Tiefe des Grundstücks.

Was Grisebachs Wohnhäuser in der Fasanenstraße aber von den niederländischen und englischen Verwandten unterscheidet, ist die Konzeption der Wohnung selbst. Der Mittelpunkt und wichtigste Raum ist hier – wie auch in den meisten seiner Villen – eine zweigeschossige Halle. Hierin kommt Grisebachs Vorstellung vom Wohnen räumlich und gestalterisch zum Ausdruck: In der Halle mit Kamin, hölzerner Treppe und Galerie verbinden und überlagern sich mannigfaltige Raumfunktionen und Raumzuordnungen. Die Halle erfüllt als Ort des Ankommens, Empfangens und Treffens ein gesellschaftliches und szenisches Moment, sie ist vertikaler Verteilraum und trägt zu einem großzügigen Raumgefüge bei und sie ist – und das erscheint Grisebach am wichtigsten – auf eine besondere Art und Weise der Ort familiären Zusammenkommens und Wohnens. Grisebach erachtet diese Raumschöpfung für das Wohnen für wesentlich und macht sie im städtischen Wohnhaus uneingeschränkt genauso zum Mittelpunkt

Hendrick de Keyser, Wohnhaus Amsterdam, um 1600

Richard Norman Shaw, Chelsea Embankment London, 1879, Zeichnung aus: Saint, Andrew: *Richard Norman Shaw*, New Haven/London 1976

Hans Grisebach, Wohnhaus Berlin-Charlottenburg, 1892, Foto aus: Nachlass

Hans Grisebach, Wohnhaus Berlin-Charlottenburg, 1903, Foto aus: *Architektur des XX. Jahrhunderts* 1904

des räumlichen Gefüges wie in den Villen. Er schafft hier etwas – und beim Haus Cleve in der Fasanenstraße mit zwei Maisonettewohnungen übereinander ist das besonders signifikant – was Le Corbusier in den 1920er-Jahren als radikales Konzept mit standardisierten zweigeschossigen Pavillons, multipliziert zu großen Wohnmaschinen einführen und als *immeubles-villas* bezeichnen wird.

Die besondere Bedeutung der zweigeschossigen Halle für das Wohnen kommt bei Grisebach in der Dimension, Gestaltung und Ausstattung zum Ausdruck. Die Raumform selbst wird in der zweiten Hälfte des 19. Jahrhunderts für Privatwohnhäuser durchaus geschätzt und kommt in den erwähnten Stadthäusern und Palais im Berliner Tiergarten und andernorts häufiger vor. Der schon erwähnte Heinrich Kayser beispielsweise realisiert im selben Jahr wie Grisebach, 1892, sein eigenes Wohnhaus in der Hildebrandstraße 14 mit einer solchen Halle und 1906 noch einmal in seinem zweiten Wohnhaus in derselben Straße, ebenso wie Wilhelm Cremer und Richard Wolffenstein 1896 in der Villa Fromberg in der Kurfürstenstraße in Berlin-Tiergarten. Diese Hallen haben jedoch wenig gemein mit denen, die Grisebach für seine Wohnhäuser, die städtischen gereihten oder die frei stehenden, entwirft. Einzig Gerhart Hauptmann erhielt 1901 für sein Wohnhaus im schlesischen Agnetendorf eine Halle, wie sie Grisebach für sich selbst so nie suchte.

Die besondere Intimität und Wohnlichkeit und die gestalterische Einfachheit und Sorgfalt der Hallen in Grisebachs Wohnhäusern beschreibt Walter Curt Behrendt 1916:

> „(...) mit den vielfältigen Bedürfnissen einer hochentwickelten Lebenskultur durch angeborene Neigung sowohl, wie durch Erziehung aufs innigste vertraut schuf er in seinen Wohnräumen ein architektonisches Milieu voller Behaglichkeit und Wohnlichkeit, das nicht, wie es bei den Raumschöpfungen moderner Kunstgewerbler meist der Fall zu sein pflegt, so anspruchsvoll als Eigenwert auftritt, dass man kaum einen Stuhl verrücken kann, ohne die Raumidee zu vernichten, sondern dass bei aller Sorgsamkeit der künstlerischen Durchbildung den persönlichen Neigungen des Bauherrn doch volle Bewegungsfreiheit lässt. Mit sicherem Geschick wusste Grisebach seine Innenräume zu meistern und intim und wohnlich zu gestalten. Er verschmähte den falschen Prunk billiger Surrogate, wie er zu seiner Zeit beliebt war; angeklebte Stuckornamente und gemalter Marmor waren ihm innerst zuwider. Dagegen liebte er eine gediegene handwerkliche Arbeit, und eine schöne Holzschnitzerei und ein frei angetragenes Putzornament verstand er vortrefflich zur Ausschmückung seiner Räume zu nützen."[3]

Das dritte Merkmal von Grisebachs Häusern ist das zunächst offensichtlichste und betrifft ihre äußere Erscheinung, die architektonischen Elemente und Formen. Grisebachs Referenzraum ist die Formensprache der nordischen Renaissance, so wie sie sich im 16. und 17. Jahrhundert vor allem in Deutschland, Dänemark und den Niederlanden ausgebildet hat. Sie hat ihrerseits

Cremer & Wolffenstein, Wohnhaushalle Berlin-Tiergarten, 1896, Foto aus: *Deutsche Bauzeitung* 1908

Kayser & von Großheim, Wohnhaushalle Berlin-Tiergarten, 1906, Foto aus: *Deutsche Bauzeitung* 1908

Hans Grisebach, Wohnhaushalle Agnetendorf, 1901 (mit der späteren Ausmalung von Avenarius), Foto aus: Sächsische Landesbibliothek

Hans Grisebach, Wohnhaushalle Berlin-Charlottenburg, 1892, Foto aus: Nachlass

schon einige Distanz zur italienischen Renaissance, knüpft vielmehr an die das nördliche Europa prägenden gotischen Bauformen an und überführt sie in profane Bauaufgaben wie Schlösser, Stadt-, Bürger- und Rathäuser.

Grisebach wurde im Geist der Hannoverschen Schule und des backsteineren neugotischen Kirchenbaus ausgebildet und architektonisch geschult und diese Erfahrung entwickelt er für sein eigenes Schaffen weiter. Wie er die Räume und Baumassen gruppiert, den konstruktiven und strukturellen Aufbau offenlegt, eine vertikale, zum Himmel strebende Tendenz bevorzugt, einfache Materialien ehrlich verwendet, insbesondere den kleinformatigen roten Backstein, der durch sein Fugenbild auch großen Wandflächen Textur gibt und dem Baukörper immer eine starke Körperlichkeit und Präsenz – das hat er sich dort angeeignet. Und dann entwickelt er diese Erfahrung aus dem Sakralbau für den Profanbau weiter, für Villen und Wohn- und Geschäftshäuser und integriert organisch Formen und Elemente der Renaissance.

Wenn wir heute mit einiger Distanz und Distanziertheit auf die architektonische Konzeption des Historismus im 19. Jahrhundert blicken, auf die Vorliebe für stilistische Regeln und Gesetzmäßigkeiten, die Ordnung und Richtigkeit versprechen, auf die konservative Haltung, aus der Geschichte heraus zu argumentieren, auf die Reproduktion längst erfundener und entwickelter Formen, müssen wir spätestens bei Hans Grisebach beginnen zu differenzieren. Die Zeit um 1900 zeichnet aus, dass hier in „Stilfragen" vieles möglich ist und auch rege gleichzeitig stattfindet. Oft wird dies vorwiegend am Ornament und Dekor verhandelt und entsprechend leicht wechselt darum auch der Stil, selbst innerhalb des Werkes eines Architekten – je nach Bauaufgabe, je nach Vorliebe des Bauherrn, je nach eigener Überzeugung, je nach Etat, je nach Umgebung. Bei Grisebach geschieht beides nicht. Weder dekoriert er noch wechselt er. Das Ornament entsteht bei ihm handwerklich und durch das Material selbst: durch die Textur des roten Backsteins und seine Fugen, durch den gliedernden und rahmenden Kontrast des behauenen Natursteins, durch die filigrane Feinheit des Eisens. Und für seine Raum- und Gebäudeformen verwendet er als geeignet und ausdrucksstark empfundene architektonische Elemente: Ein geschweifter Giebel ist bei ihm kein dekoratives Element, sondern eine Geste: Ein Gebäudeteil, ein Vorbau, ein Risalit erhält durch diese Überhöhung Präsenz, größere Bedeutung und ein offenes Gesicht. Ein Turm mit Haube ist bei ihm kein schmückendes Element, sondern ein Zeichen: Er beherbergt schützend auf knappen Raum eine besondere Funktion, wendet sich erst oberhalb jeden anderen Raums des Hauses dem Ort und der Umgebung zu und verweist aus größerer Distanz auf das gesamte Gebäude. Eine überwölbte Loggia mit Säulen und Bögen verbindet den Innenraum mit dem umgebenden Außenraum und das Haus mit dem Ort.

Grisebach schafft etwas, das nur wenigen Architekten seiner Zeit gelingt: Er entwickelt innerhalb der Idee der Nachahmung von Historischem einen eigenen wiedererkennbaren Ausdruck. Der Architekt und Autor Walter Curt Behrendt und der Maler Max Liebermann benennen und würdigen das im Jahr 1916, also zu einem Zeitpunkt, als künstlerisch bereits neue Wege beschritten werden, deutlich:

„Die Baukunst des neunzehnten Jahrhunderts ist Bildungsprodukt. Ein in maßloser Überschätzung des Historischen erzogenes Geschlecht, das durch die dauernde Beschäftigung mit den überlieferten Meisterwerken selbst unproduktiv geworden ist, schafft sich, mit Hilfe seines kritisch gebildeten und geschulten Geschmacks, durch Auswahl und Nachahmung eine Kunst, die durch äußere Richtigkeit der Form ersetzt, was ihr an schöpferischer Kraft und an innerer Ursprünglichkeit fehlt. (...) Nur sehr wenigen Architekten dieser Zeit ist es gelungen (...) in den überpersönlichen, klassischen Formen geschichtlicher Meisterwerke etwas Persönliches, eine eigene Stimmung und Empfindung, zum Ausdruck zu bringen. Eine dieser seltenen Erscheinungen ist der Berliner Architekt Hans Grisebach gewesen. (...) Grisebach (war) einer der gesuchtesten und meistbeschäftigten Baumeister der jungen Reichshauptstadt. Es sind nicht allein diese zeitgeschichtlichen Beziehungen die das Werk Grisebachs gerade heute wieder der Betrachtung empfehlen, wo ein anderer gewaltiger Krieg die Schicksalsfrage der deutschen Baukunst zu erneuter Erörterung gestellt hat; es sind in seinem Werke soviel zeitlose und allgemein-gültige Werte enthalten, dass auch in anderer Hinsicht seine Vergleichung mit den architektonischen Leistungen der Gegenwart, die sich rühmt, jenen Historismus und Eklektizismus nicht nur völlig überwunden, sondern an seiner Stelle auch eine vollgültige, fest in der Tradition wurzelnde Kunst gesetzt zu haben, lohnend und anregend erscheint."[4]

„In der so seltenen Vereinigung von ursprünglichem Talent und höchster Kultur liegt das Charakteristische von Grisebachs künstlerischer Persönlichkeit. Er fusste in und auf der Tradition, aber bedeutete das etwa einen Mangel an Originalität? Nur die ‚Narren auf eigne Hand' wollen eine neue Form erfinden: der Künstler will ausdrücken, was er empfindet, seine Vision. Selbstverständlich bedient er sich dazu der vorhandenen Formen, die zu neuen Formen, ihm unbewusst, werden, indem er seine Empfindungen auszudrücken versucht. Mag einer in griechischen oder römischen, in byzantinischen, gotischen oder Renaissance-Formen bauen, ist ganz gleichgültig: nur die Kraft der Persönlichkeit, die sich in den verschiedenen Formen ausdrückt, macht die Grösse des Künstlers. Grisebach hat jeder seiner Schöpfungen den Stempel seiner Persönlichkeit aufzudrücken vermocht. Würde sonst in unserer schnell lebenden und noch schneller vergessenden Zeit noch von ihm die Rede sein?"[5]

1 von Bode, Wilhelm: *Nachruf auf Hans Grisebach*, in: *Vossische Zeitung* 27. Mai 1904
2 Liebermann, Max: *Hans Grisebach*, in: *Kunst und Künstler* 14.1916, S. 346
3 Behrendt, Walter Curt: *Hans Grisebach*, in: *Kunst und Künstler* 14.1916, S. 304
4 Behrendt, Walter Curt: *Hans Grisebach*, in: *Kunst und Künstler* 14.1916, S. 297/298
5 Liebermann, Max: *Hans Grisebach*, in: *Kunst und Künstler* 14.1916, S. 346

BIOGRAFIEN

Der erste urkundliche Hinweis auf die Familie Grisebach erscheint im Jahr 1647, als zur Zeit des Dreißigjährigen Krieges der Amtsschreiber Joachimus Grisebach in Rethem an der Aller Sophia Lucia Schrader heiratet. Er war wohl aus Pommern in die Gegend um Braunschweig und Lüneburg eingewandert.

Der Familienstamm bleibt in den folgenden rund 150 Jahren einstämmig und teilt sich im 19. Jahrhundert in der achten Generation in drei Zweige – in die Otto-, die Rudolph- und die August-Linie. Der erste bis heute bekannte Vertreter der Familie kommt aus der August-Linie, heißt auch August und ist der Vater von Hans Grisebach.

August Grisebach (1814–1879)
Botaniker und Vater von Hans

August Grisebach, Porträtradierung von William Unger nach einem Foto vom März 1879 aus: Nachlass

August Heinrich Rudolf Grisebach wird 1814 in Hannover geboren, studiert ab 1832 Medizin und Botanik an der Universität Göttingen, wechselt 1834 an die Universität Berlin und promoviert dort 1836. Er ist ein intimer Freund von Otto von Bismarck, der in Göttingen Rechtswissenschaften studiert, und beide sind Mitglied in der schlagenden landsmannschaft-lichen Studentenverbindung *Corps Hannovera Göttingen*. Grisebach lehrt nach seiner Promotion kurz als Privatdozent für Botanik, veröffentlicht 1838 das Buch *Über den Einfluss des Klimas auf die Begrenzung der natürlichen Floren* und wird 1841 außerordentlicher Professor für allgemeine Naturgeschichte, wieder an der Universität Göttingen. 1847 wird er dort Ordinarius und Rektor und später auch Direktor des Botanischen Gartens.

Auf einer Reise durch Rumelien, den europäischen Teil des damaligen Osmanischen Reiches, macht August Grisebach 1839 mit der Rumelischen Kiefer eine botanische Entdeckung. Für die in den Gebirgen der südlichen Balkanhalbinsel verbreitete, aber bis dato unbekannte Nadelbaumart *Pinus peuce* liefert Grisebach 1846 auch die Erstbeschreibung. Sein 1841 publizierter Reisebericht ist zudem eine zugleich sachliche und poetische und dadurch überaus lebendige Beschreibung der Botanik der griechischen Halbinsel Athos.[1]

Grisebach heiratet 1844 in Göttingen Eveline Henriette Reinbold, mit der er zwei Söhne hat: den 1845 geborenen Eduard Autor Rudolf und den drei Jahre jüngeren Hans Otto Friedrich Julius.

In den Jahren 1859 bis 1864 publiziert August Grisebach in englischer Sprache sechs Bände zur *Flora of the British West Indian Islands* und 1872 das grundlegende und auf zahlreichen eigenen Reisen basierende zweibändige Werk *Die Vegetation der Erde nach ihrer klimatischen Anordnung*. Sein Fachgebiet ist die Pflanzengeografie oder Geobotanik, die laut *Meyers Konversationslexikon* von 1888 durch ihn „die wesentlichste Förderung erfuhr". August Grisebach widmet sich bevorzugt der vergleichenden Geografie der Pflanzen nach klimatischer Anordnung, einem Gebiet, dem sich zuerst Alexander von Humboldt zugewandt hatte. Dieser wünscht sich an der Universität in Berlin 1850 auch ausdrücklich den damals erst 36-jährigen August Grisebach als Nachfolger für den verstorbenen Botaniker Karl Sigismund Kunth.

August Grisebachs Methode, die Entstehungsbedingungen von Pflanzen mit topografischen Faktoren zu verbinden, wird später der Enkelsohn des Botanikers – Hans Grisebachs Sohn, der wiederum den Namen August trägt – als Kunsthistoriker auch auf Kunstwerke anwenden. Neben den zahlreichen wissenschaftlichen Texten schreibt der Botaniker August Grisebach regelmäßig Gedichte und komplizierte Sonette, was ihn auch in künstlerischer Hinsicht zum Vorfahren seiner Söhne Eduard und Hans macht.

Nach seinem Tod 1879 erhält die Universität Göttingen sein Herbarium mit einer einzigartigen Pflanzensammlung von rund 40.000 Arten aus allen Gebieten der Erde. Einige Pflanzen wie die Palme *Grisebachia* oder die *Saxifraga Grisebachii*, aber auch ein See auf der Insel Nowaja Semlja und ein Berg in West-Australien tragen bis heute seinen Namen.

1   Grisebach, August: *Reise durch Rumelien und nach Brussa im Jahre 1839*, Göttingen 1841. Die Universität von Skopje hat im Baba-Gebirge des mazedonischen Nationalparks Pelister eine ehrende Gedenktafel für August Grisebach und seine Entdeckung errichtet.

Eduard Grisebach (1845–1906)
Dichter, Diplomat und Bruder von Hans

Die beiden Söhne des Botanikers August Grisebach, Eduard und Hans, gehen in Göttingen zur Schule. Eduard, Edward genannt, schließt das Gymnasium 1864 ab und studiert zunächst in Leipzig Rechtswissenschaften.

Eduard Grisebach, Foto aus: Privatbesitz

Eine große Zuneigung zu diesem Fach hat er allerdings nicht. Seine Liebe und vorwiegende Beschäftigung gilt der Literatur und er veröffentlicht schon früh eigene Gedichte. 1866 wechselt er nach Berlin und promoviert zwei Jahre später in Göttingen. Im selben Jahr 1868 geht Eduard als Rechtsreferendar zurück nach Berlin und arbeitet dort am Kammergericht. Nach dem Ende des Deutsch-Französischen Krieges beginnt er eine diplomatische Laufbahn und arbeitet zunächst in den deutschen Botschaften in Rom und Konstantinopel. 1875 wird Eduard Kanzler des deutschen Konsulats im türkischen Izmir, das damals noch Smyrna heißt, und ein Jahr später Vizekonsul in Jassy im Nordosten Rumäniens. Die Konsulatslaufbahn hatte sein Vater August im Rahmen eines privaten Besuchs bei seinem alten Studienfreund Otto von Bismarck vorbereitet. 1880 wechselt Eduard als Konsul in die Hauptstadt Bukarest und 1881 in derselben Funktion ins russische Sankt Petersburg. 1883 geht er nach Mailand und 1886 schließlich ins ferne Port-au-Prince, der Hauptstadt des karibischen Inselstaates Haiti.

Bereits 1889 lässt er sich im Alter von nur 44 Jahren aus gesundheitlichen Gründen pensionieren und lebt fortan als Dichter, Schriftsteller, Herausgeber und bibliophiler Sammler in Berlin-Charlottenburg und dort ab 1892 mit in dem vom Bruder Hans gebauten Haus in der Fasanenstraße. Bereits all die Jahre zuvor hatte er seine offizielle Tätigkeit immer nur begleitend zu seiner eigentlichen Leidenschaft, der Literatur, ausgeübt. Seine eigene Bibliografie ist umfangreich und seine Bibliothek mit über 3.000 Titeln, darunter Holzschnittwerke, europäische Inkunabeln, venezianische Frühdrucke und Kupferstiche von Albrecht Dürer, stattlich.

Eduard Grisebach, Pastellporträt von Max Liebermann von 1893 aus: Privatbesitz

Zu seinen Werken zählt die Gedichtesammlung *Der Neue Tanhäuser*[2] von 1869 und *Tanhäuser in Rom*[3] von 1875, die sehr häufig aufgelegt und auch von Max Liebermann bebildert werden. Besonders intensiv setzt er sich mit dem Werk Arthur Schopenhauers auseinander; er veröffentlicht bei Reclam zwischen 1891 und 1895 eine sechsbändige Ausgabe seiner Werke, schreibt eine Biografie und gibt seinen handschriftlichen Nachlass heraus. Außerdem legt er Bearbeitungen von Texteditionen von Heinrich von Kleist, E. T. H. Hoffmann, Georg Christoph Lichtenberg, Clemens Brentano, Christian Dietrich Grabbe, Wilhelm

Waiblinger und Gottfried August Bürger vor. Er veröffentlicht 1876 die literaturwissenschaftliche Abhandlung *Die Deutsche Literatur 1770–1870*[4] und 1891 *Das Goethe'sche Zeitalter der deutschen Dichtung*[5].

Sicherlich nicht unbeeinflusst von Goethes 1827 eingeführtem Begriff der Weltliteratur veröffentlicht Eduard Grisebach 1898 mit dem *Weltliteratur-Katalog* eine umfassende Zusammenstellung der in seinen Augen wesentlichen, aus einem übernationalen Geist heraus geschaffenen Werke der Literatur.[6] Für die allzu lange national beschränkt betrachtende Disziplin der Literaturwissenschaft ist dieser kosmopolitische Blick ein Novum – und für den offenen und liberalen Geist nicht nur Eduards, sondern der Familie Grisebach insgesamt ist diese Publikation ein beredtes Zeichen.

An seinem wenig ortsverhafteten Leben mag es liegen, dass Eduard Grisebach erst spät eine Familie gründet. 1898 heiraten der 53-Jährige und seine 23 Jahre jüngere Haushälterin Anna-Christiane Mattuschka, die schon im Jahr zuvor den gemeinsamen Sohn Autor zur Welt gebracht hatte. 1905 folgt der Bruder Johann Ludolf, den der Vater aber nur um wenige Monate überlebt. Eduard Grisebach, der inzwischen aus der Fasanenstraße in eine größere Wohnung in die Grolmanstraße 30 gezogen ist, stirbt 1906.

Die Grabstätte von Eduard Grisebach befindet sich auf dem Zentralfriedhof Berlin-Friedrichsfelde.[7] 1910 erscheint eine Biografie über Eduard Grisebach von Hans von Müller.[8] Seine umfangreiche Bibliothek erwirbt Walter von Brüning, der sie in seinem Schloss Semper auf Rügen aufbewahrt. 1930 wird die Sammlung bei Martin Breslauer in Berlin versteigert. Breslauer würdigt Eduard Grisebach als „Generalissimus der Bibliophilie" und beschreibt die große Liebe des Autors zum Buch durch eine kleine Pariser Episode, die dokumentiert, dass Grisebach zugunsten einer besonderen Papier- und Druckqualität seiner eigenen Bücher „lieber auf sein Honorar verzichtete". In Grisebachs *Weltliteratur-Katalog* erkennt Breslauer „d e n Leitfaden (…), der unübertroffen fortwirkt und dem Literaturforscher, dem Bücherfreund und -Sammler ein belehrender Führer und anregender Berater geworden ist"[9].

2   Grisebach, Eduard: *Der neue Tanhäuser*, Berlin 1869

3   Grisebach, Eduard: *Tanhäuser in Rom*, Wien 1875

4   Grisebach, Eduard: *Die deutsche Literatur 1770–1870. Beiträge zu ihrer Geschichte mit Benutzung handschriftlicher Quellen*, Wien 1876

5   Grisebach, Eduard: *Das Goethe'sche Zeitalter der deutschen Dichtung. Mit ungedruckten Briefen Wilhelm Heinse's und Clemens Brentano's*, Leipzig 1891

6   Grisebach, Eduard: *Weltliteratur-Katalog eines Bibliophilen mit litterarischen und bibliographischen Anmerkungen*, Berlin 1898. Im gleichen Geist war auch zwei Jahre zuvor seine motivgeschichtliche Untersuchung *Die Wanderung der Novelle von der treulosen Witwe durch die Weltliteratur*, Berlin 1896 entstanden.

7   Die Trauerrede hält am 25. März 1906 Max Liebermann (siehe Liebermann, Max: *Erinnerungen an Eduard Grisebach*, *Neue Rundschau* 1906)

8   von Müller, Hans: *Eduard Grisebach. Ein Versuch von Hans von Müller*, Berlin 1910

9   Martin Breslauer im Vorwort zum Auktionskatalog *Die Bibliothek des Dichters Eduard Grisebach*, Berlin 1930

Hans Grisebach
Architekt

Hans Grisebach wird am 26. Juni 1848 in Göttingen geboren. 1868 nimmt er ein Architekturstudium am Polytechnikum in Hannover auf und wird dort Schüler von Conrad Wilhelm Hase (1818–1902), einem Architekten, der sich vor allem im backsteinernen neugotischen Kirchenbau profiliert.

Während des Deutsch-Französischen Krieges geht er als Freiwilliger zum Garde-Füsilier-Regiment, einem Infanterieverband der preußischen Armee. Nach dem Krieg setzt er sein Studium praktisch fort und arbeitet im Büro seines Professors Hase in Hannover als Bauleiter. Er begleitet dort die Restaurierung der evangelisch-lutherischen Münsterkirche St. Bonifatius in Hameln, einem Bau mit roma-

nischem Querhaus, gotischem dreischiffigen Langhaus und barocker Laterne. Die Umbauten und Erneuerungen werden in neoromanischen Formen ausgeführt. 1873, in seinem letzten Studienjahr in Hannover, lernt Grisebach den Kommilitonen August Georg Dinklage (1848–1920) kennen, der später in Berlin sein Mitarbeiter und Büropartner wird. Im selben Jahr wechselt Grisebach von Hannover nach Wien und arbeitet dort auf Empfehlung von Hase drei Jahre für den Dombaumeister Friedrich von Schmidt (1825–1891) im Meisteratelier der K. u. K.-Akademie zu Wien unter anderem am Stadtturm für Dijon.

Hans Grisebach mit den Kindern Eveline, Edward und August, 1890 oder 1891, Foto aus: Privatbesitz

„Grisebach hatte nur künstlerische Ziele im Auge, alles rein Wissenschaftliche, das Mathematische, Mechanische und Statische, ohne welches die Mehrzahl der Architekten nicht glaubt auskommen zu können, vermied er lächelnd abwehrend, auf den konstruktiven Grundlagen fußend, welche der verehrte Meister ihm überzeugend gelehrt hatte. Das entscheidende für seinen weiteren Weg ist diese gotische Grundlage geblieben; dazu kam noch der Einfluss, welche das niedersächsische Land mit seinen zahlreichen anheimelnden Bauwerken des frühen und späten Mittelalters in Klöstern, Kirchen und Städten auf ihn ausübte.

Hier ist vornehmlich aber ein längerer Aufenthalt in Hameln zu erwähnen, wo Hase das Münster wiederherstellte. In dieser alten Stadt voll der köstlichsten Perlen deutscher Renaissance, mit seinem herrlichen Münster, an dessen Wiederherstellung mitzuarbeiten ihm vergönnt war, in dieser schönen Landschaft ging ihm ganz das Verständnis und die Liebe für die heimatliche Kunst auf."[10]

Für weitere drei Jahre arbeitet Grisebach ab 1876 bei Johannes Otzen (1839–1911) in Wiesbaden als Bauleiter. Auch Otzen hatte bei Hase in Hannover studiert und baut bevorzugt Kirchen. Grisebach ist in Wiesbaden für den Neubau der evangelischen neogotischen Bergkirche verantwortlich.

Das folgende Jahr nutzt Hans Grisebach für Reisen nach Frankreich, Spanien, Italien, Malta, Belgien, Holland und England; später wird er auch Tunesien und Russland bereisen.

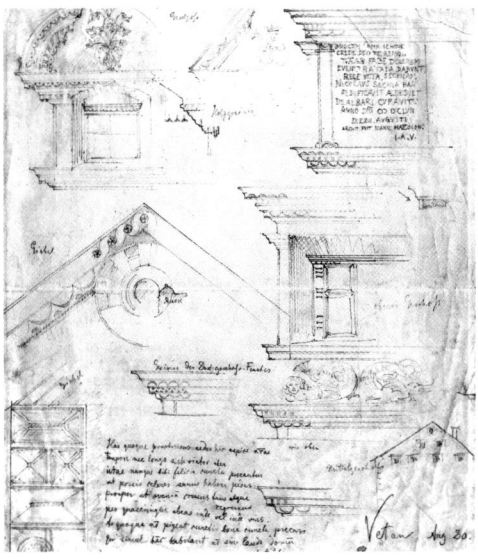

Reiseskizze aus dem Jahr 1880, Handzeichnung 7239
aus: Nachlass

Als er nach Wiesbaden zurückkehrt – er wohnt dort in der Küsterwohnung an der Bergkirche – lässt sich der inzwischen 32-Jährige hier als Privatarchitekt nieder, wechselt allerdings kurze Zeit später, im Januar 1880, auf Rat von Johannes Otzen nach Berlin-Charlottenburg. Otzen rät Grisebach dies nicht ganz uneigennützig: Er selbst lehrt dort seit 1878 an der Technischen Hochschule und beschäftigt ihn dort zeitweise als Assistenten.

„(…) Seine bisherigen kleinen selbständigen Ausführungen im gotischen Stile zeigten schon eine besondere Eigenart: alle Starrheit war aus ihnen verbannt, die Linien flossen anmutig und das Ornament war fein empfunden (…). In seiner Wiesbadener Privatbautätigkeit, in die er jetzt zurückkehrt, geht er nunmehr den entscheidenden Weg seiner eigenen Persönlichkeit: auf der Grundlage gotischer Struktur und gotischen Empfindens entstehen die Bauten mit den bewegten Formen der deutschen Renaissance, des Barocks und einem köstlichen Ornament, das ein eifriges Studium nicht verleugnet. Seine Sammellust an alten Drucken hatte ihm hierfür schon ausgezeichnete Unterlagen an die Hand gegeben (…)."[11]

Nach Berlin wird Hans von seiner Verlobten Emmy Hensel (1858–1936) begleitet. Kurz nach ihrer Verlobung in Wiesbaden war Hans' Vater, der Botaniker August Grisebach, 1879 verstorben. Im März 1880 heiraten sie, 1881 kommt in Berlin der Sohn August zur Welt, das erste von insgesamt vier Kindern.

Im selben Jahr gewinnt Grisebach den Wettbewerb für das Geschäftshaus des in Nürnberg ansässigen Bleistiftherstellers A. W. Faber, das in der sich damals gerade lebhaft entwickelnden Friedrichstraße entstehen soll. Grisebach setzt sich mit seinem Beitrag gegen namhafte und etablierte Kollegen durch. Das Haus wird umgehend auch realisiert und 1883 fertiggestellt. Es wird in der Fachpresse mehrfach publiziert und hoch gelobt und bedeutet für Grisebach den Auftakt seiner Berliner Selbstständigkeit.

„(…) Einer freieren Auffassung gegenüber der Berliner Überlieferung war schon vorher von Kayser & von Großheim Raum gegeben worden; Karl Schäfer, der hervorragende Schüler Ungewitters, stürmte im Berliner Architektenverein gegen den verknöcherten Hellenismus und sorgte für klare Begriffe baulichen Schaffens. So wirkte denn Grisebachs Entwurf für das Fabersche Haus in seiner unakademischen künstlerischen Freiheit wie eine Überraschung, wie eine Offenbarung – jedenfalls bahnbrechend (…)."[12]

Im Jahr der Fertigstellung wird der zweite Sohn geboren, der nach dem Bruder von Hans den Namen Edward erhält.

Wie sein Bruder Eduard hat auch Hans Grisebach eine ausgeprägte bibliophile Sammelleidenschaft. Schon zu Schulzeiten als Gymnasiast in Göttingen hatte er die Erstausgaben seiner Lieblingsschriftsteller erworben und seit dem Studium der Architektur erwirbt er systematisch Quellenschriften zur Architekturgeschichte und -theorie. Neben Werken von Francesco Sansovino, Giorgio Vasari und Claude Perrault finden sich in seiner wachsenden Bibliothek Schriften von Pierre Le Pautre, Jacques François Blondel, Nicolas Goldmann, Philibert de l'Orme und Paul Decker. Seine Neigung zu den Ausdrucksformen der Renaissance lässt ihn zudem Meisterwerke der Buchkunst des 16. Jahrhunderts sammeln – Holzschnitte und illustrierte Werke von Albrecht Dürer, die Schriften Martin Luthers und venezianische und lyoneser Drucke.

Hans Grisebach, Pastellporträt von Max Liebermann von 1893 aus: Privatbesitz

In den kommenden Jahren realisiert Hans Grisebach weitere Geschäftshäuser, öffentliche Gebäude, Wohnhäuser und Villen in Berlin, gut 20 insgesamt. Knapp 30 weitere Villen, teilweise stattlich wie Schlossanlagen, öffentliche Gebäude und Kirchen entstehen darüber hinaus in Timmendorfer Strand und Tremsbüttel (Schleswig-Holstein), Wernigerode, Halberstadt, Hadmersleben und Halle

(Sachsen-Anhalt), Göttingen (Niedersachsen), Frankfurt und Gießen (Hessen), Eitorf, Wuppertal und Köln (Nordrhein-Westfalen), Bretleben (Thüringen), Klink und Steinhagen (Mecklenburg-Vorpommern), Breslau und Agnetendorf in Polen, Reichenberg und Maffersdorf in Tschechien und Sesswegen in Lettland.

Mitte der 1880er-Jahre lernen sich Hans Grisebach und der Maler Max Liebermann kennen; 1893 fertigt Liebermann Porträtskizzen von Hans und Eduard. Ab 1895 etwa erarbeitet Hans Grisebach Entwürfe für die Atelier-Aufstockung von Liebermanns Wohnhaus am Pariser Platz. Als Grisebach in den Jahren 1897 bis 1899 für Arthur Schnitzler das Schloss Klink bei Waren an der Müritz entwirft und realisiert, liefert Liebermann dafür einen Wandbilder-Zyklus. In seiner Funktion als Gründer und Präsident der Berliner Secession vertraut Liebermann Grisebach 1899 den Auftrag für das erste Ausstellungshaus der Künstlergruppe in Charlottenburg an. Rückblickend schreibt Liebermann 1916 in der einflussreichen, von Bruno Cassirer verlegten und von Karl Scheffler herausgegebenen illustrierten Monatszeitschrift *Kunst und Künstler* über den geschätzten Freund und Architekten:

„(...) Hans Grisebach stand im Zenith seines Ruhmes, als ich ihn Mitte der achtziger Jahre kennen lernte. Er war ein schlanker, hochgewachsener Mann, dessen korrekte Haltung schwer den Künstler erraten ließ. (...) Er war sehr zurückhaltend, aber nicht aus Stolz, sondern aus Selbstachtung: er hasste das Gewöhnliche. Doch im intimen Kreise taute er auf und er konnte von bezaubernder Liebenswürdigkeit sein und sein ausgesprochen hannoverscher Dialekt – in Hannover soll bekanntlich das reinste Deutsch gesprochen werden – unterstützte noch die Kultur, die seine Worte atmeten. Geboren als Sohn des berühmten Botanikers Grisebach, der die Universität und die Stadt Göttingen ein Menschenalter hindurch beherrschte, hatte er die beste Kinderstube gehabt. In dem Hause des Vaters (...) sah er von Jugend an die geistige Elite Deutschlands. Das gab seinem Auftreten die ruhige Sicherheit, das stolze Selbstbewusstsein, das ihn die Eitelkeiten der Welt, Titel und Orden verachten ließ. Frühzeitig hatte ihm seine eminente Begabung den

ihm gebührenden Platz unter den besten seiner Kollegen eingeräumt ohne den schweren
Kampf, der oft auch den Begabtesten nicht
erspart blieb. Die Grazie und Anmut seines
Talentes ließen ihm die reifen Früchte in den
Schoß fallen; unbestritten war er einer der
berühmtesten und gesuchtesten Baumeister
Berlins geworden und er wäre der Berühmteste
geworden, wenn er nicht alles getan hätte, um
– es nicht zu werden (...)."[13]

1888 wird Grisebach Mitglied der Königlichen Akademie der Künste. In diesen Jahren
ist der Historienmaler Karl Becker Präsident; er
wird 1895 von dem Architekten Hermann Ende
abgelöst. 1904 wird Grisebachs Kollege aus
Wiesbadener Tagen Johannes Otzen diese
Aufgabe übernehmen.[14]

1890 kommt das dritte Kind, die Tochter
Eveline zur Welt und 1892 zieht die Familie aus
der Steglitzer Straße 28 (heute Pohlstraße) in
das von Grisebach entworfene eigene Haus in
der Fasanenstraße. Auch sein älterer Bruder
Eduard, der sich bereits im Ruhestand befindet, erhält hier eine Wohnung.

1894 verstirbt unvermittelt und im Alter von
nur elf Jahren der zweitälteste Sohn Edward
durch einen tragischen Unfall. Zusammen mit
seiner vierjährigen Schwester Eveline spa-
ziert er wenige Tage nach Weihnachten von
der Fasanenstraße zum nahen Zoologischen
Garten. Mit großer Lebhaftigkeit erzählt er
ihr die Geschichte von jemandem, der durch
einen Dolchstoß zu Tode kommt. Um es ihr
anschaulich zu machen, führte er mit seinem
Taschenmesser eine entsprechende Bewegung
selbst aus und ersticht sich.

Ein Jahr nach dem Tod Edwards kommt
1895 die zweite Tochter Eleonore zur Welt.

1901, dem Jahr der Fertigstellung dreier
Bauten – der Hochbahnstation Schlesisches
Tor in Berlin, dem Landsitz für Gerhart Hauptmann in Agnetendorf und eines Wohnhauses
in Wernigerode, dem Heimatort des Ru-
dolph-Zweiges der Familie Grisebach – be-
enden Hans Grisebach und August Dinklage
ihre Zusammenarbeit. Sein letztes Gebäude,
ein Wohnhaus in der Fasanenstraße, unweit
seines eigenen, realisiert Grisebach 1902 bis
1903.

Reiseskizze, Handzeichnung 7231 aus: Nachlass

Am 11. Mai 1904, noch vor seinem 56. Ge-
burtstag und auch vor seinem älteren Bruder,
stirbt Hans Grisebach in Berlin.

Gut zwei Wochen später schreibt der Mu-
seumsleiter und kommende Generaldirektor der
Königlichen Museen zu Berlin Wilhelm von Bode
einen Nachruf auf Hans Grisebach. Bode hatte
schon 20 Jahre zuvor 1884 dem damals noch
jungen Architekten den Bau seiner Villa in Charlottenburg anvertraut. Er würdigt Grisebach als
einen künstlerisch hoch talentierten, im Wesen
aber vornehm zurückhaltenden Architekten, der
mehr noch als in der breiten Berliner Öffentlichkeit in Künstlerkreisen höchste Beachtung und
Würdigung gefunden hat.

„Sein Anschluss an ältere Vorbilder war
(...) keineswegs ein ängstlicher oder gar
knechtischer; er bildete seine Formensprache
aufgrund derselben ganz nach den jedesma-
ligen Anforderungen und nach seiner Phan-
tasie, stets bescheiden in den Details, einfach
und groß in den Verhältnissen, malerisch in
der Wirkung, innen wie außen, Eigenschaften,
die in Berlin kaum ein zweiter Baumeister so zu
vereinigen gewusst hat. Seinen künstlerischen
Sinn und seine wissenschaftliche Begabung
hat er auch als Sammler bewiesen; seine Bibliothek ist in Bezug auf illustrierte Werke des
15. und 16. Jahrhunderts eine der reichsten
und besten in deutschem Privatbesitz. (...) Und

wenn die Stadt Berlin endlich einmal daran denken wird, von ihrem künstlerischen Werden Bild und Andenken sich zu bewahren, so werden Hans Grisebachs Pläne und Bauten unter den modernen einen vordersten, ehrenvollen Platz einnehmen."[15]

Der Grisebach ebenfalls seit 20 Jahren verbundene Max Liebermann – einer der bedeutendsten Protagonisten aus den besagten Künstlerkreisen – beschreibt in einem später erscheinenden Aufsatz das von Bode erwähnte vornehme, künstlerische Empfinden Grisebachs aus seiner, des Künstlers Sicht:

„(...) Nicht etwa, dass er nicht mit Leib und Seele bei seiner Kunst gewesen wäre, aber sobald er die künstlerische Lösung seiner Aufgabe gefunden zu haben glaubte, war sein Interesse geschwunden. Das Geschäftliche, das mit jedem Bau und vor allem mit jedem Bauherrn verbunden ist, war ihm zuwider. Er liebte seine Kunst wie je ein Künstler, aber statt die Verdrießlichkeiten, die die Ausführung eines jeden Baues nun einmal mit sich bringt, zu überwinden, suchte er sich ihnen durch die Flucht zu entziehen.

Daher der Zwiespalt in seinem Leben, der ihn auch vorzeitig seiner Kunst entzog. Statt seinen Neigungen zu widerstehen, erlag er ihnen und die letzten zehn Jahre seines kurzen Lebens war er nur noch Bibliophile, auch darin seinem Bruder Eduard ähnlich, der nach dem phänomenalen Jugenderfolg mit seinem Neuen Tannhäuser, die letzten dreißig Jahre seines Lebens kaum noch einen Vers geschrieben hatte und mit aufopferndem Fleiße machte, was ein jeder Bibliothekar hätte machen können. Beide Brüder waren Genussmenschen: sie lebten ihre Neigungen. Sie taten, was ihnen ihr Talent zu tun vorschrieb, ohne von ihm mehr zu fordern; daher in beider Leistungen das Vollendete der Form, das Graziöse, aber auch ein gewisses Weibliches, das Fehlen der Äußersten, das nur dem Künstler beschieden ist, der den Kampf mit dem Engel durchfochten hat: ich lasse dich nicht, du segnest mich denn. Beider Brüder Talent war lyrischer, fast romantischer Natur, das nicht ganz in das realistische Zeitalter Bismarcks passte. (...)."[16]

Der von Liebermann beschriebene Zwiespalt im Leben und Werk Hans Grisebachs, seine lyrisch-romantische Hingabe zur Bau-kunst und seine Abneigung, den Kampf mit den technischen und ökonomischen Anforderungen und Realitäten der Disziplin auszufechten, ist einerseits ein individueller, aber andererseits auch ein genereller Zwiespalt des Bürgertums im Deutschen Kaiserreich. In dem machtpolitischen Spannungsfeld einer nationalistisch wilhelminischen Führungsschicht und einer im Zuge der Industrialisierung immer größer werdenden Arbeiterklasse zieht sich das Bürgertum in jenen geschützten Raum zurück, den Thomas Mann in seinen *Betrachtungen eines Unpolitischen* so treffsicher als „machtgeschützte Innerlichkeit" bezeichnet.[17] Auch für den Dramatiker Gerhart Hauptmann (1862–1946) war Hans Grisebach darum beim Bau seines stattlichen Refugiums im niederschlesischen Agnetendorf Architekt und Freund im Geiste zugleich. Der von Grisebach entworfene Wiesenstein wird für Hauptmann zur Trutzburg, hinter deren „mystischer Schutzhülle" er sich als Künstler und Bürger über Jahrzehnte, auch in der Weimarer Republik und im Nationalsozialismus bis zu seinem Tod 1946 zurückziehen und entfalten kann.

Nach dem Tod Hans Grisebachs geht seine umfangreiche Sammlung illustrierter Werke und Frühdrucke des 15. bis 18. Jahrhunderts geschlossen in die Bibliothek des Berliner Kunstgewerbemuseums über. Aus der hervorragend bestückten Bibliothek Hans Grisebachs hatte zuletzt auch Heinrich Wölfflin, der ein professoral-freundschaftliches Verhältnis zu dessen ältestem Sohn August pflegte, wiederholt entliehen. Zum Erwerb der Sammlung muss Peter Jessen, der damalige Direktor des Museums, neben dem eigenen Etat weitere Töpfe auftun; unter anderem gelingt es dem Bankier und Mäzen Arthur von Gwinner zahlreiche Drucker und Verleger zur Unterstützung zu gewinnen. Gut sechs Jahrzehnte später erwirbt die Bibliothek des Kunstgewerbemuseums auch Material zum architektonischen Schaffen Grisebachs: 160 Blätter mit eigenen Skizzen und Zeichnungen, die ersten von 1868, also dem Jahr, in dem er das Architekturstudium in Hannover beginnt.

„(...) Ich versuchte schon von meiner ersten selbstständigen Bauausführung, der Villa von Langenbeck, an bei allen diesen Bauten die in den Lehrjahren aufgenommene, streng

constructive mittelalterliche Architektur in ge-
wißer Weise mit der Formenwelt der deutschen
Frührenaißance zu vereinen und bin in dieser
Richtung, jedoch mit wachsender Hinneigung
zur Renaißance, bis heute consequent fortge-
schritten."[18]

10 Dinklage, August: *Hans Grisebach*, in:
Centralblatt der Bauverwaltung 24.1904,
S. 266/267
11 Dinklage, August: *Hans Grisebach*, in:
Centralblatt der Bauverwaltung 24.1904,
S. 266/267
12 Dinklage, August: *Hans Grisebach*, in:
Centralblatt der Bauverwaltung 24.1904,
S. 266/267
13 Liebermann, Max: *Hans Grisebach*, in:
Kunst und Künstler 14.1916, S. 342–346
14 Archiv der Akademie der Künste Berlin,
Acta Grisebach, Hans Otto Julius (Akte 259,
Blatt 331)
15 von Bode, Wilhelm: *Nachruf auf Hans
Grisebach*, in: *Vossische Zeitung* 27. Mai 1904
16 Liebermann, Max: *Hans Grisebach*, in:
Kunst und Künstler 14.1916, S. 342–346
17 Mann, Thomas: *Bemerkungen eines Unpolitischen*, Berlin 1918
18 Hans Grisebach in einem handschriftlichen Konzept zu einem Lebenslauf von 1888
(Privatbesitz)

August Grisebach (1881–1950)
Kunsthistoriker und Sohn von Hans

Hans Grisebachs ältester Sohn August studiert
an der Friedrich-Wilhelms-Universität Berlin
bei Heinrich Wölfflin Kunstgeschichte und
wird bei ihm auch promoviert. *Das deutsche
Rathaus der Renaissance* lautet der Titel der
Arbeit, die 1907 publiziert wird.[19] Seine Habili-
tationsschrift *Der Garten* legt August Grisebach 1910 in Karlsruhe vor.[20]

Im Ersten Weltkrieg arbeitet August nach
einer Kriegsverletzung im belgischen Schüt-
zengraben als Schreibkraft in Brüssel. Er erhält
1919 einen Ruf nach Hannover, geht aber
bereits ein Jahr später für die folgenden zehn
Jahre als Ordinarius für Kunstgeschichte an
die Universität Breslau.

August Grisebach ist in Breslau zunächst
mit Swanhild Jörgensen verheiratet und ab
1924 mit der Kunsthistorikerin und Galeristin
Hanna Blumenthal (1899–1988). 1926 kommt in
Breslau der gemeinsame Sohn Hans zur Welt.
1930 erhält August Grisebach eine Professur

August Grisebach und Sohn Hans, etwa 1929 aus:
Privatbesitz

für Kunstgeschichte in Heidelberg. Hier wird
ein Jahr später die Tochter Manon geboren.

Die jüdische Herkunft seiner Frau Hanna
hat im nationalsozialistischen Deutschland für
August Grisebach 1937 die Zwangspensionie-
rung zur Folge. Er verliert seine Heidelberger
Professur und verbringt – belegt mit einem
Vortrags- und Publikationsverbot – die Jahre
1937 bis 1945 mit seiner Familie im von Hans
Grisebach entworfenen und relativ geschützt
abgelegenen Sommerhaus in Timmendorfer
Strand sowie in Potsdam. 1946 kehrt die Fa-
milie nach Heidelberg zurück, wo August seine
nunmehr zehn Jahre zurückliegende erzwun-
gene Zurruhesetzung in eine ordentliche Eme-
ritierung eines Ordinarius umwandeln kann.[21]
Seit 2007 vergibt das Institut für Europäische
Kunstgeschichte der Universität jedes Jahr den
August Grisebach-Preis für hervorragende
Promotionen in der Disziplin.

Augusts Sohn Hans, der Enkelsohn des
Architekten Hans Grisebach, studiert nach

dem Krieg in Heidelberg Biochemie, wird dort 1951 promoviert und 1960 in Freiburg habilitiert. An der Universität Freiburg wird er 1964 Ordinarius für Biochemie und später, wie schon sein Urgroßvater, der Botaniker August Grisebach, in die Leopoldina berufen. Seit 1990 vergibt der Chemiekonzern BASF zu Ehren des Biochemikers Hans Grisebach den Hans Grisebach-Preis für hervorragende Dissertationen auf dem Gebiet der Biologie und Molekularbiologie.

Augusts Tochter Manon, die Enkeltochter des Architekten Hans Grisebach, studiert nach den in Timmendorfer Strand und Potsdam verbrachten Kriegsjahren Literaturwissenschaften in Heidelberg, Genf und Hamburg, wo sie 1960 promoviert wird. Sie lehrt in Hamburg und Heidelberg und ist politisch und umweltpolitisch aktiv, engagiert sich im Landesvorstand der niedersächsischen und der baden-württembergischen Grünen und wird später Sprecherin im Bundesvorstand der Partei.

19 Grisebach, August: *Das deutsche Rathaus der Renaissance*, Berlin 1907

20 Grisebach, August: *Der Garten. Eine Geschichte seiner künstlerischen Gestaltung*, Leipzig 1910

21 Maurer, Golo: *August Grisebach (1881–1950) – Kunsthistoriker in Deutschland. Mit einer Edition der Briefe Heinrich Wölfflins an Grisebach*, Ruhpolding/Mainz 2007

Eberhard Grisebach (1880–1945)
Philosoph und Neffe von Hans

Eberhard Grisebach entstammt der sogenannten Rudolph-Linie des Grisebach'schen Familienstamms. Er wächst in Wernigerode im Harz auf, wo sein Vater Rudolph (1838–1919) seit 1890 als Regierungsvizepräsident und Kammerpräsident des Politikers und zeitweiligen Vizekanzlers unter Otto von Bismarck, des Fürsten Otto von Stolberg-Wernigerode (1837–1897), amtiert. Eberhards Mutter ist Marline von Harnier und er hat drei Geschwister und daneben vier Halbgeschwister aus Rudolphs erster Ehe. In Wernigerode bewohnt die Familie seit 1894 ein von Hans Grisebach entworfenes

Haus. Eberhard geht 1900 zum Architekturstudium zunächst an die Technische Hochschule Darmstadt und ein Jahr später an die Technische Hochschule Charlottenburg. In Berlin hört er an der Friedrich-Wilhelms-Universität zeitgleich mit seinem Vetter August, Hans Grisebachs Sohn, die Vorlesungen zur Kunstgeschichte von Heinrich Wölfflin.

Wegen einer Tuberkuloseerkrankung verbringt Eberhard Grisebach die Jahre 1904 bis 1909 im schweizerischen Davos und heiratet dort 1909 Lotte Spengler, die Tochter des Lungenarztes Lucius Spengler, der ein guter Freund des Malers Ernst Ludwig Kirchner ist, der 1917 ein Porträt von Eberhard Grisebach fertigt. Im Jahr 1909 nimmt Eberhard Grisebach ein Studium der Philosophie an der Universität Jena bei Rudolf Eucken auf, das er bereits 1910 mit einer Dissertation abschließt. 1913 folgt die Habilitation. In Jena ist Eberhard Grisebach als Geschäftsführer des dortigen Kunstvereins ein leidenschaftlicher Förderer der modernen Malerei – neben Kirchner auch von Edvard Munch, Erich Heckel, August Macke und anderen.[22] Ab 1922 lehrt er zunächst als außerordentlicher Professor Philosophie und wird 1931 auf den Lehrstuhl Philosophie, Pädagogik und Psychologie an der Universität Zürich berufen.

Der Enkelsohn Eberhard Grisebachs heißt wie sein Schwiegervater Lucius und studiert wie Eberhard Kunstgeschichte und Philosophie sowie Klassische Archäologie. Lucius Grisebach promoviert 1972 an der Freien Universität Berlin bei Otto von Simson mit einer Arbeit über den holländischen Maler Willem Kalf und arbeitet anschließend als Kustos an der Neuen Nationalgalerie in Berlin. 1988 wird er Direktor der Kunsthalle Nürnberg und 1997 Gründungsdirektor des Neuen Museums Nürnberg.

22 Kirchner Museum Davos (Hg.): *Ich bin den friedlichen Bürgern zu modern. Aus Eberhard Grisebachs Briefwechsel mit seinen Malerfreunden*, zusammengestellt von Eberhard Grisebachs Sohn Lothar und überarbeitet und neu kommentiert vom Enkel Lucius Grisebach, Zürich 2010

Intro zum Werkkatalog

Im Werkkatalog sind 49 Bauwerke chronologisch aufgelistet, für die Hans Grisebach als Verfasser gesichert ist, die nachweislich realisiert worden sind und zu denen es eine verlässliche Materiallage gibt. Darüber hinaus gibt es Bauwerke, die womöglich auch realisiert worden sind, was aber nicht frei von Spekulation und Interpretation nachzuweisen ist. Diese Entwürfe und möglichen Bauten sind in einer Werkliste aufgeführt. Darüber hinaus gibt es Werklisten zu Grisebachs Grabmälern sowie zu seinen Innenausstattungen und Möbeln, die meist im Zusammenhang mit den Häusern entstanden.

In den zwölf Jahren von 1889 bis 1901 arbeitet Hans Grisebach offiziell mit dem etwa gleichaltrigen Kollegen August Dinklage (1849–1920) zusammen. Beide lernen sich schon 1873 während des Studiums in Hannover bei Conrad Wilhelm Hase kennen und schon bevor sie als Grisebach & Dinklage firmieren arbeitet Dinklage als Mitarbeiter in Grisebachs Büro. Von dieser Art Bürogemeinschaften gibt es in diesen Jahren in Berlin viele: Kayser & von Großheim, Kyllmann & Heyden, Ende & Böckmann, von der Hude & Hennicke, Ebe & Benda, Cremer & Wolffenstein, Gropius & Schmieden und noch einige mehr. Oft ist der Zusammenschluss Ausdruck davon, dass eine Aufgabenteilung in den künstlerischen und den unternehmerischen Teil der Arbeit nötig wird. Geschäftliches hat Grisebach jedoch nie interessiert. Neben der eigenen künstlerischen Arbeit als Architekt sammelt er Kunst und Bücher, und er kauft mehr als er sich leisten kann – auch hierin handelt er leidenschaftlich und nicht geschäftlich-besonnen. Die Zusammenarbeit mit Dinklage ermöglicht es Grisebach, sich von Arbeiten zu befreien, die ihm nicht liegen und die er wohl auch nicht gut beherrscht. Max Liebermann, der nicht nur ein Freund, sondern auch Bauherr von Hans Grisebach gewesen ist, beschreibt dessen Gleichgültigkeit in geschäftlichen Dingen deutlich und unmissverständlich:

> „Nicht etwa, dass er nicht mit Leib und Seele bei seiner Kunst gewesen wäre, aber: sobald er die künstlerische Lösung seiner Aufgabe gefunden zu haben glaubte, war sein Interesse verschwunden. Das Geschäftliche, das mit jedem Bau und vor allem mit jedem Bauherrn verbunden ist, war ihm zuwider. Er liebte seine Kunst wie je ein Künstler, aber statt die Verdriesslichkeiten, die die Ausführung eines solchen Baues nun einmal mit sich bringt, zu überwinden, suchte er sich ihnen durch die Flucht zu entziehen."[6]

Im folgenden Werkkatalog wird in den Beschreibungen von Grisebachs Bauten Dinklage auch in den Jahren der gemeinsamen Firmierung nicht gesondert genannt. In den zahlreichen Besprechungen der Bauten des Büros in den Architekturzeitschriften der 1880er- und 1890er-Jahre geschah dies ebenfalls nicht. Dinklage arbeitet nach 1901 mit dem Architekten Ernst Paulus (1868–1936) zusammen, der bis 1899 ebenfalls Mitarbeiter in Grisebachs Büro war.

Sämtliche Abbildungen im Werkkatalog und in der Werkliste sind Zeichnungen oder Fotos aus der Entstehungzeit der Häuser oder von wenig später. Wenn zu einzelnen Bauten keine Grundrisse oder Fotos abgebildet sind, waren aus dieser Zeit keine auffindbar.

6   Liebermann, Max: *Hans Grisebach*, in: *Kunst und Künstler* 14.1916, S. 346

WERKKATALOG

1880

Villa Alves

WIESBADEN

ADRESSE
Kapellenstraße 82
BAUHERR
Heinrich Alves
ZUSTAND
verändert erhalten

GESCHICHTE

Die Kapellenstraße ist Teil eines Villengebiets auf einer Anhöhe nördlich des Zentrums von Wiesbaden. Hans Grisebach stellt Ende der 1870er-Jahre gleich drei Bauanträge für Wohnhäuser in dieser bevorzugten Straße und Gegend. Zu dieser Zeit ist er noch Mitarbeiter bei dem Architekten Johannes Otzen (1839–1911) und für den Neubau der Wiesbadener evangelischen Bergkirche verantwortlich. Es ist nicht ganz klar, ob die Villa Alves 1879 oder 1880 fertiggestellt wird, aber sie entsteht etwa zeitgleich mit der Villa von Langenbeck wenige Grundstücke entfernt. Im Januar 1880 wechselt Grisebach seinen Wohnort von Wiesbaden nach Berlin.

Über die Verbindung zwischen Heinrich Alves und Grisebach, aber auch über die Geschichte des Hauses ist wenig bekannt. Heute ist es in Richtung Norden auf ganzer Haustiefe um mehr als das Doppelte seiner ursprünglichen Länge vergrößert. Die Stadt Wiesbaden ist Eigentümerin, das Diakonische Werk Nutzer. Die vom Landesamt für Denkmalpflege Hessen 1988 herausgegebene Denkmaltopografie für die Villengebiete von Wiesbaden führt das Haus nicht auf.

BESCHREIBUNG

Grisebach richtet die zweigeschossige Villa parallel zur im Osten verlaufenden Straße und zum Hang aus. Das Sockelgeschoss verschwindet darum auf der Eingangsseite im Osten fast vollständig im Gelände, ist aber im Westen ein ebenerdiges Vollgeschoss. Den Eingang ins Haus führt Grisebach über eine offene Vorhalle in eine überwölbte, aber nicht allzu große Halle, an der die Haupttreppe liegt und von der aus alle vier Räume des Hauptgeschosses erschlossen werden: geradezu nach Westen das Empfangszimmer, daneben nach Nordwesten der große Speisesaal, nach Südwesten ein Wohnzimmer mit Erkerplatz und, wieder zur Straße weisend, im Südosten das Herrenzimmer. Im Obergeschoss befinden sich die Schlafzimmer, im Sockel die Küche und Wirtschaftsräume. Die Raumachsen mit dem Speisesaal nach Westen und dem Herrenzimmer nach Osten sind als übergiebelte Vorbauten hervorgeschoben, der Erkerplatz an der Südwestecke befindet

← Foto aus: Rückwardt, Hermann: *Architektur der Neuzeit*, Berlin 1889

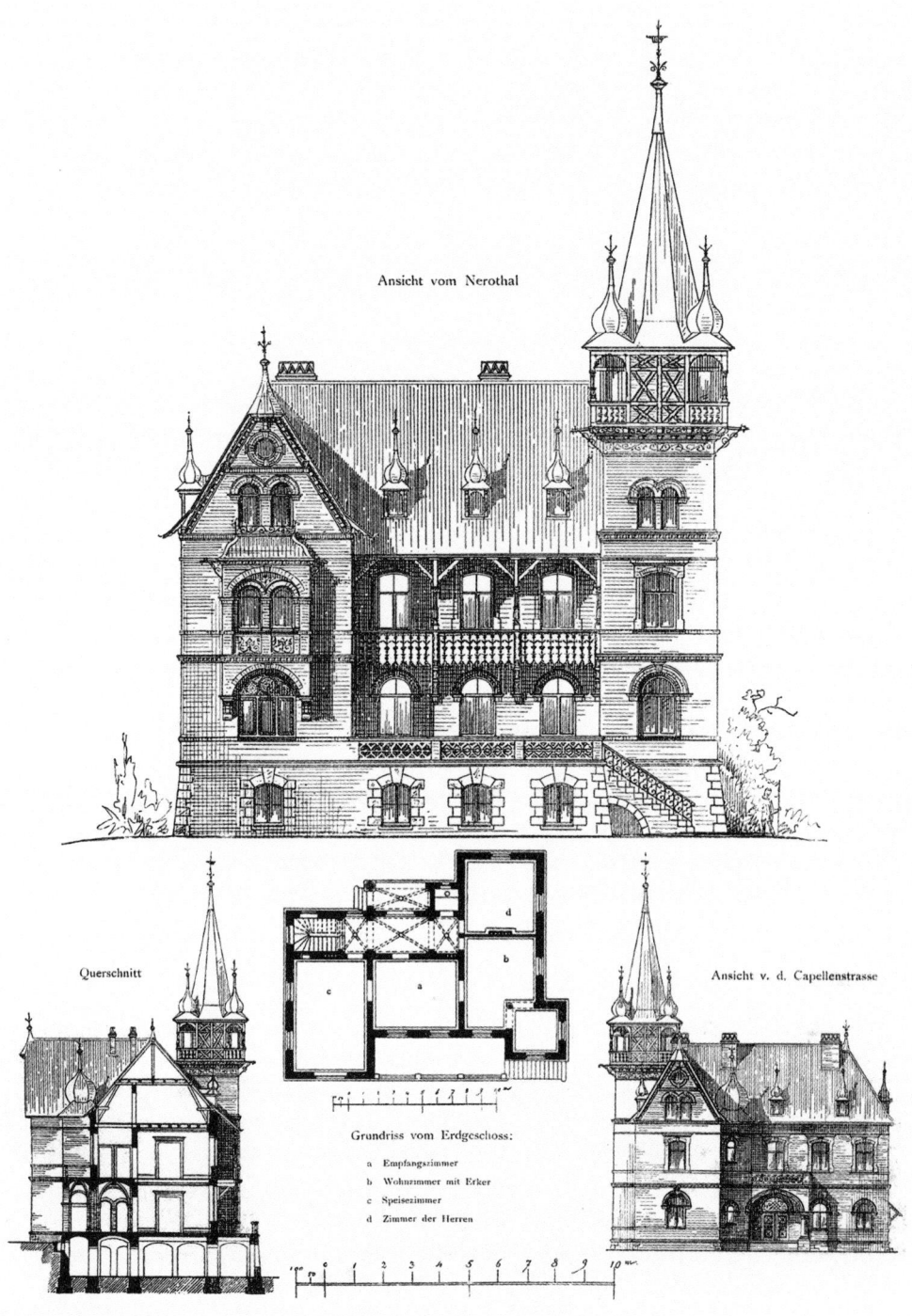

Ansicht vom Nerothal

Querschnitt

Ansicht v. d. Capellenstrasse

Grundriss vom Erdgeschoss:

a   Empfangszimmer
b   Wohnzimmer mit Erker
c   Speisezimmer
d   Zimmer der Herren

Grundriss, Schnitt und Ansichten aus: *Villen und Landhäuser*, Berlin 1896

1880 Villa Alves

sich in einem Turm, der das Gebäudevolumen deutlich überragt und ganz oben einen in Fachwerk und Holz ausgeführten Umgang hat. Im Westen ist den Gesellschaftsräumen eine breite Terrasse mit Treppenabgang in den Garten vorgelagert, die durch den ebenso breiten Balkon im Obergeschoss geschützt ist. Auch dieses Element lässt Grisebach als Holzkonstruktion ausführen. Die Fassaden der Villa Alves sind aus Sichtmauerwerk, das hohe Walmdach ist wohl mit Schiefer gedeckt und einige wenige Elemente wie die kurze Säule der Eingangshalle und Fenstereinfassungen sind in Werkstein ausgeführt. Umlaufende Gesimse betonen die Geschosse, die Brüstungen und die Trauflinie.

Handzeichnung 7219 aus: Nachlass

Villa von Langenbeck

WIESBADEN

ADRESSE
Kapellenstraße 66
BAUHERR
Prof. Dr. Bernhard von
Langenbeck
ZUSTAND
zerstört (Remise
erhalten, Denkmal)

GESCHICHTE

Der Arzt Bernhard von Langenbeck (1810–1887), geboren an der niedersächsischen Nordseeküste, als Chirurg und Ordinarius in Kiel und als Leiter der Chirurgie der Charité in Berlin tätig, setzt sich 1880 mit seiner Frau Arnoldine in Wiesbaden zur Ruhe. Zu diesem Zeitpunkt ist er allerdings noch Präsident der von ihm gegründeten Deutschen Gesellschaft für Chirurgie und Vorsitzender der Berliner Medizinischen Gesellschaft. Arnoldine, geborene Reinbold, ist eine Schwester von Hans Grisebachs Mutter Eveline. Diese familiäre Verbindung wird auch der Grund für die Beauftragung des Architekten sein, der 1878 den Bauantrag einreicht. Grisebach ist zu diesem Zeitpunkt in Wiesbaden bei Johannes Otzen (1839–1911) tätig und für den Neubau der dortigen evangelischen Bergkirche verantwortlich. Gleichzeitig mit diesem Bauantrag stellt er zwei weitere Anträge für Wohnhäuser in der Kapellenstraße: für die Familien Alves und Schierenberg.

Langenbecks bewohnen die Villa am Südhang oberhalb der Stadt bis zu ihrem Tod, aber insgesamt weniger als zehn Jahre.[1] In den 1930er-Jahren wird das große Grundstück in sechs Baufelder aufgeteilt und das Haus durch den neuen Besitzer Theodor Roth zerstört und bis auf das Sockelgeschoss abgetragen. Kurz vor dem Zweiten Weltkrieg entsteht darauf ein Einfamilienhaus, 1990 wird alles, auch der Rest des alten Hauses, durch einen Neubau ersetzt. Die erhalten gebliebene Remise ist inzwischen als Kulturdenkmal eingetragen und geschützt.[2]

Das Grab der Familie von Langenbeck befindet sich in Berlin auf dem Alten St.-Matthäus-Kirchhof. In Berlin befindet sich auch das Langenbeck-Virchow-Haus der beiden von Bernhard von Langenbeck gegründeten Gesellschaften.

BESCHREIBUNG

Grisebach platziert die zweigeschossige Villa parallel zur Straße am Hang, sodass das Sockelgeschoss auf der Eingangsseite im Osten fast vollständig im Gelände verschwindet, im Westen aber ein ebenerdiges Vollgeschoss ist. Analog ist auch die nur wenige Grundstücke weiter nördlich gelegene und zeitgleich entstehende Villa

← Foto aus: Nachlass

Gartenseite, Foto aus: Nachlass

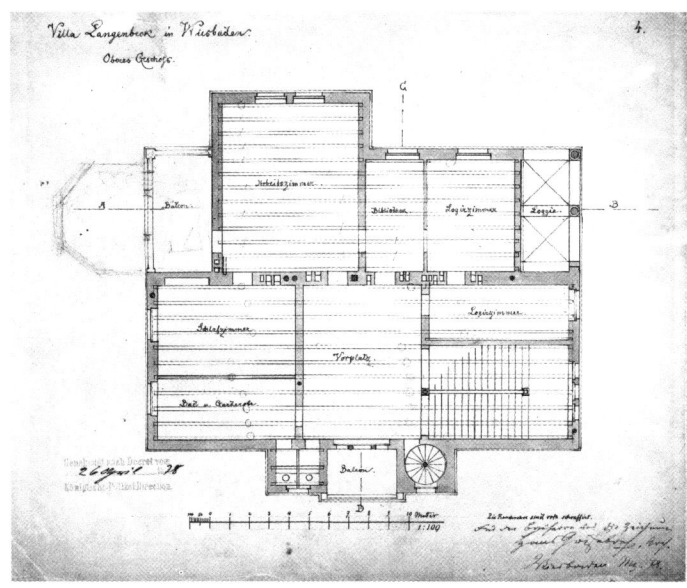

Grundriss Obergeschoss, Handzeichnung 7216 aus: Nachlass

1880 Villa von Langenbeck

Alves ausgerichtet. Bemerkenswert ist, dass schon bei diesen ersten beiden eigenen Wohnhäusern Grisebachs sehr vieles so angelegt ist, wie es in der Folge immer wiederkehrt. Eine Ausnahme bildet hier allerdings die symmetrisch aufgebaute Eingangsfassade: Vor die fensterlose gemauerte Längswand des Hauptbaukörpers setzt Grisebach einen Risalit mit Rundbogentür, zwei flankierenden schmalen Fensterachsen und einem Rücksprung der Mittelachse oben, sodass hier ein Austritt entsteht. Einen Giebel gibt Grisebach dem torähnlichen Vorbau allerdings nicht. Hinter diesem liegt im Erdgeschoss die Diele, die hier noch eingeschossig ausgebildet ist und in Richtung Süden, aber vor allem geradeaus nach Westen, die repräsentativen Gesellschaftsräume um sich versammelt. Eine breite zweiläufige Treppe mit Nordfenster führt ins Obergeschoss, das mit den Schlaf- und Gästezimmern und einem großen Arbeitszimmer analog gegliedert ist.[3]

Die Villa von Langenbeck hat – wie auch die Villa Alves – Fassaden in Ziegelmauerwerk und ein hohes Walmdach in Schiefer. Nach Westen weist ein Zwerchgiebel, nach Süden schiebt sich eine eingeschossige Loggia mit Wintergarten gegen den Hang. Ähnlich wie bei der Villa Alves gibt es auch hier umlaufende Gesimse und einige Fenstereinfassungen, Säulen und Ortsteine in kontrastierend hellem Sandstein. Anders als dort gibt es keine hölzernen Elemente; hier sind auch die schlanken Pfeiler zur Überdachung der Terrasse im Westen gemauert. Und anders als dort und in Zukunft bei fast allen Häusern Grisebachs gibt es bei der Villa von Langenbeck keinen Turm.

Handzeichnung 7218 aus: Nachlass

Handzeichnung 7218 aus: Nachlass

1 Im Jahr 1891 werden in Wiesbaden am damals neuen St. Joseph-Hospital ein dreiecksförmiger Platz und die von hier ausgehende Straße nach Langenbeck benannt.
2 In der Denkmaltopografie des Landesamtes für Denkmalpflege Hessen wird nicht Hans Grisebach, sondern dem Architekten Wilhelm Kilb der Entwurf der Remise und der Villa zugeschrieben. Wilhelm Kilb tritt jedoch nirgends je als Architekt in Erscheinung und wird wohl ein Mitarbeiter von Grisebach sein.
3 In einer Skizze des Obergeschosses versucht Grisebach noch eine etwas andere innere Anlage mit einer im Grundriss quadratischen und zweigeschossigen Halle mit umlaufender Galerie.

Villa Lietzmann

WIESBADEN

ADRESSE
Steubenstraße 9–11
(früher Gartenstraße 7)
BAUHERR
Paul Louis Lietzmann
ZUSTAND
zerstört, verändert
wiederaufgebaut

GESCHICHTE

Zu dem Haus ist insgesamt sehr wenig bekannt. Hans Grisebach listet es in den *Personalnachrichten für das Archiv der Königlichen Akademie der Künste in Berlin* als eines seiner Werke auf und datiert es mit dem Fertigstellungsjahr 1881. Im Zweiten Weltkrieg wird das Haus weitestgehend zerstört und in den 1950er-Jahren oberhalb des Sockels neu und anders wiederaufgebaut.

In der vom Landesamt für Denkmalpflege Hessen 1988 herausgegebenen Denkmaltopografie für die Villengebiete von Wiesbaden wird die Anlage anhand der noch vorhandenen Einfriedung, die zu „einem herrschaftlichen Bau der 1880er-Jahre in parkähnlichem Garten" gehörte, als bedeutend identifiziert. Der Name Grisebach fällt hier nicht, die Einfriedung steht unter Denkmalschutz. Auf dem ursprünglich großen Grundstück und auch im ehemaligen Vorgarten stehen heute mehrere weitere Gebäude.

BESCHREIBUNG

Die stattliche, hoch aufragende Villa weist mit ihrer recht verschlossenen Nordfassade zur Straße und öffnet sich in Richtung Westen und Süden, wohin sich auch der Garten ausdehnt. Der nach Norden weisende Eingang liegt an der Ostfassade und führt über eine Treppe zu einem gedeckten Vorplatz und weiter ins Hausinnere in eine langgestreckte überwölbte Halle mit der Haupttreppe und einem Fenster nach Norden. In ähnlicher Proportion und Gestalt gibt es diese Halle vor dem den Erdgeschossgrundriss dominierenden Salon als halboffene Loggia noch einmal. Die eingeschossig ausgebildete Halle dient der Erschließung des Salons, des nach Süden leicht herausgeschobenen Wohnzimmers und des Herrenzimmers sowie der schmalen, nach Osten orientierten Bibliothek. Das große Speisezimmer ist in einem übergiebelten Vorbau deutlich nach Westen herausgeschoben und vom Salon aus zugänglich. Eine Nebentreppe verbindet hier zum Sockelgeschoss mit der Küche und den Wirtschaftsräumen. Im Obergeschoss entspricht ein breiter Vorplatz der

← Foto aus: Stiehl, Otto (Hg.): *Ausgeführte Backsteinbauten der Gegenwart*, Berlin 1891

Ansicht von Süden, Foto aus: Wicke, Wilhelm: *Architektonische Bilderbogen*, Berlin 1886

1881 Villa Lietzmann

unteren Halle, von dem aus vier große Schlafzimmer und die Nebenräume erschlossen werden. Im Dachgeschoss, das im Bereich der beiden höher aufragenden Vorbauten als Vollgeschoss ausgebildet ist, befinden sich Zimmer für Gäste und das Personal.

Die Villa ist vom Sockel bis zur Traufe mit Ziegeln verkleidet. Durch die Verwendung eines hellen Steins für die großen Wandflächen und eines dunkleren für Gesimse, gemusterte Bänder, Bögen und Lünetten entsteht ein reduziertes, flächiges Ornament, das den Baukörper mit seinen Vor-, Rücksprüngen und Türmen konturiert zusammenhält und ihm seine Strenge nimmt. Steile, mit Schiefer gedeckte Walmdächer und Turmhauben unterstützen die hoch aufragende Gesamtproportion.

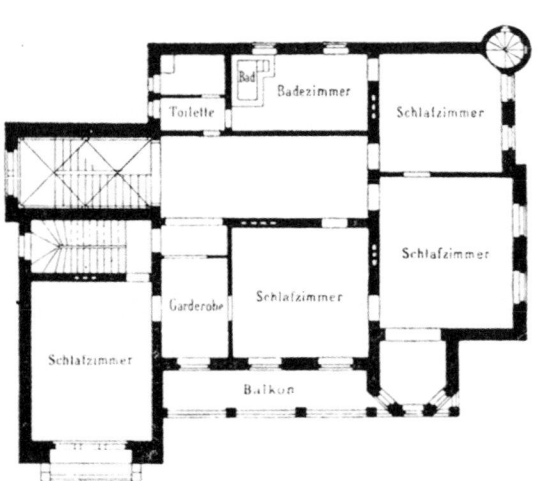

←
Grundrisse Erdgeschoss und Obergeschoss aus: Stiehl, Otto (Hg.): *Ausgeführte Backsteinbauten der Gegenwart*, Berlin 1891

Wohn- und Geschäftshaus mit Apotheke

WIESBADEN

ADRESSE
Langgasse 11–13
BAUHERR
Dr. August Lade
ZUSTAND
erhalten, Denkmal

Handzeichnung 7222 aus: Nachlass

GESCHICHTE

Das Wohn- und Geschäftshaus an der Langgasse im Stadtkern von Wiesbaden entsteht auf dem Grundstück der alten Hofapotheke, die 1672 als erste Apotheke der Stadt gegründet worden war. 1808 hatte der Großvater des Bauherrn, Dr. Johann August Lade (1781–1839), ebenfalls Apotheker, das Haus erworben. Sein Enkel (1824–1886) lässt es abreißen und durch den fünfgeschossigen Neubau nach Grisebachs Entwurf ersetzen.

Das Gebäude ist erhalten und wird in einem Teil des Erdgeschosses noch immer als Apotheke genutzt.

Das stattliche Wohn- und Geschäftshaus besetzt zwei Parzellen und schließt im Norden eine alte schmale Traufgasse, die Kleine Langgasse, zu der nun nur noch eine Tordurchfahrt führt. Grisebach gibt dem Haus zur nach Westen weisenden Straßenfassade sieben Fensterachsen und einen grundsätzlich symmetrischen Aufbau mit drei hohen schmalen Erkern – zwei außen und einem in der Mittelachse. Den Eingang zu den als Wohnungen genutzten Obergeschossen, der gleichzeitig Durchgang in den Hof ist, platziert er zentral. Anders als in einer ersten Skizze hat das Gebäude drei Obergeschosse über einer Reihe hoher Rundbogen-Schaufenster, die ein Ladengeschoss und ein niedriges Kontorgeschoss zusammenfassen.[1] Der Hofraum wird mit einem an die südliche Brandwand des Nachbarn anschließenden Seitenflügel und einen durch die Kleine Langgasse dreiseitig frei stehenden weiteren Flügel maximal ausgenutzt.

Die Fassade ist mit rotem Ziegel verkleidet und mit gelblichem Sandstein gegliedert: durch betonte Fenstereinfassungen und steinerne Fensterkreuze, durch Gesimse und Bänder. Das Erdgeschoss mit der Kontorebene und das erste Obergeschoss sind äußerlich als Sockel zusammengefasst, die Fenster der Wohnungen schließen hier mit Rundbögen ab. Insgesamt ergibt das eine etwas unglückliche Proportion, weil die beiden darüberliegenden Geschosse in der Summe etwas niedriger sind als der Sockel. Kompensiert wird dies durch das sehr steile hohe und mit Schiefer gedeckte Dach, in dem die reinen Fensterachsen durch Dachhäuschen fortgesetzt werden.

Der symmetrische Aufbau wird durch einen leisen Verweis auf die alte Traufgasse in der nördlichsten Achse leicht gebrochen: Grisebach bildet den Erker über der Durchfahrt hier als Turm mit polygonalem Grundriss und Zwiebelhaube aus, während die beiden anderen Erker flach sind, aber mit Giebeln die Trauflinie durchbrechen.

Auf dieses erste Wohn- und Geschäftshaus Grisebachs werden in den kommenden Jahren einige weitere in Berlin folgen. Insbesondere für das nur ein Jahr später fertiggestellte Haus Faber erscheint dieses wie eine Vorbereitung.

---

1   In der hier abgebildeten frühen Skizze ist das Haus noch ein Geschoss niedriger und hat auch eine Achse weniger, wahrscheinlich weil die im Norden verlaufende Traufgasse noch offen bleiben sollte. Dies ergibt dann auch einen Aufbau mit nur zwei Erkern ohne den jetzt direkt an den Nachbarn im Süden anschließenden.

1883

Wohn- und Geschäftshaus Faber

BERLIN-MITTE

ADRESSE
Friedrichstraße 79
Ecke Französische
Straße 49
BAUHERR
Freiherr Johann
Lothar von Faber
ZUSTAND
zerstört

GESCHICHTE

Das Bleistifte herstellende Unternehmen A. W. Faber aus Nürnberg ist eines der ersten von europäischem Ruf und von außerhalb Berlins, das in der jungen Reichshauptstadt eine selbstständige Vertretung gründet. Der Bauherr Johann Lothar Freiherr von Faber ist Inhaber in der vierten Generation und trägt in vielerlei Hinsicht zur weltweiten Strahlkraft des Unternehmens bei: Auf seine Firmenübernahme 1839 folgen bald schon Auslandsniederlassungen in New York, London, Paris, Wien und Sankt Petersburg sowie die Gründung eines Zweitwerks in Geroldsgrün. Für seine Verdienste zur Einführung einer bis heute für die Industrie richtungsweisenden Bleistiftnorm wird er geadelt und auch für die Schaffung eines Markenschutzgesetzes engagiert er sich. 1877 sorgt er für die erste Berliner Niederlassung und wendet sich 1881 an den Berliner Architektenverein zur Veranstaltung eines Wettbewerbs für einen Neubau in prominenter Lage an der Friedrichstraße.[1]

Der Wettbewerb wird im Oktober 1881 ausgelobt und im Februar 1882 entschieden. Fünf Geschosse soll das „Kaufhaus und Wohngebäude" haben, die beiden unteren für Geschäftsräume einschließlich des eigenen „Detail-Verkaufslocals" und die drei oberen für Mietwohnungen. Der Bauherr wünscht sich zudem einen freien Hof, helle Treppen und eine Architektur aus „echtem Material" – nicht prunkvoll, jedoch der wertvollen Lage angemessen.

Das Interesse an der Bauaufgabe und die Beteiligung am Wettbewerb ist groß, 48 Entwürfe werden eingereicht. Grisebach erhält den ersten Preis, zwei weitere Preise gehen an die Herren Seeling und Kayser & von Großheim. Letztere schlagen gegenüber ihrem kurz zuvor für die Versicherungsgesellschaft Germania realisierten Haus einen in üppigem Renaissancedekor verkleideten Neubau in hellem Sandstein vor.

Fünf Jahre später realisiert Grisebach in der Friedrichstraße 80 im selben Block das schmale Geschäftshaus und Bierlokal „Zum Gambrinus". Im Zweiten

← Foto aus: Architekturmuseum der TU Berlin, Inv.-Nr. 1599

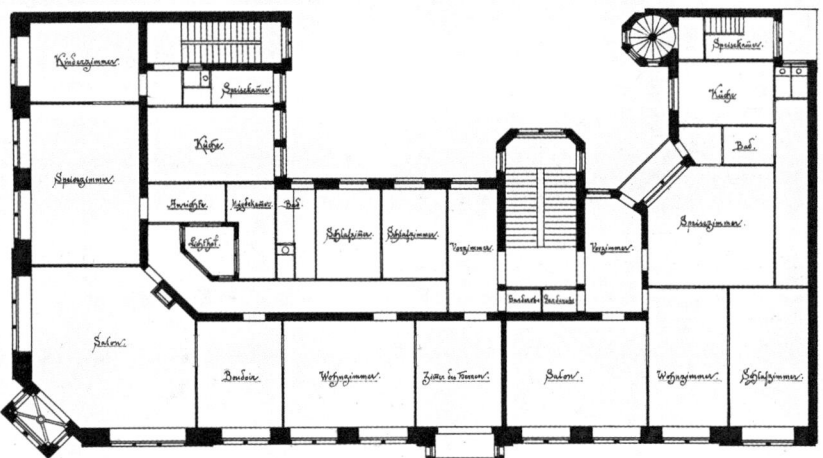

Grundriss 2. Obergeschoss aus: Architekturmuseum der TU Berlin, MK 55-002

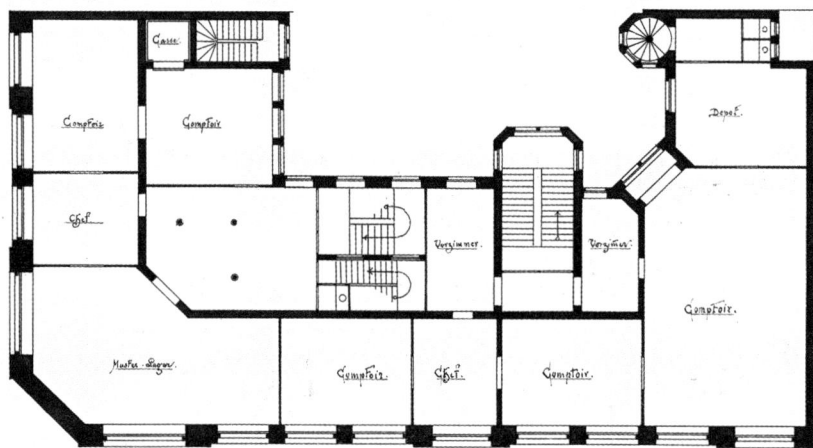

Grundriss 1. Obergeschoss aus: Architekturmuseum der TU Berlin, MK 55-002

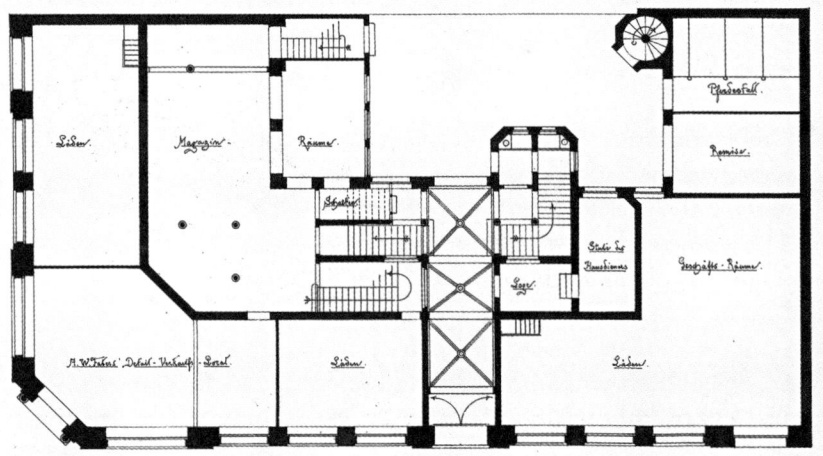

Grundriss Erdgeschoss aus: Architekturmuseum der TU Berlin, MK 55-001

1883 Wohn- und Geschäftshaus Faber

Weltkrieg werden beide Gebäude stark beschädigt und abgetragen, während das dazwischenstehende Haus in der Friedrichstraße 79a erhalten bleibt und wiederaufgebaut wird. Anstelle des Eckhauses Faber und des Hauses Nummer 80 entstehen 1996 Geschäftshäuser nach einem Entwurf von Hans Kollhoff.

BESCHREIBUNG

Das fünfgeschossige Gebäude hat seine längere Fassade mit neun Fensterachsen entlang der Französischen Straße und vier Achsen an der Friedrichstraße. Hinzu kommt eine weitere betonte Achse an der Ecke, an der Grisebach einen hohen schlanken Erker platziert, der oberhalb der Traufe mit einem Turm abschließt.

Der Faber'sche Bleistiftladen liegt bevorzugt direkt an der Ecke, wo er auch seinen Eingang hat, mit Schaufenstern zu beiden Straßen. Direkt hinter dem Verkaufslokal befindet sich hofseitig und damit gut anlieferbar das Magazin. Sowohl aus dem Magazin als auch aus der Hofdurchfahrt führen Treppen direkt ins erste Obergeschoss, das mit zahlreichen Kontoren, einigen Büros und dem Musterlager komplett dem Bauherrn und Eigentümer vorbehalten ist.

Im Erdgeschoss gibt es drei weitere Läden unterschiedlicher Größe mit direktem Zugang von der Straße, die ihre Lagerräume im Kellergeschoss haben. An der längeren Fassade an der Französischen Straße befindet sich die überwölbte Tordurchfahrt in den Hof, aus der heraus auch das Haupttreppenhaus betreten wird.

In den drei weiteren Obergeschossen sind jeweils zwei Mietwohnungen angelegt, eine Vierzimmerwohnung an der Französischen Straße und eine Achtzimmerwohnung über die Ecke. Beide sind zusätzlich zum Haupttreppenhaus über eine Nebentreppe erschlossen und in beiden ist durch kleine Lichthöfe dafür gesorgt, dass auch die Flure, Anrichten und Kammern Tageslicht erhalten.

Den Wettbewerbsgewinn gegen so etablierte Konkurrenz – unter anderen hatten sich auch Wolffenstein und Zaar beteiligt – verdankt Grisebach aber weniger dem Grundriss, als vielmehr der „Schönheit in der Fassadenbildung", von der neben dem Bauherrn auch schon die Besucher der Wettbewerbsausstellung „geradezu gefangen genommen" waren.[2] In der Fassade verbindet Grisebach rote Verblendziegel mit kontrastierend hellem schlesischem Sandstein, fasst die beiden unteren Geschosse deutlich mit hochgestelzten Rundbogen-Schaufenstern zwischen Sandsteinpfeilern zu einem sehr hohen, sehr weit geöffneten Sockel zusammen und schafft mit einem schlanken Eckerker, betonten Vertikalen und einer überhöhten Dachlandschaft – der First liegt rund acht Meter höher als die Traufe – mit Giebeln, Turm und Bekrönungen eine himmelwärts strebende Silhouette.

Die Fenster in den Obergeschossen sind zu Zwillingen oder Drillingen gruppiert und durch schlanke Steinpfosten gegliedert, alle tragenden und stützenden Elemente – Pfeiler, Architrave, Gewölbebogen, Konsolen usw. – sind in Werkstein ausgebildet. Recht unakademisch und frei verwendet Grisebach hier Formen und Ausdrucksmittel der Renaissance und der Gotik und schafft gleichzeitig ein frühes und vorbildliches Beispiel moderner Geschäftshausarchitektur, bei dem es, weil es gleichzeitig in den oberen Geschossen auch ein Wohnhaus ist, nicht um eine für das Geschäfts- und Warenhaus angestrebte sichtbare Auflösung von Tragwerk und Hülle geht, sondern um eine architektonische Gliederung für einen in zwei Funktionen geteilten Gesamtorganismus.

Handzeichnung 7200 aus: Nachlass

1 Nach Lothar von Fabers Tod 1896 übernimmt seine Enkelin Ottilie die Firma. Sie heiratet wenig später Alexander Graf zu Castell-Rüdenhausen. Der Familienname lautet fortan Faber-Castell und der Firmenname ebenfalls. Die Abkürzung A. W. Faber war die Abkürzung von Anton Wilhelm, dem Sohn des Gründers Kaspar und Großvaters von Lothar.
2 So schreibt es Karl Schäfer im *Centralblatt der Bauverwaltung* 2.1882, S. 111.

Zeichnung aus: Nachlass

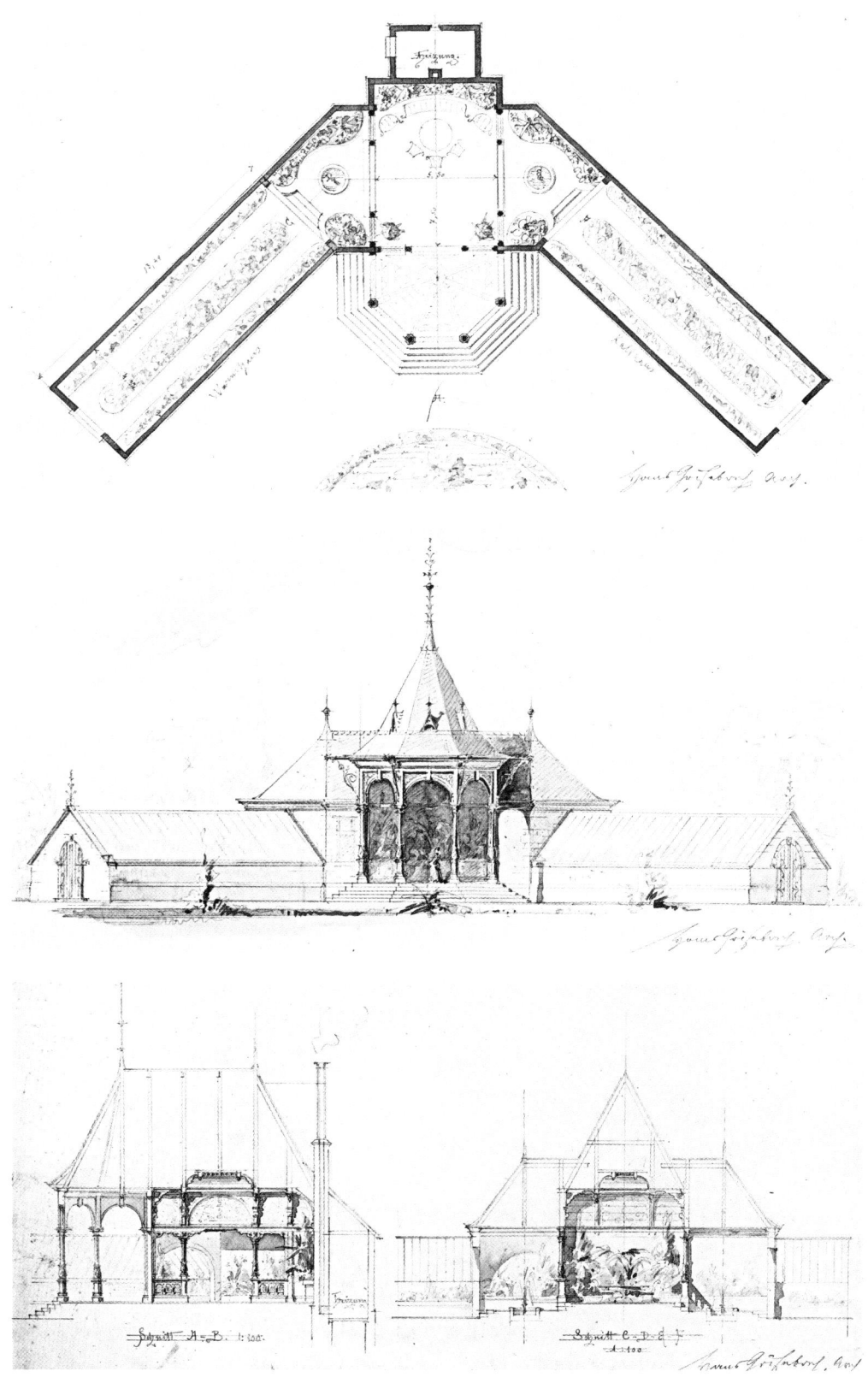

1884 Gewächshaus im Garten der Villa Gauhe

Gewächshaus im Garten der Villa Gauhe

EITORF

ADRESSE
Parkstraße
BAUHERR
Julius Gauhe
ZUSTAND
zerstört

GESCHICHTE

Der Textilfabrikant Julius Gauhe (1835–1912) siedelt in den 1870er-Jahren seine Fabrik und Färberei in Eitorf, rund 30 Kilometer östlich von Bonn, an und lässt sich hier 1878 sein Wohnhaus bauen. Das Haus hat zwei Flügel, die einen rechten Winkel bilden, der sich nach Nordwesten öffnet, ein steinernes Sockelgeschoss und ein als Fachwerk ausgebildetes Obergeschoss. In der Innenecke schiebt sich ein Rundturm heraus und aus dem nördlichen Flügel ein hoher fünfgeschossiger Turm auf quadratischem Grundriss. Umgeben ist das Wohnhaus von einem gro-ßen Park.

Es ist unklar, woher Julius Gauhe Hans Grisebach kennt und warum er ihn mit dem Entwurf einer Kleinarchitektur für seinen Garten betraut, aber 1884 entwirft ihm dieser eine zweiflügelige Gewächshaus-Anlage.

Der Park ist heute deutlich verkleinert und das Gewächshaus zerstört. Das Wohn-haus wird als Pflegeheim genutzt.

BESCHREIBUNG

Grisebach entwirft die Gewächshaus-Anlage symmetrisch mit zwei eingeschossi-gen Flügeln im rechten Winkel zueinander und einem Teehaus als Gelenk. Hiermit bezieht er sich offensichtlich auf die ebenfalls winkelförmige Anlage des Wohn-hauses. Die niedrigen Gewächshäuser – eines als Warm-, das andere als Kalthaus – haben geschlossene Wände und verglaste Satteldächer, das Teehaus dazwi-schen verbindet beide baulich und räumlich und schließt mit einem Walmdach ab.

Dem Teehaus ist im geschützten Bereich der Innenecke eine erhöhte Terrasse und eine überdachte Säulenhalle vorgelagert. Die schlanken Säulen tragen ein achtseitiges Pyramidendach, das die Gewächshaus-Anlage überragt und weit-hin sichtbar macht.

← Grundriss und Ansicht aus: Architekturmuseum der TU Berlin, Inv.-Nr. 1597/1598, Handzeichnung 7290 aus: Nachlass

Herrenhaus von Andreae

KÖLN

ADRESSE
Mielenforster
Kirchweg 50
BAUHERR
Paul von Andreae
ZUSTAND
erhalten, Denkmal

GESCHICHTE

Der aus einer Mülheimer Textilhändlerfamilie stammende Paul von Andreae (1850–1922) kauft in den 1880er-Jahren das Gut Mielenforst, einen ehemaligen Rittersitz am Rande des Königsforstes östlich von Köln. Er lässt das Herrenhaus aus dem frühen 18. Jahrhundert und weitere Gebäude der alten Hofanlage abbrechen und ein neues Wohnhaus nach einem Entwurf von Hans Grisebach bauen. Wenige Jahre nach der Fertigstellung zieht er sich aus dem Unternehmen zurück und betreibt auf dem Gut Landwirtschaft und Pferdezucht. Andreae engagiert sich gesellschaftspolitisch, sozial und kulturell und wandelt das Gut 1904 in eine Art Stiftung um. Während des Zweiten Weltkriegs nutzt die Flugabwehr die Gebäude als Leitstelle und den Turm als Beobachtungsstation. 1980 wird das Gut von der Stadt Köln unter Denkmalschutz gestellt, Ende der 1990er-Jahre wird ein Großteil der Gebäude zu Eigentumswohnungen umgebaut. Das Herrenhaus ist heute denkmalgerecht rekonstruiert.

BESCHREIBUNG

Wie schon bei der alten Anlage bildet auch das neue Herrenhaus mit den verbleibenden Wirtschafts- und Stallgebäuden einen allseitig umschlossenen rechteckigen Hof. Das zweigeschossige Wohnhaus für die Familie Andreae überragt mit einem hohen Walmdach an der Südwestecke alle anderen, sein Turm bildet den Schwerpunkt der Gesamtanlage. Im Osten schließen sich an das Herrenhaus ein neues Tor- und ein Pförtnerhaus an. Vom Mühlenforster Kirchweg, der wohl im Rahmen des Neubaus auf größere Distanz nach Süden verlegt wird, führt nun eine Kastanienallee zwischen zwei Teichen zum Tor.

Den rechteckigen Baukörper des Wohnhauses bildet Grisebach körperlich klar ablesbar und mit Walmdach aus, den Turm platziert er nicht direkt an der Ecke, sodass sich dahinter das Gebäudevolumen noch deutlich abzeichnet. Die Hauptfassade in Richtung Süden erhält ausgleichend zum Turm einen übergiebelten

← Handzeichnung 7298 aus: Nachlass

Foto aus: Kierdorf, Alexander: *Gut Mielenforst im 19. und 20. Jahrhundert*, Köln 1997

Haus Mielenforst (Bez. Köln)

Postkarte aus: Nachlass

1885 Herrenhaus von Andreae

Risalit, zwischen den beiden hervortretenden Elementen gibt es einen traufständigen Mittelteil mit einer dreiteiligen Loggia im Erdgeschoss. In Richtung Westen ist die kurze Fassade neben dem hoch aufragenden Turm analog zum nach Süden weisenden Risalit gegliedert und ebenfalls übergiebelt, im Erdgeschoss schiebt sich hier das dreiteilige Fenster als Auslucht hinaus – dahinter liegt das Damen- und Musikzimmer.

Im Osten schließt an das Wohnhaus eingeschossig und etwas zurückgesetzt ein Torhaus an, daneben folgt mit einem Rundturm als Auftakt das zweigeschossige Pförtnerhaus mit fünf Fensterachsen, Satteldach und einer Mittelbetonung durch einen Dreiecksgiebel. Es leitet über zum an die Giebelwand anschließenden und ähnlich gegliederten Flügel, der ein Bestandsgebäude ist.

Das Herrenhaus und die beiden anschließenden Neubauten haben hell verputzte Wandflächen und Fenstereinfassungen und -teilungen, Horizontalgliederungen, Eckbetonungen und Pilaster aus rotem Sandstein, die Dächer sind schiefergedeckt. Auffällig ist die Höhe und Schwere des Turms, der selbst mit einer Welschen Haube abschließt (wo in einer früheren Skizze noch eine steile Pyramide gezeichnet ist) und durch vier Eckwarten mit Zwiebeldächern leicht kopflastig wirkt.

Im Grundriss liegt im Erdgeschoss hinter der dreiteiligen Loggia die Halle als zentraler Raum. Sie bildet zusammen mit dem Salon und dem mit einer hölzernen Tonnendecke überwölbten Speisesaal eine Achse. Anders als üblich befindet sich die Küche hier nicht im Sockelgeschoss, sondern im Hauptgeschoss neben den repräsentativen Räumen. Nördlich der Halle und dem Innenhof zugewandt liegen das Herrenzimmer mit Holzeinbauten und das Treppenhaus. Nach Süden gab es vor der Loggia wohl ursprünglich eine Terrasse.

Villa von Bode

BERLIN-CHARLOTTENBURG

ADRESSE
Uhlandstraße 4–5
BAUHERR
Wilhelm von Bode
ZUSTAND
zerstört

GESCHICHTE

Der Kunsthistoriker und spätere Generaldirektor der Königlichen Museen zu Berlin Wilhelm von Bode (1845–1929) notiert in seiner Autobiografie, wie es 1884 zum Bau der Villa in der Uhlandstraße kommt. Er kennt die Familie Grisebach bereits aus Göttinger Zeiten. Als er 1863 dort ein Studium der Rechtswissenschaften an der Georg August-Universität begann, ging Hans Grisebachs Bruder Eduard für ebendieses Studium gerade nach Leipzig. Hans selbst hatte da noch drei Schuljahre in Göttingen vor sich. Als Bode sich knapp 20 Jahre später das Grundstück in Charlottenburg kauft, um dort für sich und seine Frau Marie[1] ein Wohnhaus zu bauen, wendet er sich an Hans Grisebach, der kurz zuvor mit dem Geschäftshaus Faber in der Berliner Friedrichstraße als Architekt bekannt geworden ist.

Bode behandelt in dem kurzen Kapitel seiner Autobiografie allerdings nicht nur den für ihn sehr erfreulichen Hausbau, sondern auch den großen Verlust seiner Frau Marie nach der Geburt der gemeinsamen Tochter:

„(...) Ich hatte im Sommer ein Grundstück in Charlottenburg gekauft auf Anraten meines dort angesessenen Freundes Conze.[2] Dieser Vorort bildete damals den äußersten Westen Berlins. Bis zum Grunewald, den man in der Ferne sah, lagen nur ein paar ältere Gartenhäuser. Einen jungen talentvollen Architekten, Hans Grisebach, der mir von seinem Elternhaus in Göttingen bekannt war, hatte ich um den Plan einer kleinen Villa auf diesem Grundstück gebeten. Mir schwebte als Vorbild eine bescheidene Florentiner Renaissance-Villa vor. Grisebach ging anscheinend darauf ein, als er mir aber den fertigen Plan zeigte, war ein deutscher Renaissancebau daraus geworden. Der Plan war in der Disposition so glücklich, die Innenräume wirkten so behaglich, und das farbige Äußere nahm sich in dem kleinen Garten, in dessen Grunde die Villa liegen sollte, so gut aus, dass wir unseren italienischen Plan aufgaben und Grisebach die Ausführung seines Planes übertrugen."[3]

1884 stellt Hans Grisebach den Bauantrag für eine Villa auf dem Grundstück Uhlandstraße 4–5, der umgehend genehmigt wird. 1885 ist das Haus fertig und

← Foto aus: Rückwardt, Hermann: *Architektur der Neuzeit*, Berlin 1889

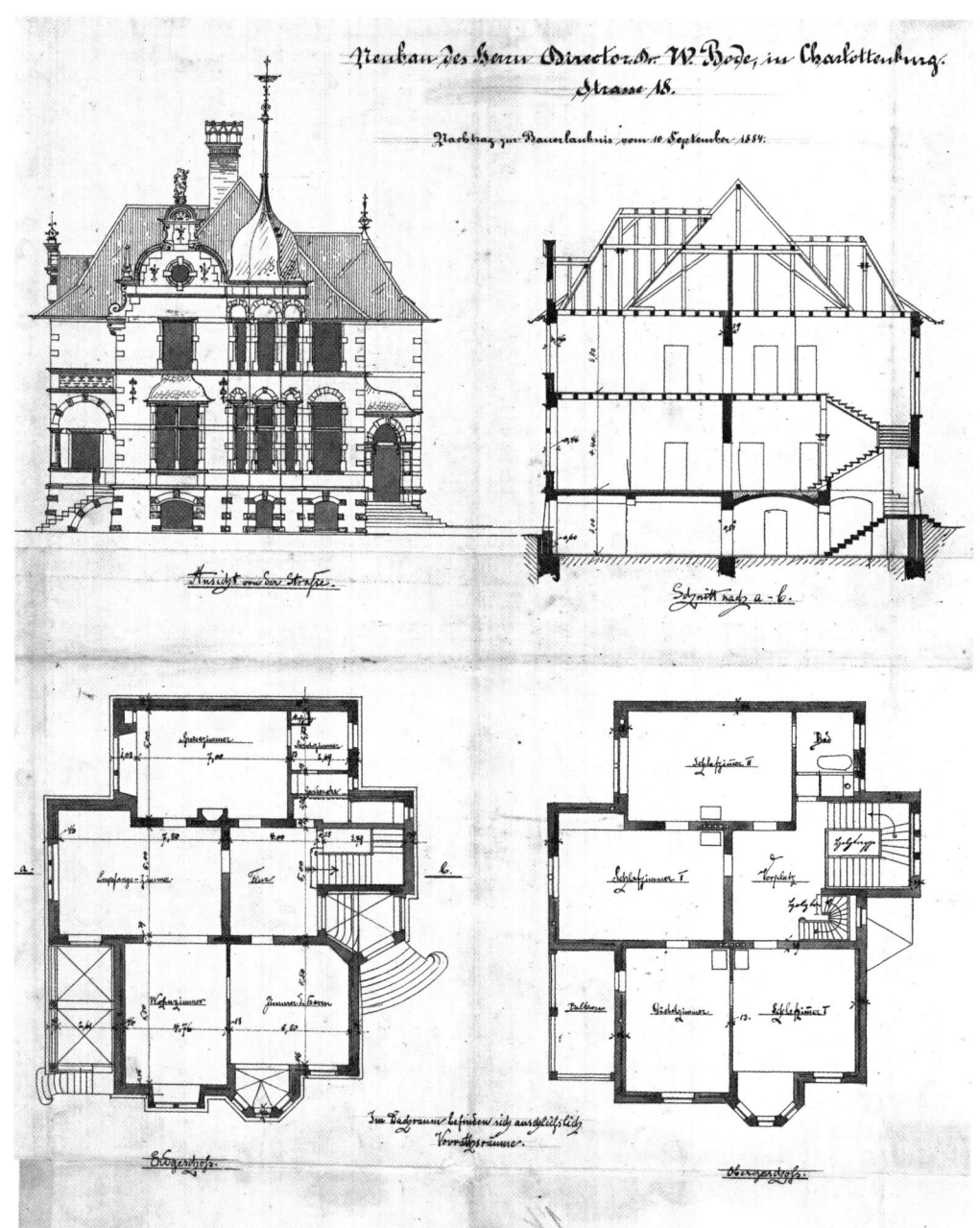

Ansicht, Schnitt und Grundrisse aus: Bauakte im Landesarchiv Berlin, B Rep. 207 Nr. 2850

1885 Villa von Bode

wird von Bodes bezogen. Noch im selben Jahr stirbt Bodes Frau und Cousine Marie an den Folgen einer Krankheit und der Geburt der gemeinsamen Tochter. Sieben Jahre später hat auch ihre Mutter Sophie Rimpau, eine Tante von Wilhelm Bode, den Wunsch im Haus der Tochter und Enkeltochter zu sterben. Sie kommt 1892 nach dem Tod ihres Mannes Wilhelm, eines Onkels von Bodes, vom Gut Langenstein im Harz in die Uhlandstraße und stirbt dort nach einigen Monaten. 1894 heiratet Wilhelm Bode mit Anna Gmelin erneut eine Verwandte. Sie haben drei weitere Töchter und leben weiterhin in der Uhlandstraße.

1908 wird das Haus um eine Raumachse an der Nordostecke erweitert, die Planung hierfür liefert der Architekt Alfred Messel (1853–1909). Hans Grisebach ist zu diesem Zeitpunkt bereits verstorben.[4] Wilhelm von Bode ist als Generaldirektor mit Messel, dem Architekten der Königlich-Preußischen Museen, selbstverständlich gut bekannt. Der Bauantrag für den erweiternden Umbau wird umgehend genehmigt und ausgeführt. Die Erweiterung hat die Verlegung des Eingangs an die Nordfassade zur Folge und ein insgesamt weniger bewegtes Bild der Hauptfassade. Die im selben Jahr laufenden Neubauplanungen auf der Museumsinsel kann Messel jedoch nicht abschließen; er stirbt 1909 und sein Freund Ludwig Hoffmann setzt die Ausführungen fort. Wilhelm von Bode lebt bis zu seinem Tod 1929 in der Villa in der Uhlandstraße.

1936 verkaufen die Erben das Grundstück an die Deutschen Waffen- und Munitionsfabriken, die zu diesem Zeitpunkt ihren Sitz in einem Grisebach-Haus in der Hardenbergstraße 24 haben und hier neu bauen wollen. Dem Abrissantrag wird 1937 stattgegeben und es entsteht ein großes Verwaltungsgebäude, das auch das Teilgrundstück Nummer 4 vorn an der Straße besetzt.

BESCHREIBUNG

Grisebach platziert die Villa im rückwärtigen Bereich des Grundstücks, wo es deutlich breiter ist als vorn an der Straße. Hierhin, nach Westen, hält er lediglich die Abstandsfläche zur Grundstücksgrenze ein und sieht keinerlei Öffnung vor. Direkt an der Straße, die zu diesem Zeitpunkt noch die Nummer 18 trägt, steht auf dem Teilgrundstück Nummer 4 die südliche Hälfte eines Doppelhauses aus dem Jahr 1871.[5]

Die zweigeschossige Villa mit Sockelgeschoss ist im Großen und Ganzen, jedoch sehr ungezwungen, symmetrisch aufgebaut und gegliedert. In der breiten Mittelzone misst sie gut 15 Meter und in der Tiefe knapp 17 Meter. Das Sockelgeschoss mit einer Wohnung für das Personal, der Küche und allen Nebenräumen liegt ein paar Stufen unter dem Gartenniveau und wird durch eine kleine Tür an der Nordfassade erschlossen. An der Nordostecke liegt der erhöhte Haupteingang. Nach vorn zur Uhlandstraße und damit nach Osten weisen das Herren- und das Wohnzimmer, die beide hierhin einen Erker beziehungsweise eine Turmnische haben und die durch eine Tür auch direkt miteinander verbunden sind. Die Eingangstreppe führt zunächst in einen kleinen fünfeckigen Vorraum und weiter in die Diele in der

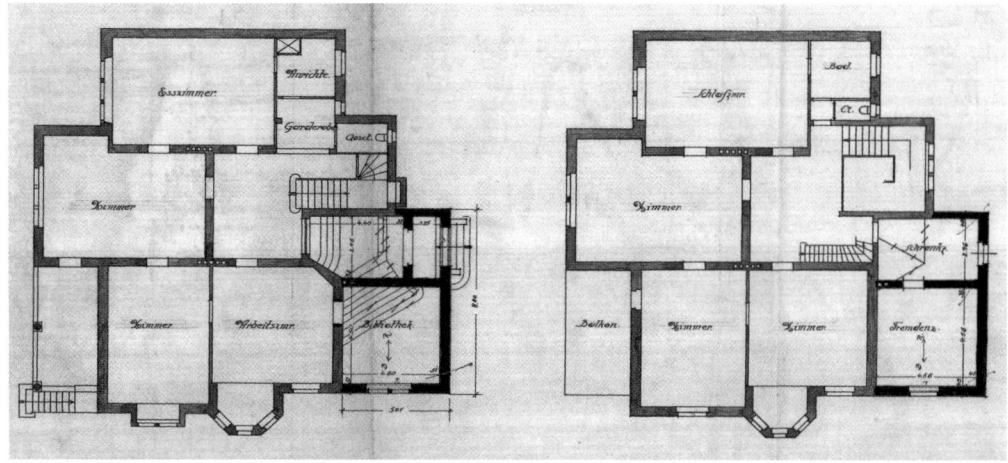

Erweiternder Umbau durch Alfred Messel, Grundrisse aus: Bauakte im Landesarchiv Berlin, B Rep. 207 Nr. 2851

Hausmitte. Die Diele erschließt das nach Süden ausgerichtete Empfangszimmer, das Herrenzimmer und nach hinten und Westen das Speisezimmer, das sein Fenster aber in Richtung Süden hat.

Die vier Zimmer des Hauptgeschosses unterscheiden sich in ihrer Größe nicht wesentlich voneinander, haben aber leicht variierte Merkmale: Das Speisezimmer ist mit einem offenen Kamin ausgestattet und durch seine Lage und eine angeschlossene Anrichte samt Speiseaufzug mit der darunterliegenden Küche verbunden. Das Empfangszimmer bildet das Bindeglied zwischen Speise- und Wohnzimmer und hat Zugang zu einer Loggia mit direktem Abgang in den Garten. Am intimsten ist das Herrenzimmer mit quadratischem Grundriss und einer tiefen überwölbten Turmnische.

Das Obergeschoss ist analog gegliedert und hat vier Schlafzimmer, von denen das nach vorn weisende Giebelzimmer – und nicht wie unten das mittige Zimmer – einen Zugang zum Balkon oberhalb der Loggia hat.

Der „deutsche Renaissancebau", wie Bode sein Haus beschreibt, ist eigentlich ein in englischer Tradition von innen nach außen entwickeltes Wohnhaus, das durch diese Grundrisskonzeption jene wohnliche Behaglichkeit erhält, die Bode sofort für den Entwurf Grisebachs einnimmt. Diese Tendenz identifiziert Bode später, als er nach Grisebachs Tod 1904 einen Nachruf auf ihn veröffentlicht, als ein typisches Merkmal des Architekten.

Jeder Raum zeichnet sich baukörperlich ab und erhält in der Fassade einen ihm entsprechenden architektonischen Ausdruck: mit hoch aufragendem Turm und mehrteiligen Fenstern, mit großem Rechteckfenster, steinernem Fensterkreuz und

Erker, mit Blendbogen, hohem Giebel, Loggia oder Balkon – und dennoch ist die Villa Bode ein ausgewogen und klar gegliedertes und hervorragend proportioniertes Haus mit einer festgefügten Gesamtform. Hinter der hohen Giebelfront und dem achteckigen – im ersten Entwurf noch viereckig vorgesehenen – Turm mit Helmdach sorgt die durchlaufende Trauflinie des Walmdaches für einen ruhigen Hintergrund.

Sein farbiges Äußeres, das sich nach Bodes Beschreibung in der Tiefe des Gartens so gut ausnimmt, erhält das Haus durch rote Backsteinflächen und kontrastierende helle Sandsteinelemente. Gesimse, Fenstergewände und Ortsteine zeichnen sich vor dem Rot des Sichtmauerwerks klar und konturiert ab, verbinden sich aber gleichzeitig mit dessen hellem Fugenbild zu einer feinen Struktur. Die plastischen Füllungen der Blendbogen oberhalb einiger Fenster sind vor Ort als Stuckornamente hergestellt worden.

Die freie und unpedantische Auslegung des im Grundsatz symmetrischen Aufbaus des Hauses zeigt sich besonders deutlich in der nach Osten zur Uhlandstraße weisenden Hauptfassade: Senkrecht zur Straße und mittig verlaufen die Mittelwand und die Firstlinie des schiefergedeckten Daches. Der aufragenden Giebelfassade links der Mittelachse entspricht der ebenso hoch aufragende Turm rechts von ihr. Der offenen überwölbten Loggia links entspricht rechts der zurückspringende Eingang mit Rundbogenöffnung und diagonal vertäfelter Holztüre. Und zwischen Giebelfeld und Turm taucht im Hintergrund ein durchaus englisch wirkender, hoch aufragender breiter Schornstein auf – natürlich leicht außermittig.

Hans Grisebach beschreibt das Haus, als es in der *Zeitschrift für Bauwesen* zusammen mit dem ein Jahr später entstehenden Haus für Otto von Wilke publiziert wird, selbst:

„Als Baumaterial des Aeußeren dienten Rathenauer Handsteine, mit gewöhnlichem Kalkmörtel gleich beim Aufmauern ausgefugt, und in sparsamer Verwendung Cottaer Sandstein, außerdem bei dem Untergeschoß des Bode'schen Hauses auch Niedermendiger Basaltlava; einzelne ornamentale Füllungen wurden in Kalkstuck unmittelbar an Ort und Stelle modellirt. Das ganz frei stehende Bode'sche Wohnhaus hat am Eingang einen kleinen, nach einem Vieleck gestalteten Vorbau, bei welchem die Lage der Thür durch den nach rückwärts seitlich erweiterten Garten bedingt wurde. Im Innern liegen die Wirthschaftsräume im Untergeschoß, im Erdgeschoß gruppiren sich die Wohnräume um einen geräumigen Flur, von welchem eine stattliche Treppe nach dem Obergeschoß führt, welches die Schlafräume enthält. (...)"[6]

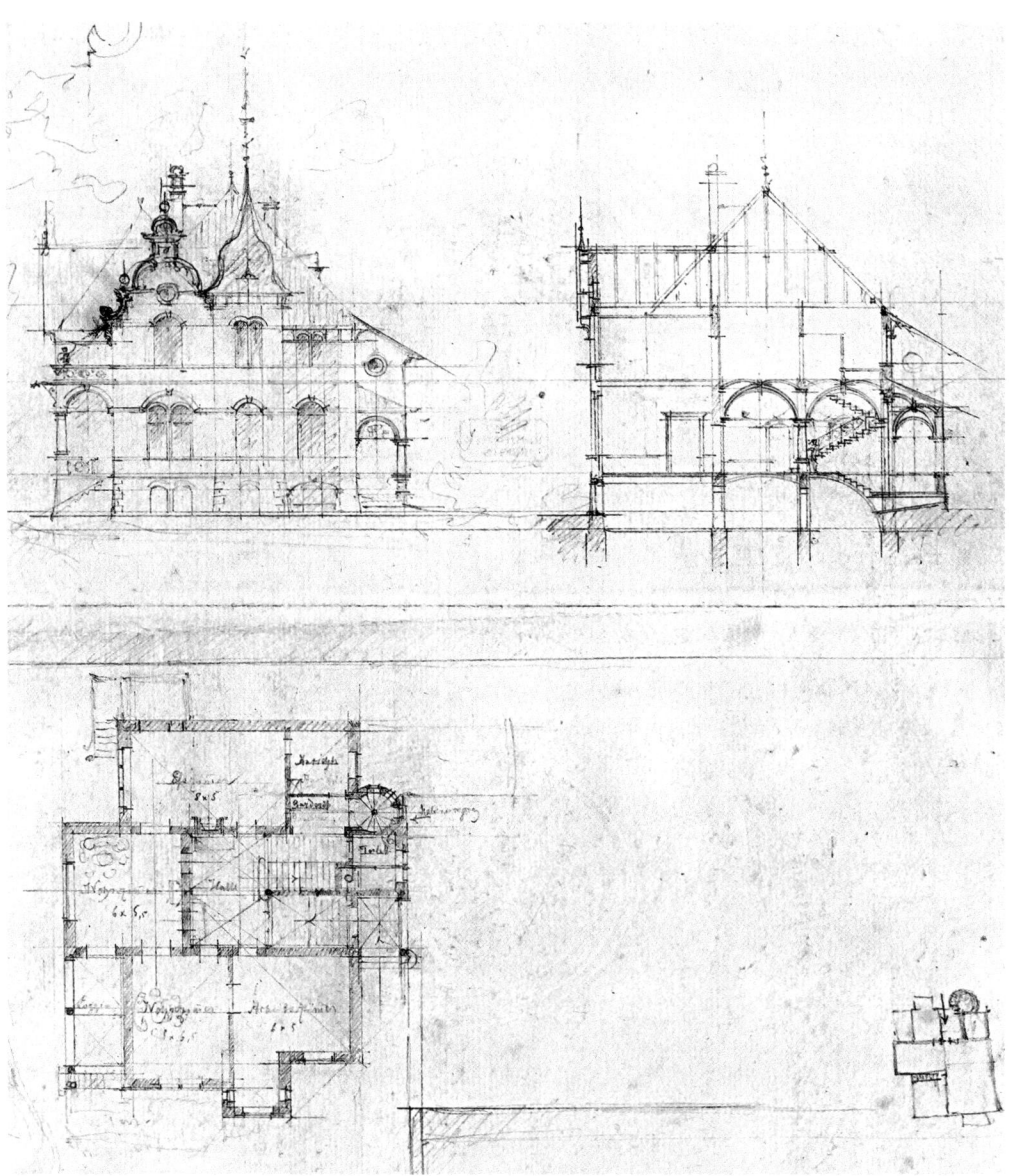

Handzeichnung 7202 aus: Nachlass

1885 Villa von Bode

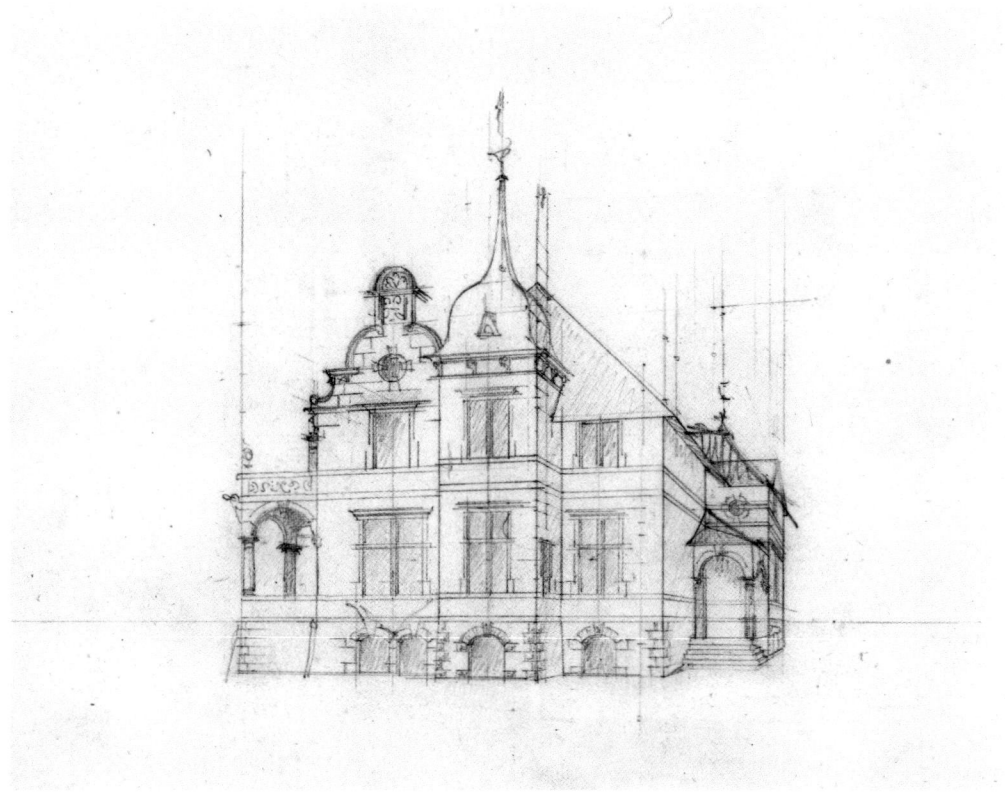

Handzeichnung 7203 aus: Nachlass

1   Marie Rimpau ist gleichzeitig auch die Cousine von Wilhelm Bode; beide kennen sich von Kindheit an und heiraten 1882 in Berlin. Marie ist die Tochter des Agrarpolitikers Wilhelm Rimpau (1814–1892), einem Bruder von Bodes Mutter Emilie, und von Sophie Rimpau, geborene Bode, der Schwester von Wilhelm Bodes Vater („(…) Meine Frau, die Tochter des Bruders meiner Mutter Wilhelm Rimpau und seiner Gattin Sophie, der Schwester meines Vaters, war fast gleichaltrig mit mir (…)"). Bodes Onkel und Schwiegervater Wilhelm Rimpau ist von 1866 bis 1878 Landrat des preußischen Kreises Halberstadt und wohnt dort auf dem Rittergut Langenstein. 1891 realisiert Hans Grisebach in Halberstadt das Landratsamt. Ob es hier noch engere Verbindungen gibt, ist unklar.

2   Den Archäologen und Direktor der Antikensammlung in Berlin Alexander Conze (1831–1914) kennt Bode schon seit seinem Studium in Wien, wo Conze bis 1877 als Ordinarius an der Universität lehrte. Conze wohnt unweit von Bodes Grundstück in der Fasanenstraße 19.

3   von Bode, Wilhelm: *Mein Leben*, 2 Bände, Berlin 1930, 2. Band, S. 22–23

4   Bode hatte zu Grisebachs Tod in der *Vossischen Zeitung* vom 27. Mai 1904 einen öffentlichen Nachruf geschrieben.

5   Das Teilgrundstück Nummer 4 vorn gehört A. Boeckh und ist mit einem klassizistischen, symmetrisch gegliederten zweigeschossigen Doppelhaus mit Risaliten, Dreiecksgiebeln und mittigen Loggien bebaut (siehe Bauakte im Landesarchiv Berlin B Rep. 207 Nr. 2851).

6   *Zeitschrift für Bauwesen* 37.1887, S. 373/374

Villa von Wilke

BERLIN-CHARLOTTENBURG

ADRESSE
Fasanenstraße 85
(früher 61)
BAUHERR
Otto von Wilke
ZUSTAND
zerstört

GESCHICHTE

In den 1880er-Jahren setzt eine Bebauung des Kurfürstendamms und seiner Seitenstraßen gerade erst ein, aber ausgerechnet das Grundstück, das der Fabrikbesitzer Otto von Wilke um 1885 in der Fasanenstraße erwirbt, ist bereits bebaut. Das zweigeschossige Wohnhaus entspricht spiegelbildlich demjenigen auf dem nördlich angrenzenden Grundstück, mit dem es Wand an Wand steht.

Nachdem Grisebach ein Jahr zuvor in der nahen Uhlandstraße das Wohnhaus für Wilhelm von Bode fertiggestellt hat, entwirft er nun für von Wilke ein Haus mit einigen Ähnlichkeiten. Allerdings schließt Wilkes neues Haus wie schon der Vorgängerbau direkt an den Nachbarn an. Grisebach platziert hier die hohe Durchfahrt, aus der heraus auch der Eingang erfolgt. In der Flucht der Durchfahrt im Verlauf der nördlichen Grundstücksgrenze sieht er ein Stall- und Remisengebäude vor, das bis an die ebenfalls gerade einsetzende Bebauung der Hardenbergstraße reicht.

1908 erweitert der neue Besitzer und Architekt Georg Rathenau das Haus um einen kurzen Seitenflügel entlang der nördlichen Grundstücksgrenze. In den 1930er-Jahren gehört das Haus dem Rheinisch-Westfälisches Kohlensyndikat und wird erneut umgebaut. 1944 wird es in großen Teilen zerstört und schließlich abgetragen. Seit 1997 steht hier auf mehreren zusammengefassten Grundstücken das Ludwig Erhard-Haus nach einem Entwurf des britischen Architekten Nicholas Grimshaw.

BESCHREIBUNG

Grisebach schließt an das zweigeschossige, hell verputzte und traufständige Nachbargebäude mit einem gänzlich andersartigen, plastisch gegliederten und mit roten Ziegeln verkleideten Baukörper an. Selbst das Dach bildet er aus, wie er es immer bevorzugt: nicht wie nebenan flach geneigt und hinter dem kräftigen Abschlussgesims kaum sichtbar, sondern hoch aufragend mit Schiefer gedeckt

← Foto aus: Architekturmuseum der TU Berlin, Inv.-Nr. ZFB 37 047

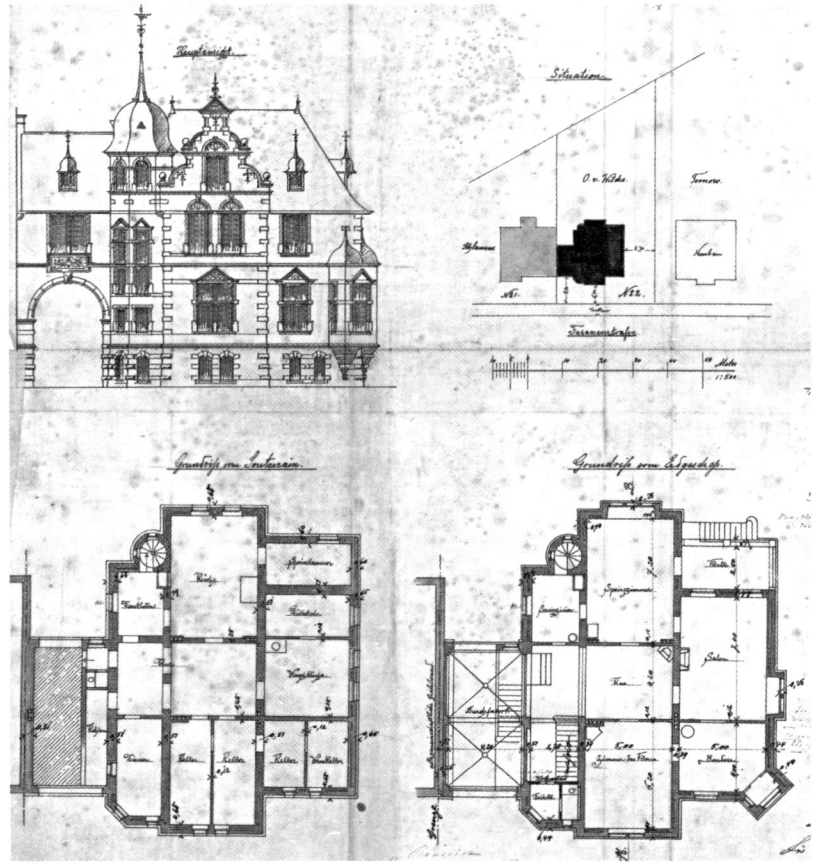

← Ansicht, Lageplan und Grundrisse aus: Bauakte im Landesarchiv Berlin B Rep. 207 Nr. 4231

und mit straßenseitig von einem geschweiften Giebel und einem Treppenturm breit durchbrochener Traufe.

In Grundriss und äußerer Erscheinung sind sich die Wohnhäuser Bode und Wilke ähnlich und es ist sehr wahrscheinlich, dass Wilke Grisebach mit dem Entwurf beauftragt, weil er dessen gerade fertiggestelltes Haus für Bode schätzt. Anders als bei Wilhelm von Bode und Hans Grisebach, die schon vorher lange freundschaftlich verbunden waren, ist ähnliches zwischen Otto von Wilke und Grisebach nicht bekannt. Beide Häuser werden 1887 in der *Zeitschrift für Bauwesen* publiziert und Grisebach selbst erläutert sie hierin auch im Zusammenhang:

„Als Baumaterial des Aeußeren dienten Rathenauer Handsteine, mit gewöhnlichem Kalkmörtel gleich beim Aufmauern ausgefugt, und in sparsamer Verwendung Cottaer Sandstein (...), einzelne ornamentale Füllungen wurden in Kalkstuck unmittelbar an Ort und Stelle modellirt. (...)
Das v. Wilke'sche Wohnhaus, welches nur mit drei Seiten freisteht, schließt mit einer überbauten Durchfahrt, die zu dem rückwärts liegenden Stallgebäude führt, an das Nachbarhaus; der an den Thorweg sich anlehnende kleine Thurmbau nimmt das Treppenhaus auf. Die Wohnräume in dem hoch gelegenene Erdgeschoß

und die Schlafräume im Obergeschoß legen sich auch hier um einen geräumigen Flur. (…)"[1]

Das Wohnhaus hat zwei Vollgeschosse über einem hohen Sockel und misst im Grundriss etwa 18 mal 18 Meter. Der Zugang erfolgt aus der Durchfahrt heraus, also gar nicht unähnlich zu einem städtischen gereihten Wohnhaus. Eine breite Diele, gegliedert in Eingang und Flur, erschließt die drei großen Räume des Hauptgeschosses: das Herren-, das Empfangs- und das Speisezimmer. Von letzterem aus kann eine gedeckte Halle mit Treppe hinunter in den Garten erreicht werden. Das Zimmer der Frau gegenüber – mit einem tiefen markanten Erker an der Südwestecke des Hauses – benötigt zur Erschließung das Empfangszimmer.

Anders als im Haus von Bode beherbergt hier tatsächlich der zur Straße weisende Turm die Haupttreppe hinauf ins Obergeschoss und weiter ins Dachgeschoss. Das Kellergeschoss kann direkt aus der ebenerdigen Durchfahrt über wenige Stufen hinunter erreicht werden. Darüber hinaus gibt es lediglich eine gewendete Treppe zwischen der Küche unten und der Anrichte darüber.

Im Obergeschoss gruppieren sich um die Diele zwei Kinder- und ein Schlafzimmer, ein Frühstückszimmer mit Balkon nach Südosten und über der Durchfahrt zwei Gästezimmer.

Die roten Backsteinflächen kontrastieren mit den Gesimsen, Fenstergewänden und Ortsteinen aus hellem Sandstein, verbinden sich mit diesen aber gleichzeitig durch ein helles Fugenbild. Die plastischen Füllungen der Blendbogen oberhalb einiger Fenster sind vor Ort als Stuckornamente hergestellt worden.

Die innere Struktur des Hauses ist in der Kubatur ablesbar, jeder Raum zeichnet sich plastisch und durch ein je eigen ausgebildetes Fenster oder einen Erker ab. An der nach Westen zur Fasanenstraße weisenden Hauptfassade bildet das Doppel aus Turm und Giebel die nach vorn geschobene Hauptachse; die Durchfahrt und das Damenzimmer nehmen die Flucht des Nachbarhauses und in etwa auch dessen Trauflinie auf. Hofseitig schiebt sich das Speisezimmer mit dem darüberliegenden Schlafzimmer sehr weit aus der Flucht des Hauptbaukörpers und Daches hinaus, was die offene überwölbte Halle an der Südostecke aber ungezwungen ausgleicht.

Das anderthalbgeschossige Remisen- und Stallgebäude, das Grisebach an der nördlichen Grundstücksgrenze platziert, ist mit der gleichen Sorgfalt entworfen wie das große Wohnhaus. Es bietet über dem Stall und der Wagenhalle auch Platz für eine Kutscherwohnung, sämtliche Fenster und Türen schließen mit Bögen ab. Ein kleiner achteckiger Turm mit sichtbarem Fachwerk und Haube beherbergt auch hier die Treppe.

1 *Zeitschrift für Bauwesen 37.1887, S. 373/374*

1887

Geschäftshaus Ascher & Münchow

BERLIN-MITTE

ADRESSE
Leipziger Straße 43
Ecke Mark-
grafenstraße
BAUHERR
Oberbürgermeister
Burchardt in
Bückeburg, direkt
nach Fertigstellung
Übergang an Max
Ascher und Otto
Münchow
ZUSTAND
zerstört

GESCHICHTE

Die Leipziger Straße als Verbindung des älteren Spittelmarkts mit dem achteckigen Leipziger Platz entwickelt sich in den 1870er- und 1880er-Jahren von einer vorwiegend dreigeschossig bebauten Ost-West-Verbindung zu einer belebten Einkaufs- und Geschäftstraße. Viele der bürgerlichen Wohnhäuser waren Entwürfe des Architekten Georg Christian Unger (1743–1799) und viele müssen in diesen Jahrzehnten den kommenden vier- bis fünfgeschossigen Wohn- und Geschäftshäusern weichen. Auch das Haus für das Teppich-, Gardinen- und Polsterwarengeschäft Ascher & Münchow an der Ecke zur Markgrafenstraße entsteht auf einem Grundstück, das zuvor mit einem niedrigeren Wohnhaus bebaut war.

In unmittelbarer Nachbarschaft entstehen an der Leipziger Straße nahezu zeitgleich zunächst vor allem Neubauten mit Geschäftsräumen in den beiden unteren Geschossen und Wohnungen in den drei folgenden. Gegenüber in der Leipziger Straße 87 hatte der Architekt Carl Schwatlo einige Jahre zuvor für das Modewaren- und Teppichgeschäft Heese ein vormaliges Wohnhaus um- und daneben ein Kücheneinrichtungshaus neu gebaut.[1] Heinrich Kayser und Karl von Großheim stellen 1886 an der Leipziger Straße 124 Ecke Wilhelmstraße ein fünfgeschossiges Wohn- und Geschäftshaus für die Versicherungsgesellschaft New York fertig – fünf Erker, Giebel und der Eckerker mit Turmabschluss, heller Naturstein und schwarzer Granit in den beiden Geschäftsgeschossen – und auch das schmale Wohn- und Geschäftshaus Erhardt in der Leipziger Straße 40 stammt von den beiden Architekten. Hermann Ende und Wilhelm Böckmann entwerfen 1887 in der Jägerstraße 45/46 ein Wohn- und Geschäftshaus für Gustav Lohse, der für seinen Parfümeriehandel ein paar Jahre später, 1894, im von Hans Grisebach entworfenen Haus Blumen-Schmidt Unter den Linden einen Laden mieten wird. Schon im Jahr 1867 hatten Ende und Böckmann mit dem sogenannten „roten Schloss" ein frühes Wohn- und Geschäftshaus realisiert, das auf einem langen und wenig tiefen Grundstück an der Werderstraße hinter elf Fensterachsen auf zwei Geschossen Geschäfte und auf zweien Wohnungen beherbergt.

← Foto aus: Nachlass

Foto aus: Architekturmuseum der TU Berlin, Inv.-Nr. ZFB 40 066

1887 Geschäftshaus Ascher & Münchow

Bei den auf zwei Arten genutzten Wohn- und Geschäftshäusern ist unter anderem die architektonische Frage zu lösen, wie in der Gestaltung der Fassaden die breiten Achsen der großen Schaufenster organisch nach oben transformiert werden, hin zu kleineren Wohnraumfenstern mit größeren Wandanteilen. Von Grisebach wurde dies beim Haus Faber in der Friedrichstraße vier Jahre zuvor zum ersten Mal gelöst. Das Haus für Ascher & Münchow bedeutet typologisch bereits den nächsten Schritt: Es soll von Beginn an keine Wohnungen beherbergen. Es hat auf fünf Geschossen Geschäftsflächen und ist damit wieder eines der ersten seiner Art. In den kommenden Jahren entstehen reine Geschäfts- und in der Folge große Kaufhäuser zahlreich. Zwei Grundstücke neben dem Haus Ascher & Münchow eröffnet im selben Block an der Leipziger Straße 46–49 im Jahr 1900 das Warenhaus Tietz mit einer haushohen Glasfassade von Bernhard Sehring als reines Kaufhaus ohne Wohngeschoss. Und kurz zuvor schon waren an der Leipziger Straße 132–135 die ersten beiden Bauabschnitte des Kaufhauses Wertheim von Alfred Messel fertig geworden.

1907 wird das Gebäude vom Seidenhaus Michels übernommen. Im Zweiten Weltkrieg wird es zerstört. Seit 1982 stehen auf dem Grundstück an der inzwischen stark verbreiterten Leipziger Straße zwei von acht gleichen Wohnhochhäusern mit 23 und 25 Geschossen nach einem Entwurf der Architekten Werner Straßenmeier und Joachim Näther. Die Markgrafenstraße ist hier zugunsten einer Grünfläche unterbrochen.

BESCHREIBUNG

Das Grundstück hat mit einer Länge von knapp 16 Metern an der Leipziger und 25 Metern an der Markgrafenstraße eine Größe von rund 400 Quadratmetern. Grisebach gibt dem fünfgeschossigen Gebäude zunächst eine einfache Struktur mit zwei und vier Achsen und legt im Blockinneren einen gut fünf mal fünf Meter großen Hof an. Durch die Lage an der Blockecke und die geringe Haustiefe wird eine gute Belichtung der Geschossflächen leicht eingelöst.

Die Grundrisse sind auf allen Geschossen so gut wie identisch mit einem einzigen großen stützenfreien Geschäftsraum, der durch leichte Trennwände oder Möbel gegliedert werden kann. Die Räume, die nur durch Unterzüge gegliedert sind, sind von geradezu Industriebau-ähnlicher Einfachheit und ermöglichen eine vielfältige Nutzung. Eine bequeme Eisentreppe mit Aufzug liegt zentral am Lichthof, in der südöstlichen Ecke befinden sich, ebenfalls durch den Hof belichtet, Nebenräume sowie ein Warenaufzug und eine Nebentreppe. Der Hauseingang zum Treppenhaus liegt an der Leipziger Straße, daneben ist zunächst ein kleines selbstständiges Geschäft durch eine leichte Trennwand separiert. Der Keller dient als Lagerfläche, die Abgänge sind recht unorthodox im Raum verteilt.

Postkarte aus: Nachlass

In den beiden unteren Geschossen sind die sechs hohen Schaufenster zusammengefasst und schließen mit Korbbögen ab, die Kämpfer, hinter denen die Eisenträger der Geschossdecke liegen, nehmen die Firmenschilder auf. In den drei darüberliegenden Geschossen werden die Achsen mit mehrteiligen Fenstergruppen fortgeführt, deren einzelne Fenster ebenfalls mit Bögen abschließen. Der Wandanteil wird nicht wesentlich vergrößert – es befinden sich ja auch keine Wohnungen dahinter (ein Nachtbild als Postkarte zeigt das sehr anschaulich).

Das augenfälligste am Haus ist seine dunkelrote Farbe, die ihm an der Straßenkreuzung und im Kontext der zumeist hellen Werkstein- und Putzbauten eine enorme Präsenz gibt und die den Kritiker in der *Zeitschrift für Bauwesen* vom „roten Haus" schreiben lässt – analog zum erwähnten „roten Schloss". Die Fassade ist aus hell verfugten Ziegelsteinen gemauert und in den drei oberen Geschossen bilden breite Horizontalbänder aus rotem Terrakotta die Brüstungen und das Hauptgesims und füllen auch die oberen Bogenabschlüsse. Diese Tonreliefs sind von Hand modelliert und nach dem Brennen mit einem Goldgrund versehen worden. In den Pfeilern der beiden unteren Geschosse wechselt das Ziegelmauerwerk bis zur Höhe des Kämpfergesimses mit Schichten aus dunkelgrauem Basaltlavastein, der auch für den Sockel verwendet wurde. Von gleicher Farbe ist die Schieferdeckung des Dachs, das mit Lukarnen belebt ist und vor dem zwei Giebel aus der Fassadenfläche aufragen. Der größere an der Leipziger Straße ist eng mit dem zum Turm entwickelten Eckerker verbunden, der kleinere am südlichen Ende der Fassade zur Markgrafenstraße bildet das Gegengewicht. Die Silhouette ist ähnlich himmelwärts strebend wie beim Haus Faber.

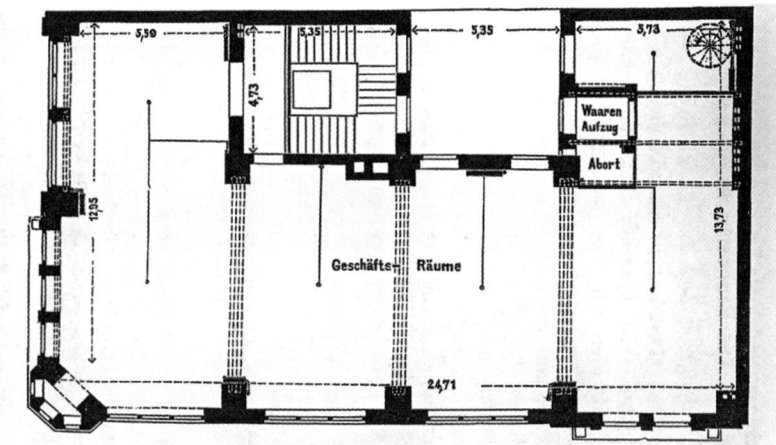

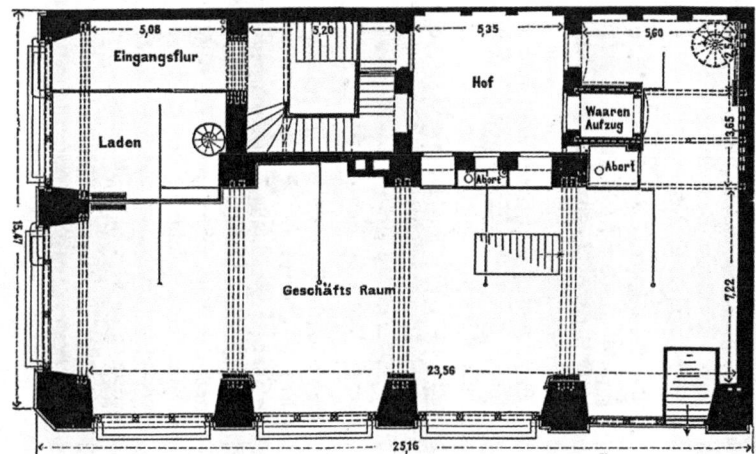

Grundrisse Erdgeschoss und Obergeschoss aus: Architekten-Verein zu Berlin/Vereinigung
Berliner Architekten: *Berlin und seine Bauten*, Berlin 1896

1   Carl Schwatlo (1831–1884) hat vor allem Postämter entworfen, unter anderen 1874 das
Generalpostamt in der Leipziger Straße 15.

Villa Schwartz

BERLIN-TIERGARTEN

ADRESSE
Lichtensteinallee 4
BAUHERR
Gustav Schwartz
ZUSTAND
zerstört

GESCHICHTE

Die Entwicklung des Tiergartenviertels entlang des Landwehrkanals vor dem Potsdamer Platz zu einem Wohngebiet beginnt Ende des 18. Jahrhunderts. Die Fasanen-Allee als Verbindung vom Großen Stern zur Fasanerie, dem späteren Zoologischen Garten, bildet dessen westliche Grenze. In den 1860er-Jahren wird auch dieser westliche Bereich parzelliert und die Straße auf der Höhe des Neuen Sees in Lichtensteinallee umbenannt. 1869 entsteht hier, noch ohne direkte Nachbarn, auf dem Grundstück Nummer 4 die Villa des Pelzwarenhändlers Max Brass nach einem Entwurf des Architekten F. A. W. Strauch. Das Haus hat ein Voll- und ein Attikageschoss, sieben Fensterachsen und einen Portikus mit Freitreppe, dem gartenseitig eine Veranda entspricht.

Als der Bauunternehmer Gustav Schwartz Mitte der 1880er-Jahre Haus und Grundstück erwirbt, entscheidet er sich für einen vergrößernden Umbau und beauftragt mit dem Entwurf Hans Grisebach. Im Mai 1886 stellt Grisebach hierzu den Antrag, 1887 ist der Umbau abgeschlossen. Bauherr und Architekt arbeiten ein Jahr später noch einmal beim Bau eines großen Mietwohnhauses an der Potsdamer Straße in Berlin-Schöneberg zusammen.

In den frühen 1930er-Jahren wird der Geheimrat und Bankdirektor Prof. Dr. Jacob Riesser Besitzer des Hauses, 1938 erwirbt es das Deutsche Reich, um es wenig später zugunsten eines Neubaus der Schweizer Gesandtschaft abzubrechen. Den Entwurf hierfür liefert Fritz Ebhardt. Noch bevor die Gesandtschaft hier einzieht, wird das Haus 1943 teilweise zerstört und nach dem Zweiten Weltkrieg abgerissen. Heute ist das Grundstück unbebaut.

BESCHREIBUNG

Der Kunsthistoriker und Freund Grisebachs Wilhelm von Bode bezeichnet das Haus, das ja kein Neu-, sondern ein Umbau ist, als die „Lieblingsschöpfung" des Architekten: „Das Landhaus in der Liechtensteinallee mit der reizenden Loggia

← Foto aus: Rückwardt, Hermann: *Architektur der Neuzeit*, Berlin 1889

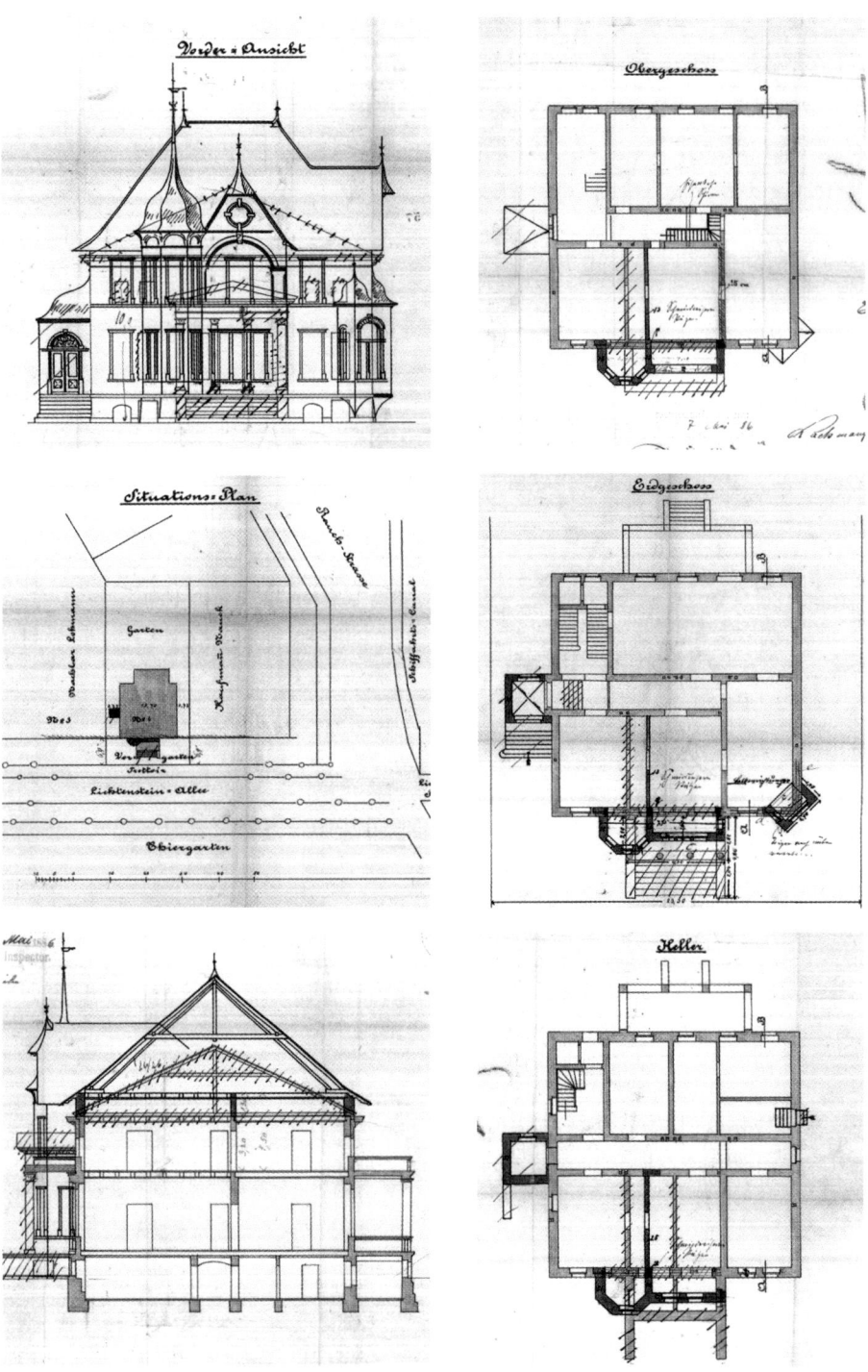

Ansicht, Lageplan, Schnitt und Grundrisse aus: Bauakte im Landesarchiv A Pr. Br. Rep. 030-07 Nr. 678

1887 Villa Schwartz

war seine Lieblingsschöpfung, und ich glaube, dass sich in diesem Bau die ganze Fülle seines Talentes und seiner Kultur dokumentierte."[1]

Die Einschätzung Bodes erstaunt insofern, als Grisebach hier – wie bei zahlreichen anderen Häusern – das Ganze gar nicht organisch aus dem inneren Raumgefüge heraus entwickelt, sondern die Kubatur des bestehenden Wohnhauses mit einem nahezu quadratischen Grundriss von etwa 14 mal 14 Metern im Grundsatz belässt. Er gibt ihm allerdings ein zusätzliches Vollgeschoss und umlaufend eine neue Kontur. Aus dem einfach gegliederten Haus mit Mittelachse und zwei nahezu geschlossenen seitlichen Wänden, also einem klaren vorn und hinten, macht Grisebach eines mit vier Fassaden und asymmetrischem Aufbau. An der Straße platziert er einen Turm in Verbindung mit einem Risalit mit Giebel, auf der Ecke einen Erker und nach Südwesten einen zweiten, gartenseitig erweitert er das Speisezimmer um eine tiefe Veranda und einen Wintergarten und nach Nordosten legt er den Eingang.

Im erhöhten Erdgeschoss liegen nebeneinander und miteinander verbunden das Herren-, das Empfangs- und das Damenzimmer, jeweils mit individuell ausgebildeten Fenster- und Erkerplätzen. Quer dazu liegt gartenseitig das große Speisezimmer; Küche und Nebenräume befinden sich nach wie vor im Sockelgeschoss, auch die Treppe wurde in der Nordost-Ecke belassen. Im Obergeschoss befinden sich die Schlafzimmer und unter dem hohen Walmdach weitere Schlafkammern.

In ihrer Erscheinung ist die Villa Schwartz der ein Jahr zuvor entstandenen für Otto von Wilke in der Fasanenstraße nicht unähnlich. Wie so oft bei Grisebach dominiert in der zur Straße weisenden Hauptfassade ein Doppel aus Turm und Risalit mit Giebel und hier wie dort zeichnet ein Eckerker das Damenzimmer aus. Anders als bei Wilke sind hier die Wandflächen aber verputzt und die Fensterrahmungen und -kreuze und die Bossen aus rotem Sandstein. Das hohe Dach ist mit Schiefer gedeckt und wird durch Schornsteine und aufragenden Dachschmuck bekrönt.

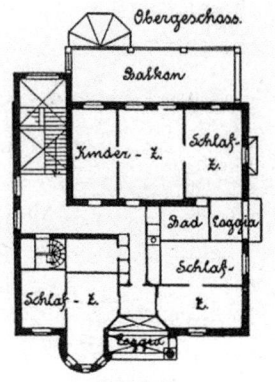 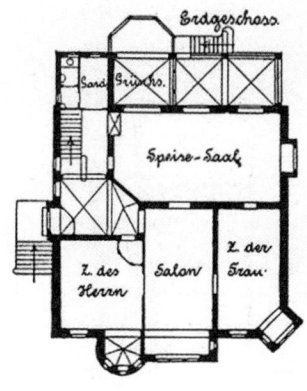

← Grundrisse Erdgeschoss und Obergeschoss aus: Architekten-Verein zu Berlin/Vereinigung Berliner Architekten: *Berlin und seine Bauten*, Berlin 1896

---

1   von Bode, Wilhelm: *Gesammelte Schriften*, Berlin 1922, S. 178 f.

Wohn- und Geschäftshaus „Zum Gambrinus"

BERLIN-MITTE

ADRESSE
Friedrichstraße 80
BAUHERREN
Seelig und Söderop
ZUSTAND
zerstört

GESCHICHTE

Das Haus „Zum Gambrinus" entsteht im selben Block wie das schon fünf Jahre zuvor von Hans Grisebach fertiggestellte Haus Faber, nämlich auf der östlichen Seite der Friedrichstraße zwischen Unter den Linden und der Französischen Straße. Zwischen beiden Häusern steht ein fünfgeschossiges älteres Haus mit der Nummer 79a. Grisebach entwirft wohl nur die Fassade und die Innenausstattung.

Bei seiner Fertigstellung heißt das Bierhaus noch „böhmisches Brauhaus", wenig später dann „Zum Gambrinus" und nach einigen Jahren und einem Umbau zu einem Weinhaus durch Friedrich Stahn „Zum Rüdesheimer". Stahn lässt vor allem die Innenausstattung verändern; die Hausstruktur und die Fassade bleiben erhalten.

Das Gebäude wird im Zweiten Weltkrieg stark beschädigt und abgetragen, während die beiden Nachbargebäude rechts und links erhalten bleiben und wiederaufgebaut werden. Auch das Eckhaus zur Französischen Straße, Grisebachs Haus Faber von 1883, wird abgetragen. In einer zusammenhängenden Baumaßnahme entstehen 1996 auf den Grundstücken an der Friedrichstraße Geschäftshäuser nach einem Entwurf von Hans Kollhoff, an denen die alte Parzellendimension straßenseitig ablesbar ist.

BESCHREIBUNG

Das fünfgeschossige Haus hat eine Breite von lediglich rund zehn Metern und dadurch eine etwas ungewöhnliche hoch aufragende Proportion. Grisebach gibt ihm eine Fassade mit drei Achsen und auf jedem Geschoss wechselnden Fensterformen. Die hell verputzten Wandflächen gliedert er mit Gesimsen und Fenstereinfassungen aus rotem Sandstein, einige Fenster erhalten im Brüstungsbereich oder im Bogenabschluss plastisch modellierte, in Grüngrau und Gold ausgemalte Wandflächenornamente. Im Erdgeschoss, wo sich das Bierlokal befindet, stülpen sich zwei *bay windows* in den Straßenraum, im ersten Obergeschoss, in das sich

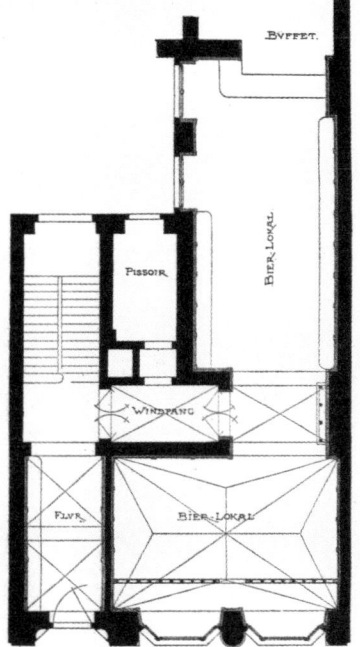

Fotos und Grundriss Erdgeschoss aus: *Blätter für Architektur und Kunsthandwerk* 1888

das Wirtshaus fortsetzt, können die Gäste auf einen langen schmiedeeisernen Balkon hinaustreten. Das oberste Geschoss, das wie auch das darunterliegende Wohnzwecken dient, ist eingerückt, sodass eine geschützte Loggia auf ganzer Hausbreite entsteht.

Kronprinzenzelt

BERLIN-TIERGARTEN

ADRESSE
In den Zelten 1
BAUHERR
Berliner
Adler-Bierbrauerei
Julius Bötzow
ZUSTAND
zerstört

GESCHICHTE

Die Straße In den Zelten erhält ihren Namen im Jahr 1832, weil hier seit Mitte des 18. Jahrhunderts in den Sommermonaten regelmäßig Zeltkonstruktionen aufgebaut sind, um die Spaziergänger des Tiergartens mit Erfrischungsgetränken zu versorgen. Zum Zeitpunkt der Namensgebung hatten die Wirte allerdings längst die Erlaubnis, feste Bauten zu errichten und ganzjährig auszuschenken. Die kurze Straße verlief beim heutigen Zeltenplatz, dem Fluchtpunkt des von Paul Joseph Lenné angelegten Wegefächers.

Nachdem die Berliner Adler-Bierbrauerei das Grundstück In den Zelten 1 erworben hat, lobt sie 1886 einen engeren Wettbewerb aus, den Hans Grisebach gewinnt. Zu diesem Zeitpunkt stehen hier noch ein- und zweigeschossige Gebäude aus den 1820er-Jahren in unorthodoxer Anordnung: ein Wohnhaus und ein Gesellschafts-Lokal, zum östlichen Nachbargrundstück Stall- und Remisengebäude und in Richtung Westen eine Halle mit Tribüne. Im Januar 1887 stellt Grisebach den Antrag für eine Neubebauung des Grundstücks: Den östlichen Bereich soll in diesem Entwurf ein großer Saalbau besetzen und den westlichen eine schmale Querhalle. Zwischen beiden verläuft entlang der nördlichen Grundstücksgrenze eine halboffene Gartenhalle, sodass sich nach Süden zur Straße In den Zelten ein großer, dreiseitig eingefasster Biergarten öffnet.

Zwischenzeitlich beantragt Grisebach im Mai die Genehmigung für den Bau einer leichten offenen Eisenkonstruktion. Vor den vorhandenen Eingangsfassaden im Westen sollen in einem Halbrund Eisensäulen auf einem Podest mit niedrigem Eisenzaun stehen und eine leinenbespannte Zeltdachkonstruktion tragen. Dem Bauherrn ist offensichtlich daran gelegen, bereits im Sommer 1887 Gäste im vorhandenen Saalbau und draußen zu bewirten. Im Herbst 1887 legt Grisebach dann einen leicht veränderten Entwurf vor, der im östlichen Grundstücksdrittel einen stattlichen zweigeschossigen Neubau vorsieht, jedoch keine weitere Halle im Westen; hier soll es einen großen eingefriedeten

← Foto aus: Rückwardt, Hermann: *Berliner Neubauten*, Berlin o. J.

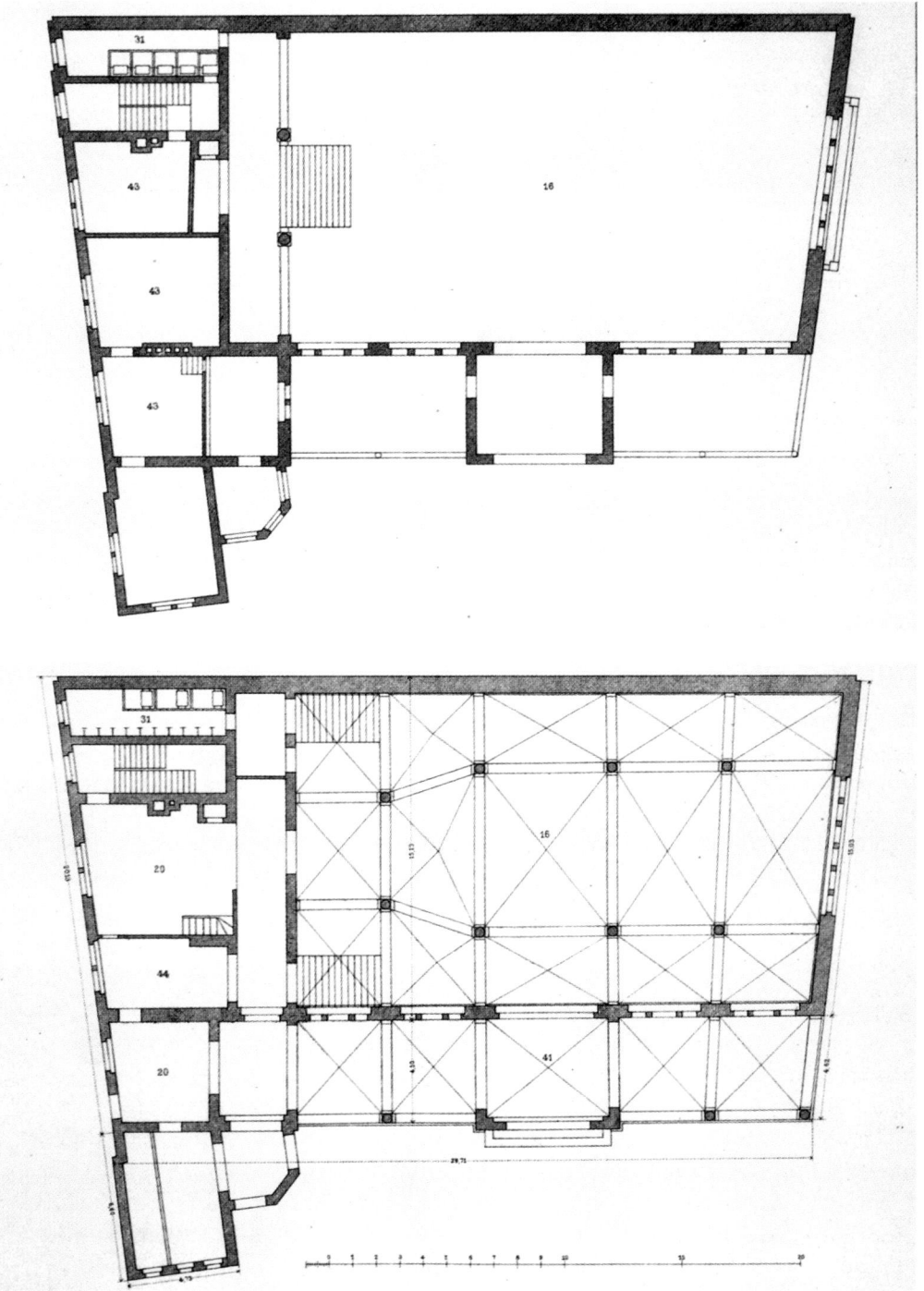

Grundrisse Erdgeschoss und Obergeschoss aus: Licht, Hugo (Hg.): *Architektur der Gegenwart*, Berlin 1891

1888 Kronprinzenzelt

Garten geben. Im Sommer 1888 ist das Gebäude fertig. In den kommenden Monaten werden entlang der anstelle des Grabens neu angelegten Richard-Wagner-Straße im Norden ein Wohnhaus-Anbau für den Wirt ergänzt sowie halboffene Ausschank- und Hallenbauten – alle nach Entwürfen Grisebachs.

Julius Bötzow lässt 1903 – dann schon nicht mehr durch Grisebach – einen achteckigen Musikpavillon bauen.[1] In den 1920er-Jahren folgen einige kleinere Umbauten des Haupthauses, das zwischenzeitlich Savoy-Palast und dann Bötzow-Zelt 1 genannt wird. 1943 wird das Kronprinzenzelt erheblich beschädigt, letztlich aber erst 1954 abgebrochen. In den folgenden drei Jahren entsteht an dieser Stelle des Tiergartens im Rahmen der Internationalen Bauausstellung *Interbau* die Kongresshalle, das heutige Haus der Kulturen der Welt nach einem Entwurf des amerikanischen Architekten Hugh Stubbins.

BESCHREIBUNG

Grisebach platziert das rund 35 Meter lange und 20 Meter breite Restaurationsgebäude, das zwar Kronprinzenzelt genannt wird, aber ein veritables festes Bauwerk ist, direkt an der östlichen Grundstücksgrenze mit seiner Hauptfassade nach Süden und den Nebeneingängen nach Norden zur gerade neu angelegten Richard-Wagner-Straße. Den Zugang in den Hauptsaal legt er nicht an die Straße, sondern seitlich zum Garten im Westen. Auf dem östlich angrenzenden Nachbargrundstück steht zu diesem Zeitpunkt Wand an Wand noch das kleine, schmale sogenannte Kaiser-Wilhelm-Zelt.

Im Inneren des Kronprinzenzelts dominieren zwei übereinanderliegende, jeweils etwa 300 Quadratmeter messende Säle, die mit einer repräsentativen Treppenanlage verbunden sind. Der Erdgeschoss-Saal ist durch zwei Säulenreihen in drei Schiffe gegliedert, das breite mittlere mündet in ein Rundbogenfenster. Zum Garten ist auf ganzer Länge eine halboffene zweigeschossige Veranda vorgelagert, die wie der Erdgeschoss-Saal auch durch Kreuzgewölbe gedeckt ist. Ihre mittlere Achse wird durch einen Eingangsrisalit gebildet. Die hellen Sandstein-Säulen ihrer Arkade und die roten Mainsandstein-Säulen im Saal-Inneren haben eine gedrungene, kernig-dickliche Proportion und stehen auf Postamenten, die innen wie außen teilweise als Brüstungen und Balustraden fortgeführt werden.

Der obere Saal hat mit neun Metern eine deutlich größere Höhe als der untere, ist vollkommen stützenfrei und von einer Holzdecke überwölbt. Das imposante Fenster nach Süden lässt mit seiner mehrteiligen Gliederung, die einem Maßwerk ähnelt, an ein Kirchenfenster denken.

Aus dem oberen Saal gibt es die Möglichkeit, sowohl nach Süden auf einen langen Balkon hinauszutreten als auch nach Westen zum Garten, wo die Veranda teilweise verglast ist. Im Bauantrag ist ihr mittlerer Raum als Bühne vorgesehen, ausgeführt wird er als offener gedeckter Austritt.

Oberer Saal, Foto aus: Nachlass

Nach Norden zur Richard-Wagner-Straße befinden sich im Erdgeschoss die Küche und die Wirtschaftsräume und darüber mehrere Zimmer. Hier war in einem ersten Entwurf noch die Wohnung des Wirts vorgesehen, für die dann aber doch ein kurzer Anbau entsteht. Dieser wird in der Innenecke durch einen Turm mit Haube mit dem großen Hallengebäude verbunden, entlang der Straße und der nördlichen Grundstücksgrenze wird er über knapp 30 Meter als offene Ausschankhalle mit einer Tiefe von gut vier Metern weitergeführt.

Das Äußere des Gebäudes ist in roten Handstrichziegeln und hellen Sandstein-Elementen ausgeführt. In die Wandfläche eingelegte Bänder in Naturstein und niedrige Balustraden schaffen eine horizontale Gliederung, die Bogenfenster- und -öffnungen sind breiter als hoch. Einzig das große Maßwerkfenster mit dem hoch aufragenden geschweiften Giebel an der Südfassade schafft eine Vertikalität und stattliche Präsenz des Gebäudes zwischen den Bäumen des Tiergartens. Auch der Eingangsrisalit zum Garten ist übergiebelt.

Auf der Wasserseite nach Norden ist das hohe schiefergedeckte Dach sichtbar und schließt mit einem Walm und durchlaufender Traufe ab. Der Winkel des Walms entspricht der Neigung der Dachfläche des sich anschließenden niedrigeren Anbaus.

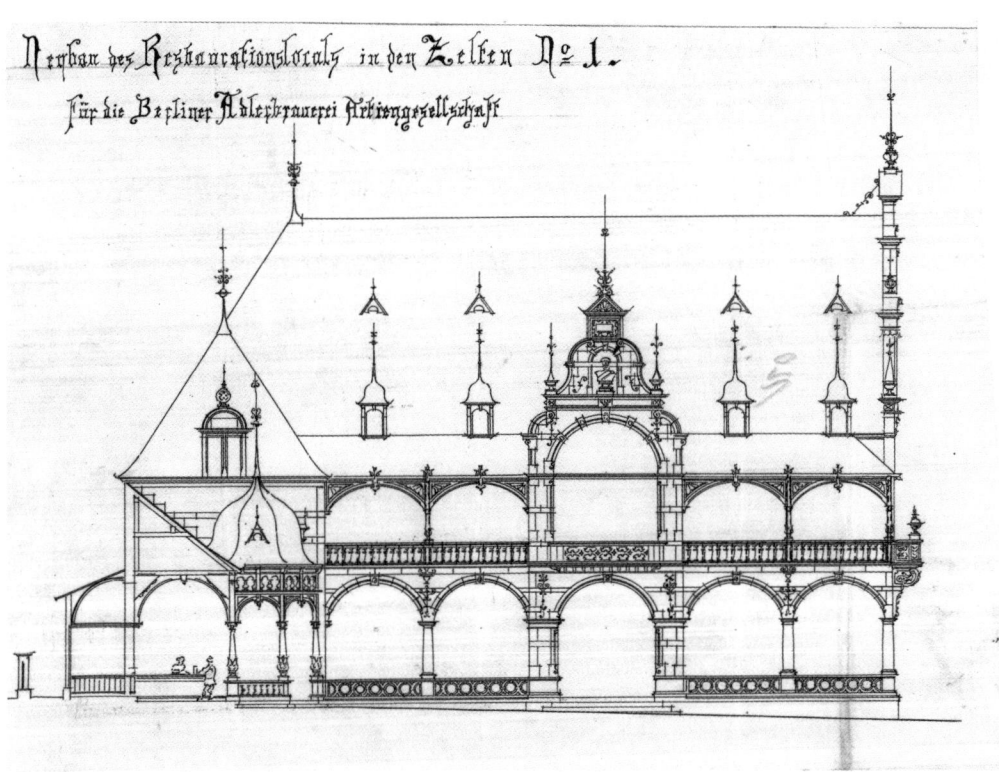

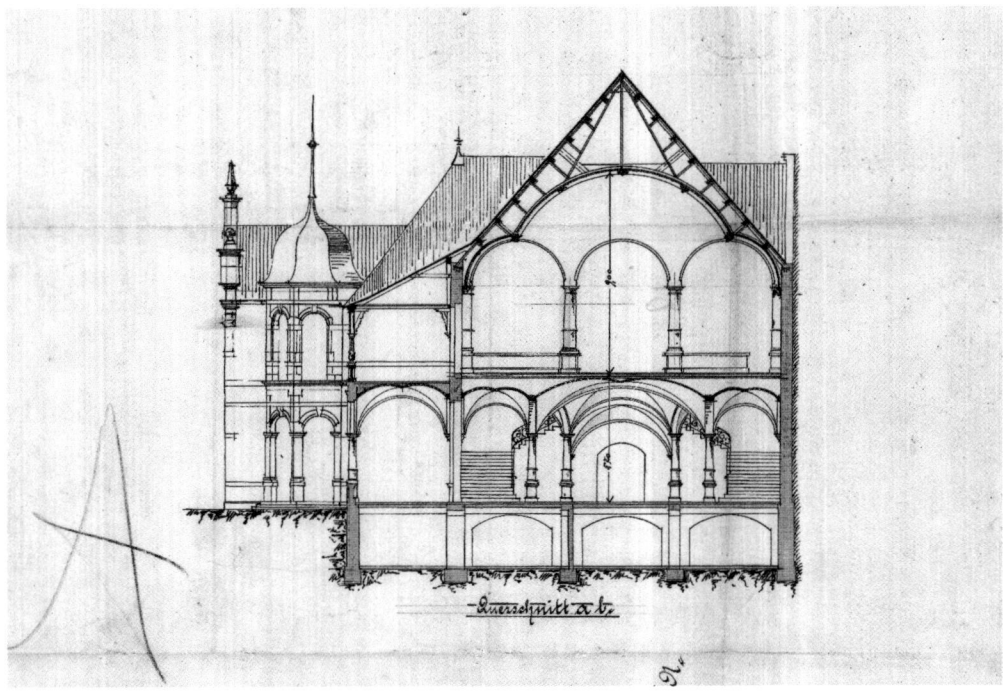

Westansicht und Querschnitt aus: Bauakte im Landesarchiv Berlin B Rep. 202 Nr. 1140

1 Grisebach hatte allerdings für das Restaurant Zenner in Treptow 1887 schon einmal einen ähnlichen Orchesterpavillon auf achteckiger Grundfläche entworfen und realisiert.

Wohn- und Geschäftshaus Schwartz

BERLIN-SCHÖNEBERG

ADRESSE
Potsdamer Straße 162
(früher 69)
Ecke Winterfeld-
straße 1
(früher 37)
BAUHERR
Gustav Schwartz
ZUSTAND
erhalten, Denkmal

GESCHICHTE

Die Bauakte beginnt bereits 1872 mit einem Bauantrag des Grundstückeigentü-
mers Gustav Schwartz, der – selbst Maurermeister und Bauunternehmer – hierfür
keinen Architekten bemüht. In der zu diesem Zeitpunkt nur spärlich bebauten
Gegend – die spätere Winterfeldstraße ist noch ein Feldweg – soll auf dem rund
850 Quadratmeter großen Grundstück ein zweigeschossiges Eckhaus mit rundem
Türmchen, Gesimsen, hohen Fenstern und flankierenden Säulen als reines Wohnhaus entstehen.

1886 stellt Gustav Schwartz ein umfangreiches Nachtragsgesuch; er hat das
Grundstück entlang der Winterfeldstraße vergrößern können und möchte es zu-
sammenhängend mit einem viergeschossigen Wohn- und Geschäftshaus bebau-
en. Zur selben Zeit entwirft und realisiert Hans Grisebach für ihn auch das eigene
Wohnhaus, eine Villa im Berliner Tiergarten. 1887 wird diese fertiggestellt, 1888
dann das Haus in der Potsdamer Straße.

In den 1890er-Jahren wohnt in diesem Haus der damals gerade nach Berlin ge-
kommene Architekt Albert Gessner (1868–1953). Über seine Wohnung im Dachgeschoss schreibt er: „Die Wohnung war herrlich (...). Da das Haus von dem bedeutenden Architekten Grisebach gebaut war, war das Dachgeschoss mit aller Liebe
durchgearbeitet, sodass es mir da oben wie im Paradies vorkam."[1]

In der Folge kommt es wegen wechselnder Nutzungen im Erdgeschoss zu einigen
Umbauten und Zusammenfassungen der Läden. Auch die Erscheinung des Daches, das zwar von Anfang an ausgebaut und durch Dachhäuschen gut belichtet
ist, wird durch große Fenster und weitere Gauben deutlich verändert. Auch fehlt
auf dem Turmerker über dem Eingang heute die Spitze.

← Foto aus: Rückwardt, Hermann: *Architektur der Neuzeit*, Berlin 1889

Grundrisse Erdgeschoss und 1. Obergeschoss aus: *Blätter für Architektur und Kunsthandwerk* 1890

1888 Wohn- und Geschäftshaus Schwartz

Das Grundstück ist geometrisch unregelmäßig, die Straßen — die deutlich größere Ausdehnung hat es entlang der Winterfeldstraße — treffen in einem leicht stumpfen Winkel aufeinander. Grisebach legt zwei knappe Innenhöfe an und platziert die Treppen und den Aufzug zentral in der Mitte des Hauses. In einem früheren Entwurf war an der Winterfeldstraße im Erdgeschoss noch ein Restaurant vorgesehen; das Haus sollte hier etwa fünf mal fünf Meter zurückweichen und einen tiefen Vorgarten ausbilden.

Im realisierten Entwurf reihen sich im Erdgeschoss insgesamt neun kleine Läden aneinander, die jeweils raumbreite und geschosshohe Schaufenster haben, die mit Korbbögen abschließen. Zum Hof ist den Läden jeweils noch ein Zimmer zugeordnet. Der Hauseingang liegt an der Winterfeldstraße und bleibt recht unauffällig.

In den drei Obergeschossen und im Dachgeschoss befinden sich jeweils zwei große Wohnungen mit bis zu sieben Zimmern. Die Grundrisse sind nicht besonders bemerkenswert, die größeren Wohnungen über die Ecke haben, weil ihnen ein zweites Treppenhaus fehlt, die Küche direkt am Eingang und einen Mittelflur. In den anderen Wohnungen gibt es kaum Flurfläche, dafür aber vorwiegend Durchgangszimmer.

In den Fassaden sind die Wandflächen hell verputzt und durch Fenstereinfassungen und Gesimsbänder aus rotem Backstein und Kunststein kontrastreich gegliedert. Hierin ähnelt das Haus dem zwei Jahre später entstehenden an der Hardenbergstraße, für das Grisebach allerdings nur die Fassade entwirft. Innerhalb dieses strukturellen Gerüsts variiert Grisebach die insgesamt 13 Fensterachsen in den Öffnungsgrößen und -formen durch die Geschosse. Im Erdgeschoss verbleiben zwischen den großen Korbbogenöffnungen nur noch die Pfeiler aus Backstein, nach oben hin wechseln sich Rundbogenfenster und übergiebelte ab bis zu den einfachen Fenstern der Dachhäuschen vor den dunklen Schieferflächen.

Die beiden äußeren Fensterachsen sind durch übergiebelte Erker plastisch betont, die Ecke erhält einen Turmerker mit Welscher Haube. Ein weiterer Erker, breit und zweiteilig, gliedert die lange Fassade entlang der Winterfeldstraße; er ist in seiner breiteren Partie übergiebelt und markiert unter seinem schmaleren Turm den Eingang zu den Wohnungen.

Wo nicht die Erker durch ihr Auskragen ein knappes Vordach für das Ladengeschoss bilden, tun dies lange Balkone. Zwischen ihren steinernen Konsolen sind die Ladenbeschilderungen angebracht.

1   Kromrei, Claudia: *Albert Gessner. Das städtische Miethaus. Mit einem Katalog des Gesamtwerks*, Berlin 2012, S. 36

Foto aus: Nachlass

Halle, Foto aus: *Kunst und Künstler* 1916

1888 Sommerhaus Grisebach

Sommerhaus Grisebach

TIMMENDORFER STRAND

ADRESSE
Strandallee 50
(früher 22)
BAUHERR
Hans Grisebach
ZUSTAND
erhalten, Denkmal

GESCHICHTE

„Bis zu Timmendorf, dem nächstfolgenden größeren Badeort, ist der Kranz der Häuser an der Bucht schon fast geschlossen. Hier hat der hochbegabte Hans Grisebach gebaut. Wir konnten im Vorüberfahren sein Haus nicht wiederfinden. Es ist alles schon hinter dem Grün der Büsche und Bäume versteckt. Grisebach wäre der Mann gewesen, den Typus des Landhauses hinzustellen, soweit er jetzt schon bestimmt werden kann, und soweit ihn der Architekt bestimmt (...)"[1], schreibt Alfred Lichtwark (1852–1914), Kunsthistoriker und Direktor der Hamburger Kunsthalle mit einigem zeitlichen Abstand über das Sommerhaus von Hans Grisebach.

Im Ostseebad Timmendorfer Strand entwirft und realisiert Grisebach an der Strandallee gleich zwei Sommerhäuser: das eigene und das direkt benachbarte für Auguste Wahllaender. In Berlin wohnen die Grisebachs zu diesem Zeitpunkt noch in der Steglitzer Straße (heute Pohlstraße) in Schöneberg. 1892 zieht die dann fünfköpfige Familie in das ebenfalls vom Architekten selbst entworfene eigene Haus in der Fasanenstraße.

Nach dem Tod von Hans Grisebach 1904 zieht seine Ehefrau Emmy in das Sommerhaus nach Timmendorfer Strand, das Berliner Haus wird verkauft. Emmy ist eng befreundet mit der Nichte der Nachbarin Auguste Wahllaender, mit Manon Gropius, die dort häufig zu Besuch ist und das Haus der Tante 1911 auch erbt. 1933 erhält es dann ihr Sohn, der Architekt Walter Gropius (1883–1969).

In den 1950er-Jahren wird das Sommerhaus der Grisebachs an die Evangelische Kirche verkauft und als Pfarrhaus genutzt. Der damalige Pfarrer fand die Halle wie geschaffen für einen Kirchenraum. Es kommt zu einigen Umbauten, unter anderem wird die Loggia verglast. Das Haus ist heute verändert erhalten und baulich erweitert. Es wird als Hotel genutzt und – etwas irreführend – Villa Gropius genannt.

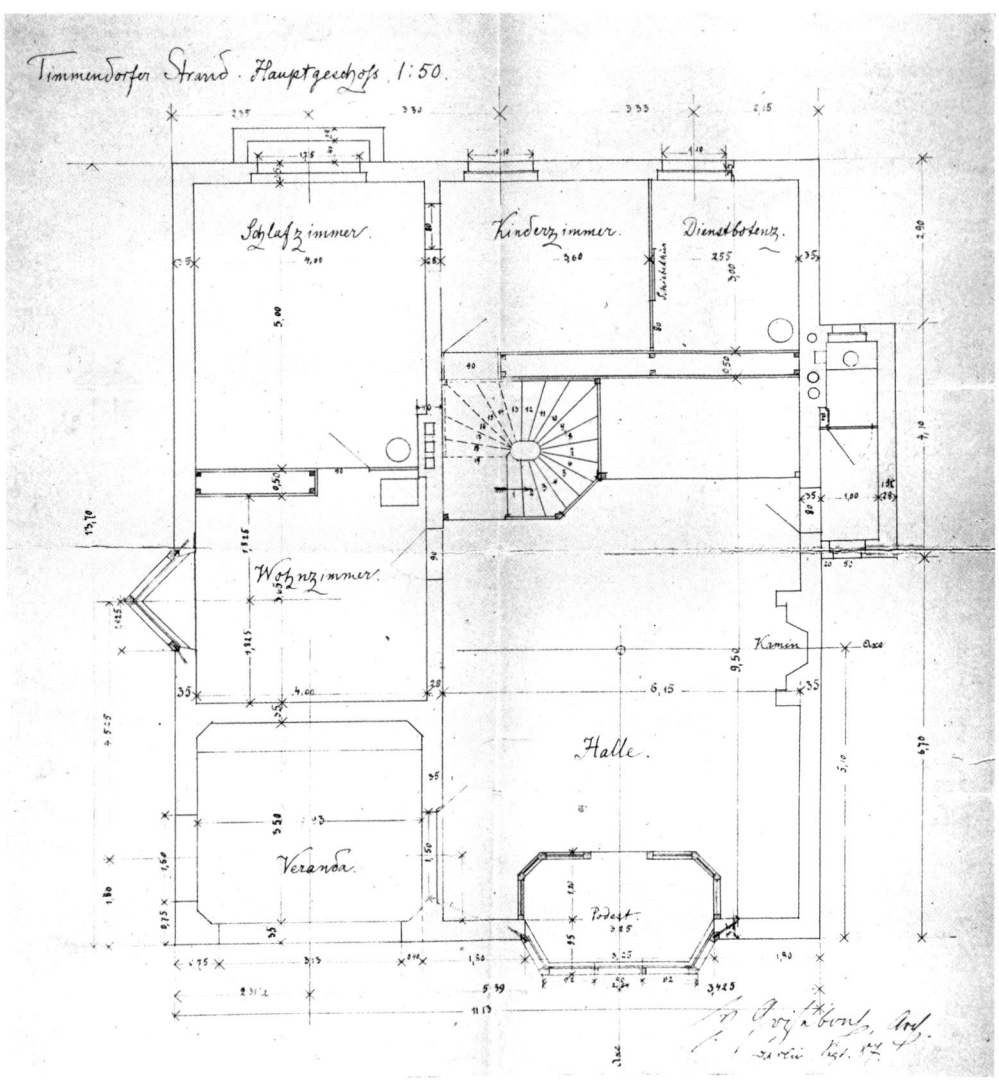

Grundriss Erdgeschoss aus: Bauakte im Landesarchiv Schleswig-Holstein, Abt. 415 Nr. 2980

BESCHREIBUNG

„Was (...) den Erbauer bewogen hat, einen Raum von sechs zu neuneinhalb Metern und fünf Meter Höhe zum Hauptinhalt seines Sommerhauses an der damals noch wenig besiedelten Ostseebucht zu machen, darüber sind nur Vermutungen möglich", schreibt der Sohn des Architekten, August Grisebach, der das Haus seit seinem dritten Lebensjahr kennt. Dass er selbst eine enge Beziehung zum Haus und dem Familienleben dort hat, beweist er im Erwachsenenalter, als er seine 1931 geborene Tochter Manon nennt — nach Manon Gropius, der guten Freundin seiner Mutter und Nachbarin in Timmendorfer Strand.[2] In dem insgesamt nicht sehr großen Haus ist die zweigeschossige, in der Nordostecke platzierte Halle der mit

Wilhelm Amberg, *Landhaus-Ensemble Timmendorf*, Öl auf Leinwand, 1893, aus: Nachlass. Auf dem Gemälde ist im Vordergrund Emmy Grisebach zu sehen, die die Tochter Eveline an der Hand hält. Im Hintergrund stehen die beiden Söhne, der hier etwa achtjährige August und der fünfjährige Edward. Edward stirbt im Alter von nur elf Jahren.

Abstand größte Raum. Sie erhält an ihrer dem Meer zugewandten Stirnseite eine großflächige Verglasung in einem hölzernen Erker mit schrägen Seitenflächen und Sprossen, der wie ein englisches *bay window* die helle Putzfläche durchdringt.

Die Halle dient als Wohnraum und bildet, da es weder ein Damen- noch ein Herrenzimmer und auch nur ein kleines Wohnzimmer gibt, den zentralen und wichtigsten Aufenthaltsort. August Grisebach schreibt, sie sei „das Gefäß des Hauses"[3] und vermutet, seinem Vater seien sowohl die Dielen in den bürgerlichen Wohnhäusern in Lübeck vorbildlich gewesen als auch die Hallen des englischen Hauses, die sein Vater durch Publikationen von John Nash zu *Mansions of England in the olden time* und die Zeitschrift *Building News* kennenlernte, aus letzterer insbesondere die Häuser von Richard Norman Shaw (1831–1912). Grisebach sucht nach einer vergleichbaren Wohnlichkeit wie im englischen Haus, auch wenn er selbst die Hallen in der Regel zweigeschossig ausbildet, was dort kaum vorkommt. Die hölzernen Einbauten sind hierbei ebenso wichtig wie der Kamin, der in diesem

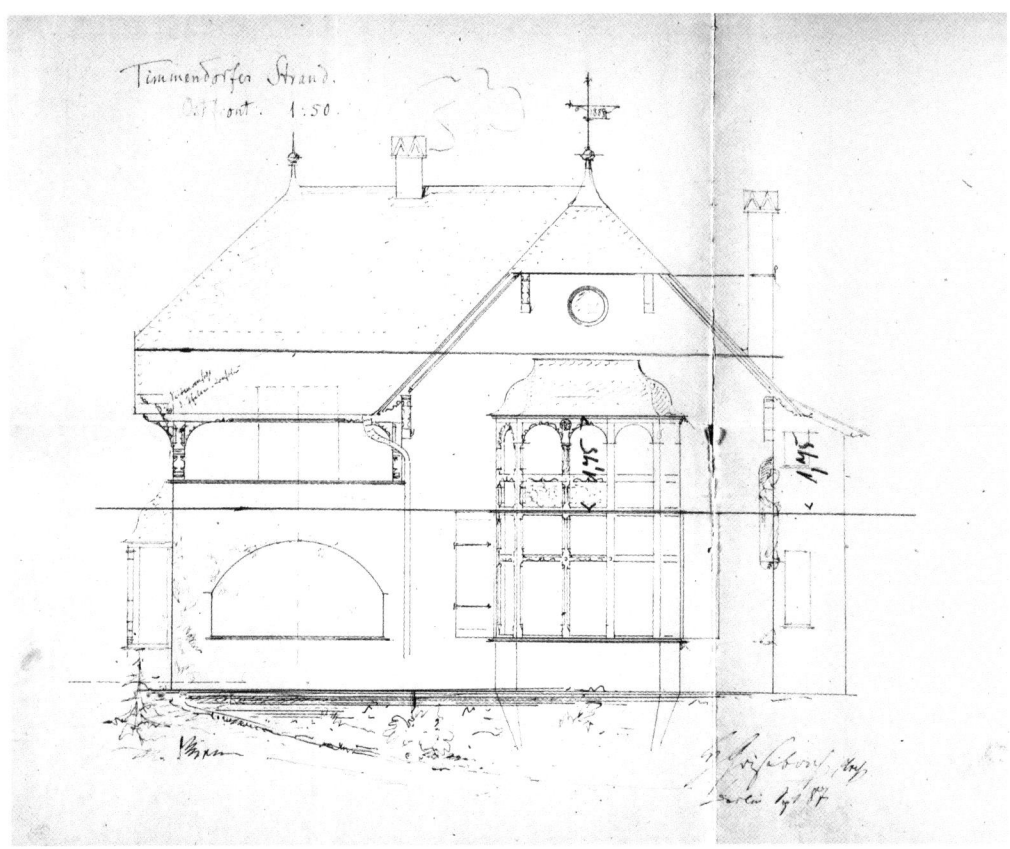

Ansicht aus: Bauakte im Landesarchiv Schleswig-Holstein, Abt. 415 Nr. 2981

Fall mit in Stuck modellierten Störchen geschmückt ist. Gegenüber dem großen Erkerfenster platziert Grisebach eine gewendete hölzerne Treppe mit Galerie, die die Verbindung ins Dach- und ins Untergeschoss herstellt. An der zweigeschossigen Diele mit dem hölzernen Treppenobjekt muss die Familie Gefallen gefunden haben: Auch im Wohnhaus in Berlin, das wenige Jahre später entsteht, ist eine solche Halle mit ganz ähnlicher Treppe und Galerie der Mittelpunkt.

Im Westen und Süden wird die Halle L-förmig von Schlafzimmern, dem Wohnzimmer und einer offenen Loggia oder Veranda an der Südostecke umschlossen, die gleichzeitig auch als Eingangshalle dient. Die Haustür selbst ist wie eine holsteinische Dielentür horizontal geteilt und führt zwischen Erkerfenster und Treppenobjekt gegenüber dem Kamin in die Diele. Von außen betont wird der wichtigste Raum des Hauses durch das hohe Erkerfenster und einen Giebel. An der dem Wasser abgewandten Westseite kann durch die leichte Hanglage an der Düne das Sockelgeschoss belichtet werden.[4] Hier liegen die Küche und das Speisezimmer. Nach Süden, in Richtung des Hauses von Auguste Wahllaender, hat das Wohnzimmer einen objekthaften Fenstererker, durch den der Ausblick nicht zum Nachbarn, sondern nach Osten und Westen gelenkt wird.

1888 Sommerhaus Grisebach

← Erker, Foto aus: *Kunst und Künstler* 1916

Oberhalb des flachen Bogens der offenen Eingangsloggia lässt Grisebach eine Inschrift setzen: „Portum inventi" – Ich habe den Hafen gefunden. Das Holz für diese Vorhalle stammt von einem alten Schoner aus Travemünde. Der Sohn August bezeichnet es als „gnadenvolle Gunst, in einem solchen, vom Vater erdachten Werk die Wechsel des Geschicks zu überstehen".

1 Lichtwark, Alfred: *Eine Sommerfahrt auf der Yacht*, Hamburg 1904

2 Manon Grisebach notiert zu dem Aufsatz ihres Vaters August: „Sie (Anm. der Verf.: die Architekturbetrachtung von August Grisebach) wurde 1938 geschrieben, im ersten Jahr der erzwungenen Ruhe. (Anm. der Verf.: August Grisebach wurde als Ehemann einer Jüdin als Hochschullehrer 1937 „zur Ruhe gesetzt") Uns Spätgeborenen, denen die väterliche Skepsis gegenüber der Inschrift ‚Portum inventi' am Timmendorfer Haus zur trüben Gewissheit wurde, bedeutet sie ein Stück Familiengeschichte (...)"

3 Grisebach, August: *Lob der Timmendorfer Halle*, Heidelberg 1967, S. 8

4 Eine Skizze dazu macht Grisebach auf der Zeichnung für das Sockelgeschoss des benachbarten Sommerhauses Wahllaender, wo die Situation analog ist.

1888

Sommerhaus Wahllaender

TIMMENDORFER STRAND

ADRESSE
Strandallee 52
(früher 22)
BAUHERRIN
Auguste Wahllaender
ZUSTAND
erhalten, Denkmal

Foto aus: *Kunst und Künstler* 1916

GESCHICHTE

Das Haus entsteht direkt neben dem Sommerhaus der Familie Grisebach und nur wenig später als dieses. Auftraggeberin ist Auguste Wahllaender, die hier an der Ostsee nach dem Tod ihres Ehemannes, dem Arzt Friedrich Wilhelm Ludwig Wahllaender (1809–1882), von Berlin kommend wohnt. Auguste Wahllaender hat eine enge Beziehung zu ihrer Nichte Manon Gropius, die regelmäßig von Berlin nach Timmendorf reist, um ihre Tante zu besuchen, und die das Haus 1911 auch erbt. Manon, die Mutter des Architekten Walter Gropius (1883–1969), ist außerdem gut befreundet mit Emmy Grisebach, der Ehefrau von Hans, die hier nach dem Tod des Architekten ebenfalls dauerhaft wohnt. Als Manon Gropius 1933 stirbt, geht das Haus in den Besitz ihrer Kinder Walter und Manon über. Walter Gropius emigriert allerdings bereits ein Jahr später nach England und folgt 1937 einem Ruf an die Harvard University ins amerikanische Cambridge. 1936 verkaufen die

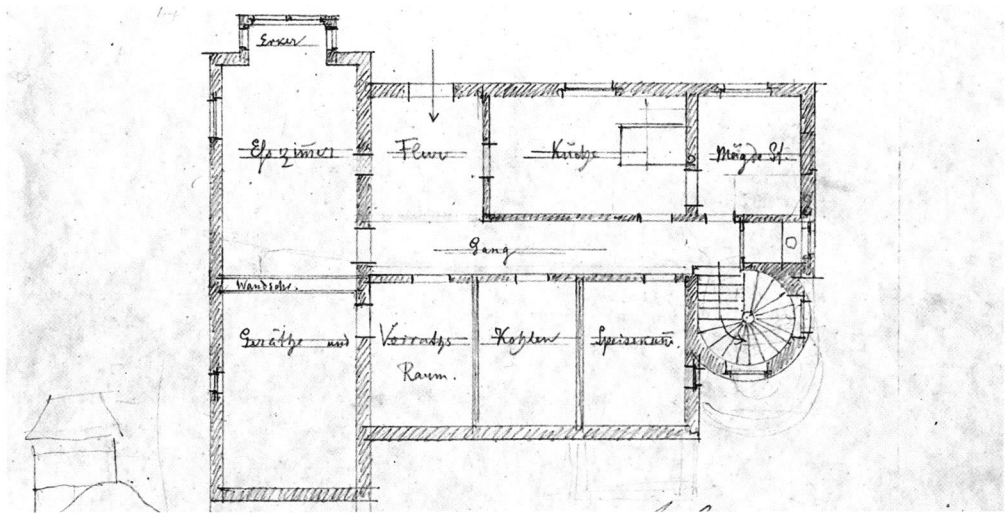

Grundriss Kellergeschoss aus: Nachlass (eine andere Grundrisszeichnung existiert nicht)

Geschwister das Haus. Es ist heute deutlich verändert und baulich erweitert und wird als Hotel genutzt. Etwas irreführend wird das benachbarte Sommerhaus Grisebach heute als Villa Gropius bezeichnet.

BESCHREIBUNG

Das zweigeschossige Wohnhaus, in dem Auguste Wahllaender wohl von Anfang an ganzjährig wohnt, ist deutlich größer als das Sommerhaus der Familie Grisebach nebenan. Auch hier ist der zentrale Raum eine zweigeschossige Halle, die – anders als dort – mit ihrer Längsseite an der nach Osten zum Meer weisenden Fassade platziert ist und die auch, bezogen auf das Gesamtvolumen des Hauses, räumlich nicht dominiert. Sie zeichnet sich nach außen durch eine ihr vorgelagerte Loggia und einen hölzernen Balkon darüber ab. Der Balkon verläuft im Obergeschoss parallel zur Galerie, die als Erschließung der Schlafzimmer dient.

Im Gegensatz zu Grisebachs eigenem Sommerhaus hat dieses einen markanten Treppen- und Aussichtsturm an der Nordostecke mit einem offenen hölzernen Umgang unterhalb der Haube.

Beide Häuser verbindet ihre Farbigkeit und Materialisierung – heller Putz, einige Holzelemente, schwarze Schieferdächer – und ein analoger, die jeweilige Gesamtwirkung dominierender übergiebelter Vorbau. Bei Grisebach schließt er das Haus nach Norden ab, bei Wahllaender im Süden, in beiden Fällen sind die Giebelflächen oben abgewalmt und in beiden Fällen gibt es im Obergeschoss – hier aber nur eingeschossig, bei Grisebach geschossübergreifend – ein hölzernes *bay window* für den Blick auf das Meer. Die Häuser beziehen sich auf eine sehr ungezwungene Art und Weise aufeinander, ohne – sie sind beide aus dem Inneren heraus und mit einem recht unterschiedlichen Raumprogramm entwickelt – nicht gleichzeitig auch einen jeweils eigenständigen Ausdruck zu haben.

K. & M.

Villa Agath

BRESLAU (WROCLAW) POLEN

ADRESSE
Kommendeweg
(Ulica Oficerska,
früher Höfchenerweg)[1]
BAUHERREN
George und
Marie Agath
ZUSTAND
zerstört

GESCHICHTE

Über die Entstehungsgeschichte des Wohnhauses von George und Marie Agath ist nichts bekannt. Womöglich empfahl der Kunsthistoriker Wilhelm von Bode Hans Grisebach, den Freund und Architekten seines eigenen Hauses in Berlin. George Agath und Wilhelm von Bode führen in den Jahren 1887 und 1888 einen losen Schriftverkehr. Grisebach wird neun Jahre später, 1898, in Breslau ein weiteres Wohnhaus realisieren – das Haus für den Arzt und Mäzen Albert Neisser. Die Villa Agath wird im Zweiten Weltkrieg zerstört.

BESCHREIBUNG

Die Villa für die Familie Agath steht frei und ohne erkennbare Nachbarschaft auf einem großen parkähnlichen Grundstück im Südwesten der Innenstadt. Der zweigeschossige Baukörper mit hohem Walmdach und aufragenden Giebeln und Türmen ist in der Anlage kompakt, aber plastisch stark modelliert. Die Räume sind im Inneren dicht um eine Halle herum gruppiert, schieben sich aber jeweils aus dem Gesamtvolumen in die ihnen zugewiesene Himmelsrichtung leicht heraus: als Risalit, Altan, Erker, Loggia oder Turm.

Den Eingang markiert ein hoher Rundturm mit Kegeldach in Verbindung mit einem schlanken, ebenfalls runden Treppenturm. Durch ein polygonales Vestibül gelangt man in eine große, hallenartige Diele, an die der zentral platzierte Speisesaal, der Salon, ein winkelförmig um die Ecke gelegtes Herrenzimmer und die breite Treppe hinauf ins Obergeschoss anschließen. Grisebach sieht für den sehr geräumigen Speisesaal und ebenso für das anschließende Billardzimmer eine größere Raumhöhe vor. Den Speisesaal gliedert er in einen hohen Hauptraum und einen Bereich mit zwei Halbgeschossen, von denen das untere wohl als Anrichte aus der Küche im Sockel dient. Eine solche halbgeschossige Anbindung an den Küchenbereich sieht Grisebach noch ein weiteres Mal bei dem nicht realisierten Haus für Rudolf Mosse in Dyrotz vor, wo der ebenerdige Küchentrakt auf ähnliche Weise angeschlossen ist. Auf seiner Längsseite öffnet sich der Saal mit zwei großen Fenstern

← Foto aus: Rückwardt, Hermann: *Architektur der Neuzeit*, Berlin 1892

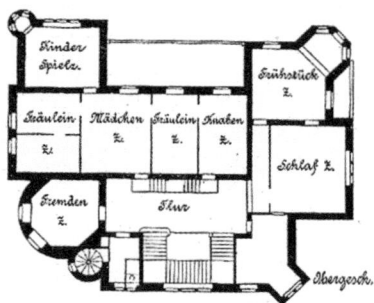
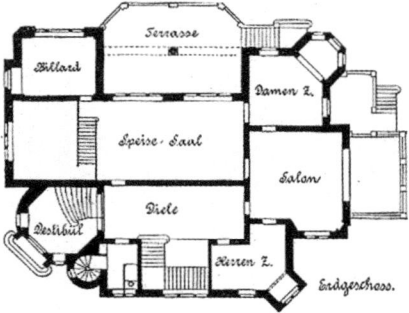

Foto aus: Rückwardt, Hermann: *Architektur der Neuzeit*, Berlin 1892, Grundrisse Erdgeschoss und Obergeschoss aus: *Deutsche Bauzeitung* 1899

zu einer tiefen Loggia, die sich durch zwei Bögen zu einer Terrasse erweitert. An den Salon mit vorgelagertem Wintergarten schließt sich das Damenzimmer mit einer eigenen Terrasse an. Alle Gesellschaftsräume sind miteinander verbunden und können vielfältig genutzt werden. Im Obergeschoss befinden sich die privateren Räume: das Schlaf- und das Frühstückszimmer der Eltern, im Turm ein Gästezimmer und im mittleren, durch den darunterliegenden Speisesaal höherliegenden Bereich die Zimmer der Kinder im Wechsel mit denen des Personals. Für diesen erhöhten Bereich gibt es in der oberen Diele eine eingestellte Galerie.

In Material und Farbigkeit entspricht die Villa Agath der 1885 entstandenen Villa für Wilhelm von Bode in Berlin. Wenig später wird Grisebach auch die Villa für Raussendorffs in Berlin ähnlich konzipieren. Gesimse, Fenstergewände und Ortsteine aus hellem Sandstein heben sich vor roten, hell verfugten Backsteinflächen deutlich ab. Ein sehr steiles schiefergedecktes Walmdach betont das Zentrum des Hauses, mehrere Schweifgiebel und die Türme durchbrechen die Traufe, die Fassaden sind entsprechend der inneren Anlage des Hauses asymmetrisch gegliedert, jeder Raum erhält das ihm entsprechende Fenster, die Höhenunterschiede sind erkennbar. Ein Sockel aus Bruchsteinen hebt das Haus leicht aus dem Gelände heraus, die Loggien, Terrassen und der dreiseitig verglaste Wintergarten hingegen verbinden das Innere mit dem Garten.

Neben dem Wohnhaus gibt es auf dem Grundstück ein Stallgebäude aus rotem Backstein mit sichtbarem Fachwerk im Obergeschoss.

Foto aus: Rückwardt, Hermann: *Architektur der Neuzeit*, Berlin 1892

1   Die Straßennamen sind den Adressbüchern für Breslau aus den Jahren 1916 und 1935 ent-
nommen, in denen nur Marie Agath aufgeführt ist; George wird wohl bereits verstorben sein. Im
November 1906 werden mehr als 300 kunstgewerbliche Arbeiten aus der Villa Agath versteigert;
ein Berliner Auktionshaus hat hierfür einen Katalog drucken lassen. Dies könnte mit dem Tod von
George Agath zusammenhängen (Rudolph Lepke's Kunst-Auctions-Haus (Hg.): *Kunstschätze aus
der Villa George Agath*, *Breslau: kunstgewerbliche Arbeiten der Gotik und Renaissance*, Berlin
1906)

Geschäftshaus Fasskessel & Müntmann

BERLIN-MITTE

ADRESSE
Unter den Linden 53
(früher 12)
BAUHERREN
Alfred Fasskessel und
Matthias Müntmann
ZUSTAND
zerstört

GESCHICHTE

Die breite Straße Unter den Linden, die den Schlossplatz mit dem Pariser Platz verbindet, entwickelt sich nach 1871 in ihrem westlichen Teil von einer repräsentativen Wohnstraße in kurzer Zeit zu einer lebhaften Geschäftsstraße mit Hotels, Restaurants und Läden. Die Herrenschneider und Hofkleidermacher Fasskessel und Müntmann beauftragen Grisebach, der gerade in der Leipziger- und Friedrichstraße einige Geschäftshäuser fertiggestellt hatte, mit dem Neubau eines eben solchen Hauses. Das etwa 20 Meter breite und 60 Meter tiefe Grundstück ist mit einem Wohnhaus bebaut, das durch den Neubau ersetzt wird; die bestehende Hofbebauung bleibt wohl unangetastet.

Die Bauherren nutzen in dem viergeschossigen Haus in den kommenden Jahren das erste Obergeschoss selbst und vermieten im Erdgeschoss zwei Läden an den Zigarren-Importeur R. F. Liedtcke und den Hoflieferanten für Silberwaren H. v. Howell. Im Hof befindet sich ein Postamt.

Anfang des 20. Jahrhunderts erwirbt das Bankhaus S. Bleichröder das Haus Nummer 12 zusammen mit dem östlich angrenzenden älteren Nachbargebäude Nummer 13. Letzteres lassen sie durch einen Neubau ersetzen, der in seinen Geschosshöhen, Materialien, Fensterformen und Details stark an das Grisebach'sche Geschäftshaus angepasst ist. Er wirkt wie dessen Erweiterung, auch wenn seine drei Achsen weniger breit sind und die Detaillierungen der Elemente einfacher und weniger plastisch.

1923 baut der Designer Lucian Bernhard (1883–1972) im von Grisebach entworfenen Haus die östliche Achse im Erdgeschoss zu einem Laden für die Adler-Automobilwerke um und verändert die Schaufensteröffnung zu einem großen, stark profilierten Rundbogen, der die Fortsetzung eines Tonnengewölbes im Inneren ist. Damit hebt er die Symmetrie der dreiachsigen Fassade im Erdgeschoss auf.[1]

← Foto aus: Nachlass

Verkaufsraum, Foto aus: Nachlass

1936/1937 erhält das Haus mit der Änderung der Zählweise Unter den Linden
zusammen mit dem Nachbarhaus die Nummer 53. Im Zweiten Weltkrieg wird
es beschädigt, in den 1960er-Jahren werden die Grundstücke beräumt und es
wird die Parzellierung im Block zwischen Wilhelm- und inzwischen nach Süden
verlängerter Glinkastraße aufgegeben. Den Block füllt heute das repräsentative
Botschaftsgebäude der Russischen Föderation, entlang der Glinkastraße stehen
Apartment- und Bürogebäude.

1890 Geschäftshaus Fasskessel & Müntmann

Grisebach gibt dem Haus drei breite Fensterachsen und große Geschosshöhen, sodass er bis zur Traufe nur vier statt der möglichen und durchaus üblichen fünf Geschosse unterbringt. Die Dimension der Öffnungen und die Vertikalität, die durch die die Traufe durchbrechenden Fensterachsen entsteht, lässt den Neubau aus dem ruhigen Rhythmus der Wohnpalais deutlich herausragen, das Fassadenmaterial, ein heller Werkstein, bindet es aber in die Nachbarschaft ein.

Die Straßenfassade gliedert Grisebach auf halber Höhe horizontal in zwei Partien und schafft damit einen sorgfältigen Anschluss an das westliche Nachbarhaus Nummer 11, einen Linden-typischen dreigeschossigen Immediatbau von Georg Christian Unger (1743–1799). Die leicht rustizierte Sockelpartie erhält im Erdgeschoss zwei Schaufenster und eine mittige Durchfahrt und darüber drei jeweils dreiteilige Fenstergruppen mit Bogenabschluss. Mit dem Sockelgesims und den Konsolen der drei Balkone des zweiten Obergeschosses landet Grisebach genau auf der Höhe des Traufgesimses des Nachbarhauses von Unger.

Den beiden oberen Geschossen gibt er strengere rechteckige mehrteilige Fenster und betont die Achsen dadurch, dass die Fenster plastische Brüstungsreliefs oder Balkone erhalten, die Wandflächen dazwischen aber vollkommen glatt verbleiben. Die Fensterachsen führt er über die Traufe des Satteldachs hinaus und gibt den drei das Gesims durchbrechenden Dachfenstern plastische Einfassungen.

Das einzige Element, das hier der symmetrischen Gliederung – die für Grisebach ohnehin ungewöhnlich ist – nicht folgt, ist eine Säule in der offenen überwölbten Halle im Erdgeschoss. Sie steht außermittig zwischen der Durchfahrt in den Hof und dem Aufgang zum Haupttreppenhaus. Dasselbe Motiv wird Grisebach einige Jahre später vier Häuser weiter beim Geschäftshaus Blumen-Schmidt erneut verwenden. Er erreicht damit auch eine gute Sichtbarkeit des Hofes, in dem sich in diesem Fall das Postamt befindet.

Die Eigentümer erhalten im ersten Obergeschoss vor der mittleren Fenstergruppe ihrer Geschäftsetage und damit oberhalb des Bogens der offenen Durchfahrt einen langen logenartigen Balkon, in dessen niedrige Brüstung ihre Namen in Stein gehauen sind.

Zu dem Haus sind keine Grundrisse auffindbar.

1   In der *Bauwelt* von 1924, S. 1205, wird im Zusammenhang mit dem gerade erfolgten Ladeneinbau erwähnt, dass die Baupolizeibehörde von den Eigentümern dessen Rückbau fordere, weil er die Symmetrie der Fassade des Grisebach'schen Hauses zerstöre. Offenbar kam es dazu aber nicht, denn auf Fotografien von 1929 ist der Ladeneinbau von Bernhard noch immer vorhanden.

Herrenhaus Heine

HADMERSLEBEN BEI HALBERSTADT

ADRESSE
Klostergut
Hadmersleben
BAUHERR
Ferdinand Heine
ZUSTAND
erhalten

GESCHICHTE

Das Benediktinerinnen-Kloster Hadmersleben, dessen Wirtschaftshof Hans Grisebach 1890 um ein Wohnhaus ergänzt, wurde im Jahr 961 durch Bischof Bernhard von Hadmersleben gegründet. Die Kirche St. Peter und Paul wird wohl schon in der Gründungszeit begonnen, im Wesentlichen entsteht sie aber – genauso wie der zweischiffige Kapitelsaal – im 12. Jahrhundert. Das erste Wohnhaus des Ritterhofes stammt aus dem Jahr 1649. Der von diesen und weiteren Gebäuden gebildete Wirtschaftshof hat die Größe von fast einem Hektar. 1809 wird das Kloster zusammen mit zahlreichen anderen der Region aufgelöst.

Im Jahr 1885 erwirbt der Pflanzenzüchter und Vogelkundler Ferdinand Heine junior (1840–1920) das Gut. Heines Vater Ferdinand Heine senior (1809–1894) war ebenfalls Ornithologe und trug eine der damals größten privaten Vogelsammlungen Mitteleuropas zusammen. Diese Sammlung bildete in den späten 1830er-Jahren den Grundstock für das dann auch nach ihm benannte naturkundliche Museum Heineanum in Halberstadt. Ferdinand Heine junior sorgt nach dem Tod des Vaters für den Erhalt der ornithologischen Sammlung, ihre Katalogisierung und öffentliche Ausstellung.

Ferdinand Heine junior ist seit 1869 mit Elisabeth Rimpau verheiratet, einer Tochter des Agrarpolitikers Wilhelm Rimpau. Elisabeth ist die Cousine des Berliner Kunsthistorikers Wilhelm von Bode, ihre Schwester Marie heiratet Bode 1882 auch.[1] Wilhelm von Bode wohnt seit 1885 mit seiner Familie in einer von Grisebach entworfenen Villa in Charlottenburg und ist mit diesem gut befreundet. Heine lernt Grisebach also wohl durch seinen Schwager kennen. Auf dem Klostergut Hadmersleben lässt er 1888 zunächst eine Brennerei bauen und 1904 einen Saatgutspeicher, teilweise auf den 700 Jahre alten Gewölben und aus den schon damals verwendeten Bruchsteinen. Die unmittelbar an das Gut anschließende Landschaft lässt Heine auf eine Fläche von mehr als vier Hektar als englischen Garten gestalten, in dem die vielfältigen Baumarten auch verschiedenste Vogelarten anlocken.

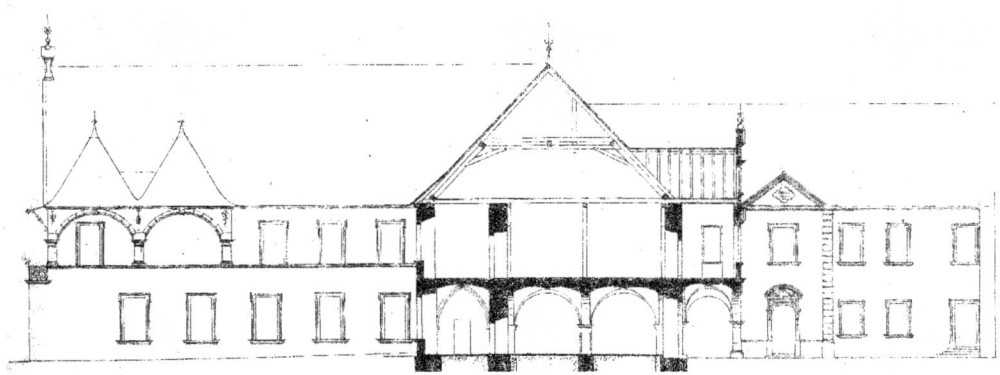

Schnitt aus: Archiv des Klosters Hadmersleben

Bis in die 1960er-Jahre hinein wird Hadmersleben landwirtschaftlich genutzt. Heute befinden sich in den Gebäuden des Gutes unter anderem ein Museum und eine Internatsschule.

Im zeichnerischen Nachlass von Hans Grisebach findet sich zu diesem Projekt keine Zeichnung und insofern erwähnt auch Ekhart Berckenhagen es im Sammlungskatalog von 1974 nicht. Hans Grisebach listet es aber in den *Personalnachrichten für das Archiv der Königlichen Akademie der Künste in Berlin* als eines seiner Werke auf und datiert es mit dem Fertigstellungsjahr 1890. Im Archiv des Klostergutes befinden sich Entwurfszeichnungen aus dem Jahr 1887, von denen die Ausführung aber teilweise abweicht.

BESCHREIBUNG

Grisebach baut die ehemaligen Klostersäle des Wirtschaftshofs durch Aufstockung und geringfügige Erweiterungen zum Wohnhaus der Familie um. Auf den nördlichen Kreuzgang setzt er eine Loggia und gestaltet das obere Geschoss mit Giebel, Erkern und neuen Wänden zu Wohn- und Schlafräumen um. Im Vestibül vermittelt ein Mosaikboden zwischen landwirtschaftlichem Betrieb und Wohnbereich, zur direkten Erschließung der Wohnräume im Obergeschoss setzt Grisebach einen fünfseitigen Treppenturm mit Welscher Haube in die Nordwestecke des Vorhofs. In den großen Wirtschaftshof gelangt man von hier durch eine breite Bogendurchfahrt.

1   Die Familien Rimpau und Bode sind durch Verwandtschaft und Heirat auch in der Elterngeneration verbandelt. Wilhelm Rimpau ist ein Bruder von Bodes Mutter Emilie und seine Ehefrau Sophie Rimpau ist die Schwester von Wilhelm Bodes Vater.

Wohnhaus Reimarus

BERLIN-CHARLOTTENBURG

ADRESSE
Hardenbergstraße 24
BAUHERR
Georg Reimarus
ZUSTAND
zerstört

GESCHICHTE

Für das Grundstück am Stadtbahnhof Zoologischer Garten erledigt der Eigentümer und Regierungsbaumeister Georg Reimarus mit seiner Firma Reimarus und Hetzel nicht nur die Ausführung, er liefert auch den Entwurf des Grundrisses. Seinem Freund und Studienkollegen Grisebach, für den er viele Häuser ausführt, überlässt er lediglich den Fassadenentwurf.

Gegenüber dem Wohnhaus wird 1907 das Gebäude für das Königlich-Preußische Oberverwaltungsgericht fertiggestellt. Bis etwa zu diesem Zeitpunkt wohnt in Reimarus' Miethaus auch Grisebachs befreundeter Kollege Bruno Schmitz, bis er 1906 in der nahen Sophienstraße in sein selbst entworfenes Reihenhaus zieht, das – nach Grisebachs eigenem Haus in der Fasanenstraße – zu einem der wenigen Beispiele dieses Typus in Berlin gehört.

Im Zweiten Weltkrieg wird das Haus in der Hardenbergstraße stark beschädigt und 1953 abgerissen. Seit 1957 steht hier und auf dem benachbarten Grundstück das Amerika-Haus, das heute von der Landeszentrale für politische Bildung und der c/o-Galerie genutzt wird.

BESCHREIBUNG

Für die etwa 30 Meter breite und 60 Meter tiefe Parzelle entwirft Reimarus ein typisches fünfgeschossiges Miethaus mit Vorderhaus, zwei Seitenflügeln und Quergebäude. Die Kubatur und die Gliederung der Grundrisse mit vier Treppen entsprechen dem Großteil aller Häuser dieser Art; Gustav Assmanns Musterbuch[1] wird hier die Vorlage geliefert haben. Pro Geschoss gibt es zwei große Wohnungen mit jeweils acht Zimmern und zwei kleine im Hinterhaus mit dreien, im vierten Obergeschoss zur Straße zusätzlich ein Atelier und für die beiden großen Wohnungen hier ebenfalls Atelierfenster.

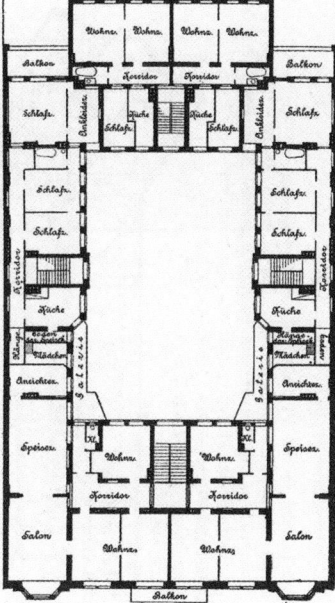

Ansicht und Grundriss Obergeschoss aus: Architekten-Verein zu Berlin/
Vereinigung Berliner Architekten: *Berlin und seine Bauten*, Berlin 1896

Von der Fachpresse bemerkt und gewürdigt wird das Haus nicht wegen der Grundrisse, die sehr konventionell sind und woran auch der Balkon in der Hof-Innenecke
zur Küche nichts wesentlich verbessert. Besprochen wird das Haus wohl nur
wegen seiner bemerkenswerten Fassadengestaltung. Grisebach gibt der breiten
Fassade mit ihrem vorgegebenen symmetrischen Aufbau sechs Fensterachsen, von denen er die beiden äußeren durch dreigeschossige Erker und Giebel
besonders betont. Die Öffnungen bildet er als Bogenfenster oder -türen aus,
meist als Doppel oder Drillinge.

Besonders auffällig ist das Haus durch eine kontrastreiche Farb- und Material-
wahl, die im Berliner Miethausbau recht ungewöhnlich ist, von Grisebach aber
häufiger angewendet wird – beispielsweise beim zwei Jahre zuvor entstandenen
Wohn- und Geschäftshaus an der Potsdamer Ecke Winterfeldstraße in Berlin-Schöneberg. Dunkelrote Backsteine bilden eine Art strukturelles Gerüst, die
Gesimsbänder, Schlusssteine und Konsolen sind aus rotem Sandstein, die leicht
zurückliegenden Wandflächen jedoch in einem hellen Weißgrau glatt verputzt.
Die Holzfenster und das Metall der Rinnen, Rohre und Balkongitter haben einen
kräftig-grünen Anstrich, das hohe Dach ist mit schwarzem Schiefer gedeckt.

1 Assmann, Gustav: *Grundrisse für städtische Wohngebäude*, Berlin 1862

Kreishaus

HALBERSTADT

ADRESSE
Lindenweg
BAUHERR
Landkreis Halberstadt
ZUSTAND
zerstört

Foto aus: Rückwardt, Hermann: *Architektur der Neuzeit*, Berlin 1895

GESCHICHTE

Ein Kreishaus oder Landratsamt dient als Sitz der Verwaltung eines Landkreises. In Halberstadt befinden sich die Geschäftsräume des Königlichen Landratsamtes in den 1880er-Jahren noch im Privathaus von Werner Meyer, dem Landrat des Kreises. Meyer war in dieser Funktion 1879 dem Agrarpolitiker Wilhelm Rimpau nachgefolgt. Mit der Familie Rimpau ist Hans Grisebach indirekt mehrfach verbunden: Sein Berliner Freund und Bauherr Wilhelm von Bode ist mit Wilhelm Rimpaus Tochter Marie verheiratet, die auch seine Cousine ist. Ihre Schwester Elisabeth wiederum ist mit Ferdinand Heine verheiratet, für den Grisebach 1890 ein Herrenhaus im nahen Hadmersleben realisiert. Im von Halberstadt ebenfalls nur wenige Kilometer entfernten Wernigerode realisiert Grisebach in den kommenden Jahren zwei weitere Gebäude.

Als Wilhelm Meyer Ende 1889 stirbt, hatte er den Bau eines neuen Kreishauses für Halberstadt durch Hans Grisebach schon vorbereitet. Der Beschluss des Kreistages für den Neubau wird wenige Tage nach seinem Tod noch Ende des Jahres 1889 gefasst. Bereits im September 1891 wird der erste Kreistag im eigenen Haus abgehalten. Im Zweiten Weltkrieg wird es zerstört.

BESCHREIBUNG

Der stattliche, durch Vor- und Rücksprünge stark plastisch gegliederte Baukörper steht frei an einer Straßenkreuzung. Den wichtigsten Bereich des Hauses mit dem Sitzungssaal platziert Grisebach im höchsten Gebäudeflügel an die Ecke und markiert ihn durch einen eindrucksvoll gegliederten Giebel über einem hohen Rundbogenfenster mit Maßwerk. Für den Haupteingang springt der Mittelteil des längeren Flügels zurück, sodass eine Vorfahrt entsteht. Das Gebäude ist vorwiegend zweigeschossig mit Sockel, bekommt aber durch außerordentlich große Geschosshöhen, den überhöhten Saalbau mit Turmerker, die zahlreichen übergiebelten Vorbauten und einen weiteren Turm mit spitzem Pyramidendach für den Nebeneingang eine beeindruckende Präsenz im Stadtraum. Die Fassadenflächen sind mit rotem Ziegel verkleidet und durch hellen Sandstein im Bereich der Fenster, Erker und Giebel und sämtlicher Baukörperkanten kontrastierend gegliedert. Die Dächer sind mit dunklem Schiefer gedeckt.

←
Zeichnung aus: Nachlass

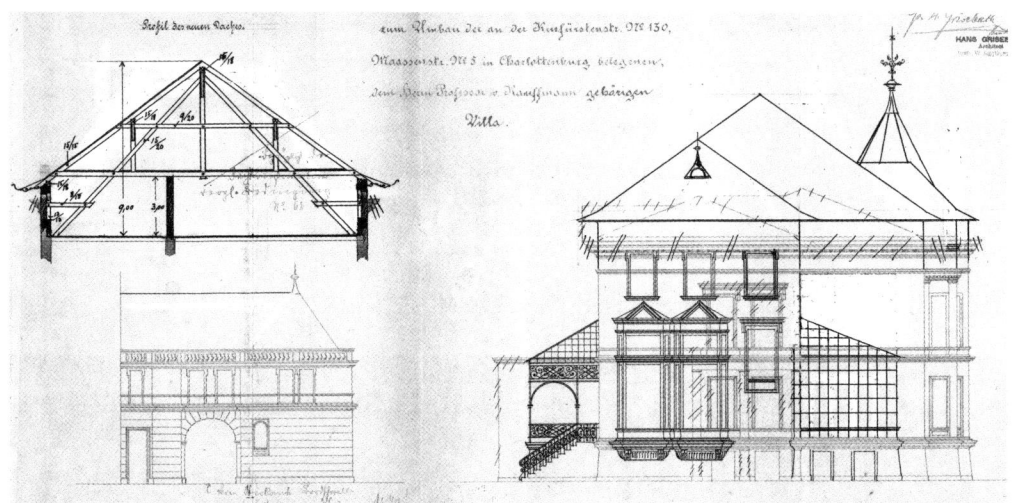

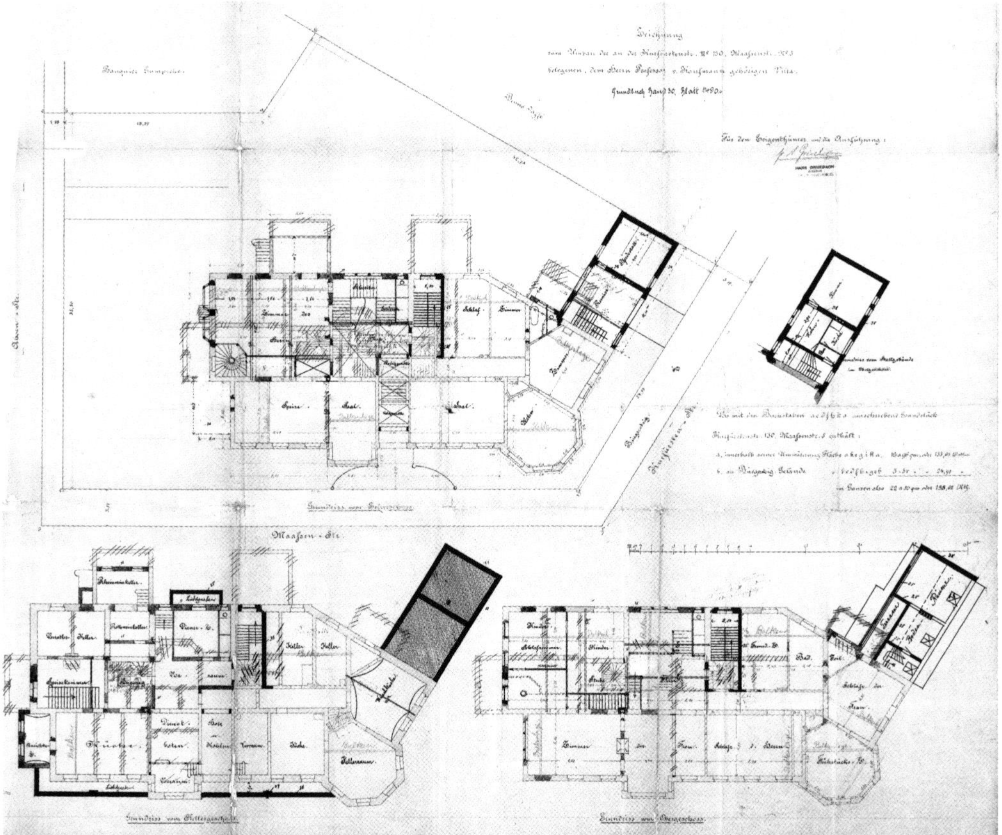

Schnitt, Ansicht Ahornstraße und Grundrisse Erd-, Keller- und Obergeschoss aus: Bauakte im Landesarchiv Berlin, B Rep. 211 Nr. 5332

1891 Wohnhaus Kaufmann

Wohnhaus Kaufmann

BERLIN-TIERGARTEN

ADRESSE
Maaßenstraße 5
(heute Einemstraße 11)
Ecke Kurfürstenstraße
130 und Ahornstraße
BAUHERR
Richard von
Kaufmann
ZUSTAND
zerstört

GESCHICHTE

Der Nationalökonom Prof. Dr. Richard von Kaufmann (1850–1908) erwirbt um 1890 ein zweigeschossiges Wohnhaus an der Maaßenstraße, das er von Grise-bach 1891 um eine Remise erweitern und im Inneren umbauen lässt. Vermutlich hat hier Wilhelm von Bode vermittelt, der mit Grisebach lange schon befreundet ist und sein Wohnhaus in der Uhlandstraße von ihm hat entwerfen und realisieren lassen; Bode und Kaufmann führen zwischen 1886 und 1902 einen regen Brief-wechsel und kennen sich gut.

Zehn Jahre nach Kaufmanns Tod erwirbt der Club des Westens 1918 das Haus und in den frühen 1930er-Jahren gehört es dem Deutschen Anwaltverein beziehungsweise ab 1934 dem Bund Nationalsozialistischer Deutscher Juristen. Nach Beschädigung im Zweiten Weltkrieg und Beräumung des Grundstücks 1959 entsteht hier 1961 eine Tankstelle mit Wagenpflege. Heute ist das Grundstück mit einem sechsgeschossigen Geschäftshaus bebaut.

BESCHREIBUNG

Das schon bestehende zweigeschossige Gebäude hat seine Hauptfassade mit acht Fensterachsen an der Maaßenstraße, wo auch der Eingang liegt. Zur Kurfür-stenstraße vermittelt ein turmartiger Risalit auf achteckigem Grundriss, an den sich hier im stumpfen Winkel nur noch ein einziger Raum mit zwei Fensterachsen anschließt. An dessen Brandwand fügt Grisebach ein neues Stallgebäude mit überdachter Durchfahrt an, das er ebenfalls zweigeschossig ausbildet und in der Fassadengliederung mit hochrechteckigen Fenstern und kräftigen Gesimsen an den Bestand anpasst. Im Obergeschoss sieht er eine Wohnung für das Personal vor.

Im Inneren des Wohnhauses verändert Grisebach vor allem den Bereich hinter der Mittelwand und schafft ein neues großes Herrenzimmer mit Erkerfenster zur Ahornstraße sowie eine neue Treppenhalle. Seine Intervention schafft deut-lich mehr Klarheit und Großzügigkeit in dem insgesamt recht pragmatischen

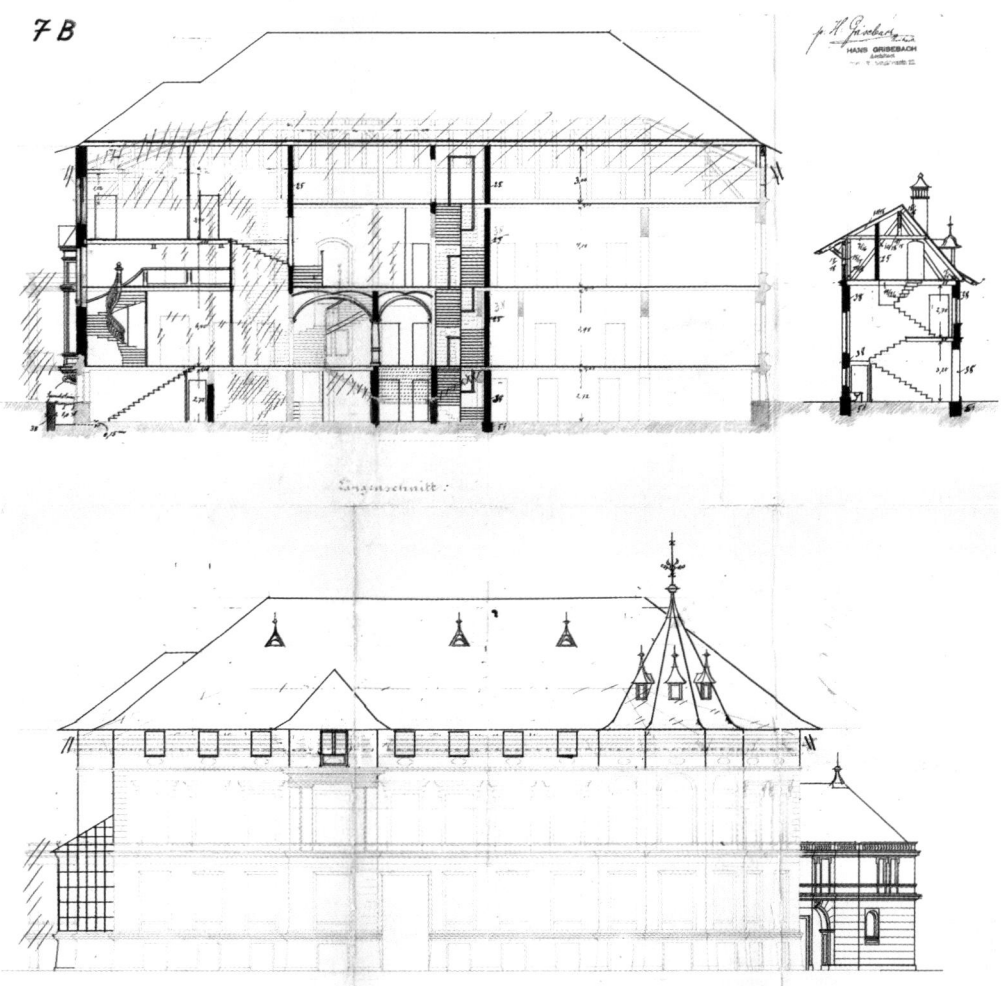

Schnitt und Ansicht Maaßenstraße aus: Bauakte im Landesarchiv Berlin, B Rep. 211 Nr. 5332

1891 Wohnhaus Kaufmann

Grundriss und hat eine Aufstockung des Hauses um ein halbes Geschoss zur Folge. Das neue Dach wird steiler und höher als zuvor aufgebaut.

Das neue Herrenzimmer misst nach dem Umbau rund 90 Quadratmeter und erhält eine größere Raumhöhe von sechseinhalb Metern. Die Decke wird in diesem Bereich um ein halbes Geschoss angehoben und die darüberliegenden Kinderzimmer ragen in das insgesamt höher ansetzende und steiler verlaufende Dach hinein. Ein sorgfältig gestalteter hölzerner Treppeneinbau mit einer offenen Galerie gibt dem Herrenzimmer einen hallenartigen Charakter und vermittelt zu den auf alter Obergeschosshöhe verbliebenen Räumen entlang der Maaßenstraße. In einem Nachtrag von 1890 (der auf den hier abgebildeten Grundrissen nicht berücksichtigt ist) wird dort eine direkt von der Galerie aus zugängliche Schreibstube eingerichtet. Außerdem erhält das Herrenzimmer nach Süden einen hohen zweiteiligen Zwillingserker.

Der Hauseingang, der etwas unglücklich neben einem risalitartig hervortretenden schmalen Salon liegt, erhält im Zuge des Umbaus ein Vordach und eine halbrunde Vorfahrt. Grisebach schafft außerdem eine überwölbte Halle vor der neuen, in drei Läufen nach oben führenden Haupttreppe und daneben ein abgeschlossenes Nebentreppenhaus. Eine weitere neue Treppe führt unterhalb des Galerieeinbaus im Herrenzimmer hinunter in die um eine Anrichte erweiterte Küche im Kellergeschoss und schafft eine schnelle Verbindung zum Speisesaal. Auf dem Sockel der neuen Anrichte ist ein Wintergarten für den Speisesaal vorgesehen. Das Kellergeschoss wird durch neu geschaffene Lichtgräben insgesamt besser belichtet und zwei rückwärtige Anbauten, die die Gartennutzung beeinträchtigen, werden weitestgehend entfernt; nur der Sockel desjenigen vor dem Herrenzimmer wird für eine neue gläsern überdachte Veranda genutzt.

Mit dem Umbau und der baulichen Erweiterung macht Grisebach aus dem kleinteiligen und recht konventionellen Haus mit einigem Aufwand ein die besonderen Wohnbedürfnisse der Familie Kaufmann befriedigendes Wohnhaus mit erkennbaren äußerlichen Veränderungen. Die Erhöhung um ein halbes Geschoss, die das Haus nicht mehr mit einem starken Attikagesims abschließen lässt, sondern mit einem höher ansetzenden Dach mit deutlich steilerem Profil und einer nur knapp ausgebildeten Traufe oberhalb einer Reihe von Mezzaninfenstern, sowie der definierte Turm an der stumpfen Ecke zur Kurfürstenstraße geben dem Haus ausdrücklich eine neue Proportion. Ein vollkommen anderes Gesicht erhält das Haus zur Ahornstraße. Die zuvor vernachlässigt gewesene Südfassade wird durch den Erker, die Veranda, weitere Fenster und den Wintergarten sowie den im Hintergrund sichtbaren Turm zur vielsagendsten und spannungsvollsten des Hauses transformiert.

Villa Raussendorff

BERLIN-CHARLOTTENBURG

ADRESSE
Kurfürstendamm
206/207
(früher 91/92)
BAUHERR
Hugo Raussendorff
ZUSTAND
zerstört

GESCHICHTE

Die Geschichte der Villa Raussendorff, einer frei stehenden Villa inmitten eines großen Gartens, ist beispielhaft für die bauliche Entwicklung des Kurfürsten-damms insgesamt, die erst in den 1880er-Jahren einsetzt und innerhalb nur weniger Jahre eine enorme Transformation vollzieht. Im Fluchtlinienplan von James Hobrecht ist der Kurfürstendamm 1862 als eine auszubauende Straße vorgesehen, die das Charlottenburger Wohngebiet rund um den Savignyplatz im Süden abschließt. Bis dahin ist er nicht mehr als ein aus Holzbohlen gelegter Damm, der das Berliner Stadtschloss am östlichen Anfang der Linden mit dem Jagdschloss Grunewald im Südwesten verbindet und die kurfürstlichen Reiter trockenen Hufes von Schloss zu Schloss durch viele Kilometer Sumpf kommen lässt.

Als Hans Grisebach im Jahr 1888 von dem Fabrikanten und Kaufmann für ätherische Öle und Essenzen Hugo Raussendorff (1832–1908) mit dem Entwurf einer Villa für das sehr lange, bis nach Süden durch den Block reichende Grundstück Nummer 91/92 beauftragt wird, gibt es im Osten auf dem Grundstück entlang der Uhlandstraße bereits einen Nachbarn. Seit 1888 steht hier auf einem ebenso großen Grundstück die Villa des Verlegers Ferdinand Hirschwald, entworfen von den Architekten von der Hude & Hennicke.

Nach nur wenigen Jahren geht die kurze Zeit der Villen am Kurfürstendamm schon zu Ende. Die ohnehin nicht zahlreichen Exemplare werden entweder abgerissen oder verschwinden hinter fünfgeschossigen Wohnhäusern, die auf den großen Gartengrundstücken vorn an der Straße entstehen. Als Hugo Raussendorff 1908 stirbt und 1910 auch seine Frau Antonie, vermachen sie ihr Vermögen, ihre Kunstsammlung sowie Haus und Grundstück der Stadt Charlottenburg.[1]

← Foto aus: Architekturmuseum der TU Berlin, Inv.-Nr. B 3255,10

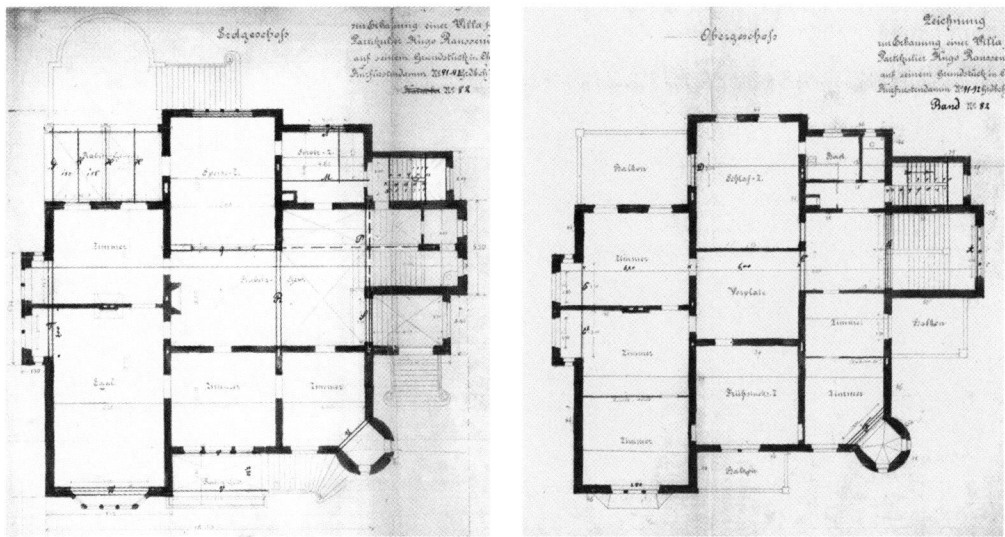

Grundrisse Erdgeschoss und Obergeschoss aus: Bauakte im Landesarchiv Berlin, B Rep. 207 Nr. 2189

Zu diesem Zeitpunkt ist die benachbarte Villa Hirschwald bereits abgetragen und hat einem Tattersall für 150 Pferde Platz gemacht. Vorn am Kurfürstendamm steht hier zudem seit 1905 das Ausstellungshaus der Berliner Secessionisten, ein niedriger zweigeschossiger Baukörper mit einem von Arkaden umfangenen Vorhof nach einem Entwurf des Baumeisters Bruno Jautschus. Es ist dies bereits ihr zweites – das erste an der Kant- Ecke Fasanenstraße hatte 1899 Hans Grisebach entworfen. 1921 wird das Haus der Secessionisten durch den Architekten Oskar Kaufmann, den damals wichtigsten Berliner Repräsentanten des modernen Theaterbaus, zum Theater am Kurfürstendamm umgebaut.

Auf dem ehemaligen Raussendorff-Grundstück nebenan plant Kaufmann ein fünfgeschossiges Büro- und Geschäftshaus für die Tattersall AG mit einem rückwärtigen Kino. Im Garten der Villa hatte sich bereits seit 1913 ein Garten-Kinematographentheater etabliert. Noch während des Baus findet der österreichische Regisseur Max Reinhardt, auch er müsse am Kurfürstendamm mit einem Theater vertreten sein und lässt Kaufmann umbauen. 1924 eröffnet vor der Villa Raussendorff und neben dem Theater am Kurfürstendamm die Komödie, ein exaltiert geschwungenes Geschäftshaus mit Fensterachsen wie Kaskaden und einem intimem Theater im hinteren Bereich. 1928 übernimmt Max Reinhardt auch das Theater nebenan und lässt es von Oskar Kaufmann erneut grundlegend umbauen. 1933 muss Reinhardt die Leitung beider Bühnen aufgeben und emigrieren.

← Treppenhalle, Foto aus: Architekturmuseum der TU Berlin, Inv.-Nr. B 3255,07

Eingang, Foto aus: Architekturmuseum der TU Berlin, Inv.-Nr. B 3255,09

Die Villa Raussendorff und die beiden Theaterbauten werden im Zweiten Weltkrieg stark zerstört, die Villa wird abgetragen, die Theater werden aber schnell wiederaufgebaut. In den frühen 1970er-Jahren wird ein großer Teil des gesamten Blocks zwischen Kurfürstendamm und Lietzenburger Straße,

← Loggia, Foto aus: Architekturmuseum der TU Berlin, Inv.-Nr. B 3255,08

zwischen Uhland- und Knesebeckstraße abgerissen und in großem Maßstab mit dem sogenannten Kurfürstendamm-Karree neu bebaut. Die beiden Theaterräume bleiben lediglich als Innenräume erhalten. Inzwischen ist auch das sogenannte Karree größtenteils abgerissen und wird durch Neubauten ersetzt.

BESCHREIBUNG

Die Villa für Raussendorffs liegt etwa in der Mitte des 237 Meter tiefen und 43 Meter breiten Grundstücks umgeben von Gärten. Der hohe Baukörper aus roten Ziegeln ist mit einem mächtigen Eckturm, einem schlanken Rundturm, Zwerch-giebeln, Erkern, Loggien und Altanen malerisch vierseitig komponiert und gleichzeitig straff und klar gegliedert. Über einem hohen Sockel gibt es zwei Wohn-geschosse und im steil aufragenden Walmdach durch die Giebel weitere gut nutzbare Flächen, im Hauptturm sogar ein viertes Geschoss.

Das stattliche Eingangsportal platziert Grisebach an der Nordostecke des Hauses zwischen den beiden Türmen, sodass es sowohl vom Kurfürstendamm – dann aber erst nach Durchschreiten des großen Gartens – als auch von der Knesebeckstraße erreicht werden kann. Hier im Westen des Wohnhauses besitzt Raussendorff einige orthogonal zum großen Grundstück verlaufende schmale Parzellen und auf demjenigen, das auf Höhe des Hauses zur Nebenstraße führt, der Nummer 62, legt Grisebach einen ummauerten Hof mit Stall und Remise an. Mit dem Wagen kommend können Raussendorffs hier also bequem bis ans Wohnhaus heranfahren.

Durch den überwölbten Eingangsraum gelangt man in eine ebenfalls überwölbte große Halle mit Kamin, die alle Zimmer des Hauptgeschosses um sich versam-melt. Nach Norden gerichtet sind drei Zimmer: eines mit Nische im runden Eck-turm, eines mit großem Bogenfenster und Balkon und ein großer Saal mit Erker. In der Flucht des Saales liegt ein weiterer Raum, der nach Süden in eine tiefe Loggia übergeht, die wiederum auf eine halbrunde Terrasse mit Treppe in den Garten hinausführt. Nach Süden leicht hinausgeschoben und mit der Halle durch eine breite mehrteilige Flügeltür verbunden liegt das Speisezimmer. Es schließt sich ein Service- und Anrichtezimmer an sowie eine Nebentreppe hinunter ins Sockelgeschoss, wo sich die Küche und die Portierswohnung befinden. Im hohen Eckturm befindet sich die zweiläufige Haupttreppe hinauf ins Obergeschoss, wo sich rund um einen zentralen Vorplatz sieben Zimmer gruppieren, aus denen man auf insgesamt drei Balkone heraustreten kann.

Das farbige Äußere der Villa entspricht der 1885 entstandenen Villa für Wilhelm von Bode in der nahen Uhlandstraße, die ebenfalls in der Tiefe des Grundstücks platziert ist und einen weiten grünen Vorgarten hat. Hier wie dort heben sich Gesimse, Fenstergewände und Ortsteine aus hellem Sandstein vor den roten Backsteinflächen deutlich ab und werden gleichzeitig mit dessen hellem Fugen-bild zu einer feinen Struktur zusammengefasst. Raussendorffs Villa ist mit einer Ausdehnung von rund 25 Metern im Quadrat aber deutlich größer und ragt durch das sehr steile Walmdach und den dominierenden Turm mit einem fast übertrieben hohen eigenen Walm sehr hoch auf.

Bemerkenswert ist auch hier die asymmetrisch ausgewogene Anlage der Fassaden. In seinem Wesen ist das Haus um eine zentrale Halle herum entworfen; jeder Raum hat die ihm eigene Proportion und Ausrichtung und zeichnet sich entsprechend körperlich nach außen ab. Das schiefergedeckte Walmdach verkörpert das Zentrum, bleibt aber durch Türme und Risalite im Hintergrund. Grisebach definiert an der Fassade in Richtung Kurfürstendamm die zentrale Achse, die im Hauptgeschoss durch eine vorgelagerte überwölbte Halle kaum betont ist, dennoch als Mitte, indem er auf ihrer linken Seite einen breiten übergiebelten Risalit mit schwer heraushängendem Erker platziert und auf der anderen Seite einen schmalen Rundturm, der erst durch den größeren Treppenturm im Hintergrund ausreichend Gewicht erhält. An den weiteren drei Fassaden tritt hingegen die Mitte stärker in den Vordergrund – als Risalit oder Turm – und wird jeweils sehr unterschiedlich, aber im Gesamteindruck ausgewogen flankiert.

Zeichnung aus: Nachlass

1   Der gemeinsame Sohn Hugo jun. war schon früh verstorben. Einen großen Teil des Vermögens bestimmen Raussendorffs für die Errichtung eines Altersheims für Künstler. Das Raussendorff-Stift entsteht in den 1930er-Jahren an der Preußenallee Ecke Westendallee. Im Westend ist heute an der Heerstraße auch ein Platz nach Raussendorff benannt. Die rund 100 Gemälde, Grafiken und Plastiken umfassende Kunstsammlung befindet sich im Bestand der Villa Oppenheim (siehe auch: von der Lieth, Elke (Hg.): *Der Berliner Kunstsammler Hugo Raussendorff (1832–1908) und die Charlottenburger Kunstdeputation*, Berlin 2008).

Villa Springmann

WUPPERTAL

ADRESSE
Sadowastraße 61
BAUHERR
Dr. Friedrich Eduard
Springmann
ZUSTAND
erhalten, Denkmal

GESCHICHTE

Elberfeld entwickelt sich ab den 1860er-Jahren durch die Textilindustrie wirtschaftlich und baulich rege und ist zum Zeitpunkt der Entstehung des Hauses und noch bis 1929 eine selbstständige Stadt. Der Bauherr Friedrich Eduard Springmann (1846–1921) ist Textilunternehmer. Er kauft ein großes Grundstück mit Blick auf die Stadt und beauftragt Hans Grisebach, der in Wuppertal und Umgebung zuvor kein Haus realisiert hat, mit dem Entwurf. Ob Springmann Grisebach kennt oder empfohlen bekommt, ist nicht bekannt.[1]

Das Eckgrundstück liegt im sogenannten Briller Viertel auf einer Anhöhe nördlich der Wupper. Heute hat es seine anfängliche Größe nicht mehr und die Villa selbst ist in mehrere Eigentumswohnungen aufgeteilt.

BESCHREIBUNG

Die adressgebende Sadowastraße verläuft im Norden des Grundstücks, die Bismarckstraße, zu der das Haus seine repräsentativere Fassade zeigt, im Osten. Das zweigeschossige Wohnhaus hat ein recht kompaktes Volumen und steht nah an der Kreuzung und damit am höchsten Punkt des Geländes, der Garten breitet sich in Richtung Süden aus. Zu beiden Straßen sind Stützmauern ausgebildet.

Zum Eingang an der Nordseite – markiert durch einen übergiebelten Vorbau – führt eine offene einläufige Treppe. Für Grisebach recht ungewöhnlich gibt es keinen geschützten Bereich im Gebäudevolumen, sondern einfach ein wie angefügt wirkendes schützendes Vordach. Man betritt das Haus quer zu seiner Hauptachse, die allerdings kaum ausgeprägt und nur im Walmdach und den geschlossenen Wandflächen nach Norden erkennbar ist. Auf ein kleines Vestibül folgt die große, aber nur eingeschossige Halle und geradeaus nach Süden das Empfangszimmer. Der leicht betonten Ost-West-Ausrichtung folgt im Osten der

← Foto aus: Nachlass

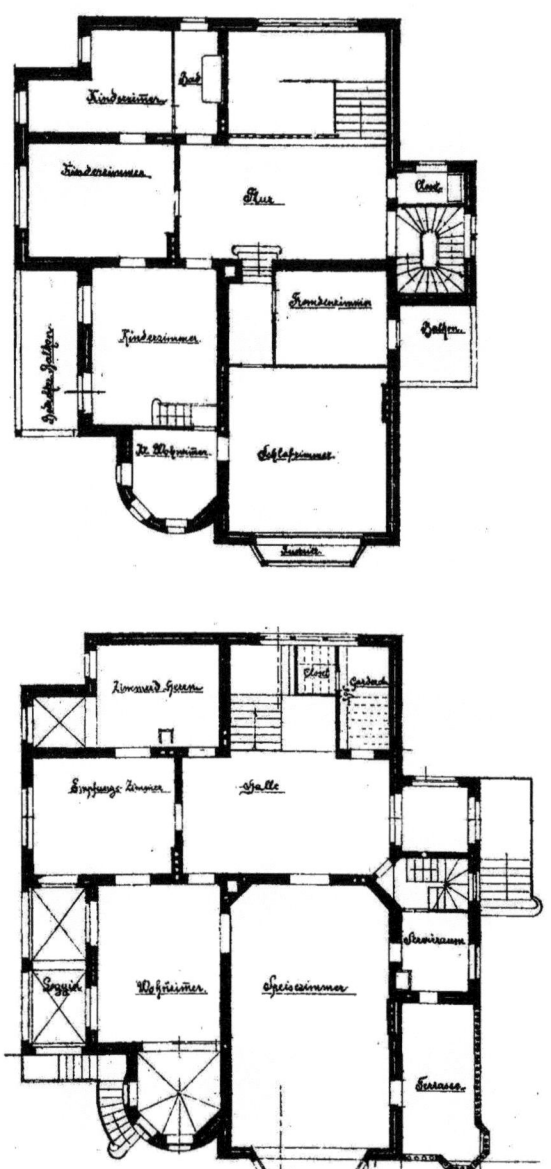

Grundrisse Erdgeschoss und Obergeschoss aus: Kick,
Wilhelm (Hg.): *Moderne Neubauten*, Stuttgart 1894

1891 Villa Springmann

außergewöhnlich große Speisesaal mit Erkerfenster, dem Grisebach auch eine größere Raumhöhe gibt, und daneben ein ebenfalls überhöhtes Turmzimmer. Dieses bildet die Erweiterung des eigentlich nach Süden ausgerichteten Wohnzimmers, dem dort eine breite Loggia vorgelagert ist, von der aus eine Treppe hinunter in den Garten führt. Im Westen befinden sich nur das recht knapp dimensionierte Herrenzimmer und die dreiläufige Haupttreppe, die zur Halle immerhin einen kleinen Luftraum ausbildet und über ein zwei Geschosse hohes Fenster gut belichtet ist. Das durch alle Geschosse führende Nebentreppenhaus liegt zwischen dem Eingang und der Anrichte im Norden.

Im Obergeschoss gruppieren sich um den hallenartigen Flur die Schlaf-, Kinder- und Gästezimmer, im Dachgeschoss befinden sich weitere Gäste- und Personalzimmer.

Der Baukörper hat eine hoch aufragendende Proportion und ist mit roten Ziegeln verkleidet, deren helles Fugenbild eine feine Struktur bildet. Das Sockelgeschoss verschwindet nur straßenseitig teilweise im Gelände und ist zum Garten fast ebenerdig, die hohen Sockelflächen sind ebenfalls rot verklinkert. Die Stockwerke sind durch umlaufende Gesimse markiert, die Trauflinie und die Giebelkonturen ganz ähnlich fein plastisch betont. Drei giebelbekrönte Vorbauten und der hohe Rundturm mit Kegeldach durchbrechen die Traufe des schiefergedeckten Walmdachs, das aber grundsätzlich einen ruhigen Hintergrund bildet und einzig an der betonten Ostfassade kaum sichtbar ist. Die Fenster, Erker und veranda-ähnlichen Überdachungen sind aus dunklem Holz. Im Sockelgeschoss sind die Fenster und Fenstertüren mit Eisengittern geschützt und auch die Treppengeländer sowie die Einfriedung oberhalb der Stützmauern sind schmiedeeisern.

1   Grisebach hat allerdings später mit Alfred Ginzkey in Maffersdorf/Reichenberg (1898) und Ferdinand August Levin in Göttingen (1901) zwei weitere Textilunternehmer als Bauherren. Es könnte aber auch sein, dass Springmann durch sein Engagement in der Kunstförderung, beispielsweise mit Wilhelm von Bode (1845–1929), auch ein Bauherr Grisebachs, bekannt ist.

Wohnhaus Grisebach

BERLIN-CHARLOTTENBURG

ADRESSE
Fasanenstraße 25
(früher 33)
BAUHERR
Hans Grisebach
ZUSTAND
erhalten, Denkmal

GESCHICHTE

Als Hans Grisebach 1890 das Grundstück an der Fasanenstraße von Eugen Tornow erwirbt, ist die Straße südlich des Kurfürstendamms noch kaum bebaut. Zwei nördliche Nachbarn hat Grisebach allerdings schon: Unmittelbar mit einer Brandwand angrenzend steht dreiseitig frei und von der Straße abgerückt seit 1871 ein zweigeschossiges Wohnhaus. Dieses Haus beherbergt heute das Käthe-Kollwitz-Museum. Noch ein Grundstück weiter nördlich war gerade das Wohnhaus Nummer 23 nach einem Entwurf der Architekten Becker und Schlüter entstanden – ebenfalls dreiseitig frei stehend und mit einem großen, nach Süden ausgerichteten Garten. Hier hat heute das Literaturhaus seinen Sitz.

Grisebach verkauft die südliche Hälfte seines ursprünglich gut 26 Meter breiten und 50 Meter tiefen Grundstücks 1891 an den Kollegen Wilhelm Martens[1] (1843–1910), der hier 1893, ein Jahr nach Grisebach, ein unmittelbar angrenzendes Nachbargebäude fertigstellt. Martens, der ebenfalls selbst im Haus wohnt und sein Atelier hat, orientiert sich mit seinem Baukörper respektvoll am Entwurf des Nachbarn, verzichtet im Inneren aber auf die Großzügigkeit einer zweigeschossigen Halle. Das Treppenhaus an der Straße bildet er nicht wie Grisebach als Turm aus, sondern integriert es stärker in das Gebäudevolumen und anders als dieser verkleidet er seine Fassade mit weißen Verblendsteinen und Elementen aus Sandstein.

Der Typus des gereihten Einfamilienhauses als Teil einer Blockrandbebauung, wie ihn Grisebach und danach auch Martens sowie Hermann von der Hude daneben in der Fasanenstraße realisieren, ist für Charlottenburg und Berlin neu. Zwar wird 1905 in der Charlottenburger Sophienstraße erneut eine kurze Reihe von sieben Einfamilienhäusern realisiert, aber insgesamt und bis heute bleibt dieser Typus in Berlin eine Ausnahme. In der Sophienstraße, die später in Bellstraße umbenannt wird, entstehen zwischen 1905 und 1908 vier Häuser nach Entwürfen der

← Foto aus: Nachlass

Architekten Kayser & von Großheim, zwei von Otto March und eines von Bruno Schmitz. Schmitz ist mit Grisebach befreundet und wohnt, bevor er sich hier 1905 sein eigenes Wohn- und Atelierhaus realisiert, im Haus Hardenbergstraße 24, dessen Fassade von Hans Grisebach stammt. Sein Haus in der Sophienstraße ist mit einer Breite von elf Metern noch schmaler als Grisebachs Haus, hat aber auch, wie die gesamte Reihe, ein Geschoss weniger. Beiden Häusern gemeinsam ist die zweigeschossige Halle, die das Zentrum der beiden Wohngeschosse bildet, und das Arbeitsatelier ganz oben. Eine Einliegerwohnung kann Schmitz aus Platzgründen nicht anlegen. Insgesamt ist sein Haus, dessen Details und Ausstattungen ebenfalls allesamt von ihm selbst stammen, in der gesamten siebenteiligen Reihe bei aller Sprödigkeit und gewissen Sperrigkeit der Proportion das auffälligste und eigensinnigste.[2]

Grisebachs Haus in der Fasanenstraße wird nach seinem Tod verkauft, die Witwe Emmy zieht in das eigene Sommerhaus in Timmendorfer Strand. Der neue Eigentümer Egon Friedeberg beauftragt die Architekten Dinklage & Paulus, also ehemalige Mitarbeiter von Grisebach, einige Umbauten durchzuführen. Unter anderem wird im Seitenflügel die vormals kurze Treppe nun durch alle Geschosse weiter nach oben geführt.

Im Zweiten Weltkrieg wird das Haus stark zerstört, bleibt aber als Teilruine erhalten, bis in den 1960er-Jahren ein Abriss der Bebauung an der Fasanenstraße in großem Maßstab droht: Die Straße soll zwischen Hardenberg- und Lietzenburger Straße untertunnelt werden. Proteste verhindern das Vorhaben. 1980 wird Grisebachs ehemaliges Wohnhaus unter Denkmalschutz gestellt und wenig später auch das benachbarte Haus Nummer 24 sowie das Literaturhaus Nummer 23, nach dessen Wintergarten die drei Häuser, deren Gärten zusammenhängen, auch als Wintergarten-Ensemble bezeichnet werden. Mit der Deutschen Bank als Eigentümerin und dem Architekten Uli Böhme erfolgt ab 1984 die denkmalgerechte Wiederherstellung des Grisebach'schen Hauses. Seit dem Abschluss der Restaurierung 1986 ist es Sitz des Auktionshauses Villa Grisebach, gegründet von den Kunsthändlern Bernd Schultz, Hans Pels-Leusden, Wilfried Utermann, Raimund Thomas und Michael Neumann. Das Auktionshaus, das durch die Entscheidung, den Namen des Architekten zu verwenden und diesen damit im Gebrauch und in steter Erinnerung zu halten, ist heute auch Eigentümer.

BESCHREIBUNG

Auf dem nach der Halbierung nur noch gut 13 Meter breiten Grundstück entwirft Grisebach ein hohes, schmales Wohnhaus mit einer großzügigen Wohnung auf zwei Ebenen und einem fast ebenerdigen Sockelgeschoss. Im zweiten Obergeschoss ordnet er eine separat durch einen straßenseitigen Treppenturm erschlossene Wohnung für seinen alleinstehenden Bruder Eduard an und darüber sein eigenes Atelier mit Zeichensaal und Oberlicht. Im Treppenturm gehen also vor

← Eingang, Foto aus: Nachlass

Halle mit Treppe und Galerie, Foto aus: Nachlass

Halle mit Kamin, Foto aus: Nachlass

1892 Wohnhaus Grisebach

Damenzimmer, Foto aus: Nachlass

allem die Brüder auf und ab sowie die Mitarbeiter des Büros. Für die Familie mit anfangs drei, dann vier Kindern gibt es eine villentypische innere Erschließung in der zweigeschossigen Halle mit Holztreppe und Galerie.

Im Grundriss hat das Haus zwei leicht gegeneinander verschobene Raumachsen. So entsteht an der Straße eine eingerückte Eingangssituation mit Treppe und überdachtem Podest – zurückgezogen, aber nicht privat, öffentlich, aber schon nicht mehr Teil der Straße. Man gelangt vom überdachten Podest in ein Vestibül und dann in den Hauptraum des Hauses, die zweigeschossige Halle mit Kamin und eigenartig verschlungener Treppe, die wie ein hölzernes Objekt die Ecke besetzt. Eine ähnliche Halle in vergleichbarer Ausstattung, wenn auch in anderer Dimension, hatte Grisebach vier Jahre zuvor schon im Sommerhaus der Familie in Timmendorfer Strand realisiert, wo sie wie hier der zentrale und wichtigste Raum des insgesamt ja viel kleineren und zudem allseitig frei stehenden Hauses ist. Hier in der Fasanenstraße geht es in der Verlängerung der Halle geradeaus ins Speisezimmer und parallel dazu in die Zimmer des Hausherrn zur Straße und seiner Ehefrau zum Hof, letzteres erweitert sich in eine gedeckte Halle mit offenem Sitzplatz und Treppe in den Garten. Im ersten Obergeschoss liegt hinter der Halle das Schlafzimmer der Eltern und in der Innenecke auf einem unregelmäßigen Achteck-Grundriss das kleinste Zimmer für die jüngste Tochter. Den Austritt über der Gartenhalle muss sie sich mit den Eltern teilen. In der südlichen

Foto aus: Nachlass

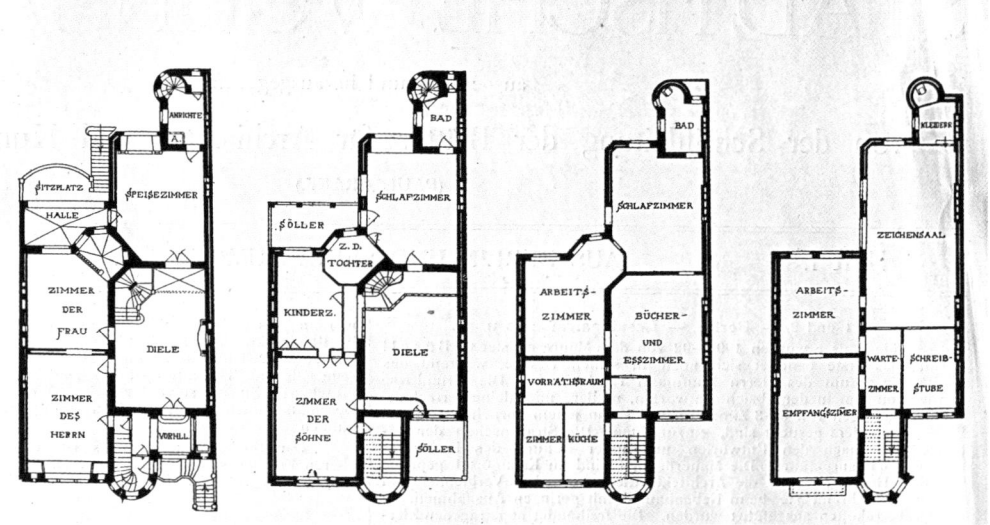

Grundrisse Erdgeschoss bis 3. Obergeschoss aus: Nachlass

1892 Wohnhaus Grisebach

Raumachse wohnen die beiden Söhne, die außerdem zur Straße oberhalb des Eingangs eine eigene Loge haben, die sie über eine schmale, durch die Halle führende Galerie erreichen – am Treppenturm vorbei, der vor allem der Erschließung der beiden folgenden Geschosse dient.

Hier wohnt im zweiten Obergeschoss der Bruder Eduard Grisebach in einer vom Küchen- und Wirtschaftsbereich im Sockelgeschoss autarken Etage und im dritten Obergeschoss hat Hans Grisebach sein Büro und Atelier mit einem Empfangszimmer zur Straße, dem eigenen Arbeitszimmer zum Hof und einem 65 Quadratmeter großen Zeichensaal mit Oberlicht.

Das schmale hohe Haus hat zwei Fensterachsen und dazwischen einen außermittig platzierten schlanken Treppenturm. Die breitere Achse mit einem großen Rundbogenfenster für das Herrenzimmer setzt sich nach oben in Zwillingsfenstern fort und schließt mit einem geschwungenen Giebel ab, die schmalere wird teilweise vom Turm verdeckt. Hier bildet das überdachte Eingangspodest ein die Asymmetrie ausgleichendes Gegengewicht zum verzierten, in den Himmel ragenden Giebel. Die Wandflächen des Hauses sind oberhalb des gemauerten Sockels hell verputzt, sie wirken glatt und straff. Nur im Brüstungsbereich einiger Fenster gibt es plastischen Schmuck, außerdem fein ornamentierte Fenstergitter. Das Hochaufragende des Hauses wird durch die Fassadengestaltung nicht etwa gedrosselt, sondern durch den Giebel und den Turm noch gesteigert. Die in Berlin übliche Trauflinie bleibt buchstäblich im Hintergrund.

1   Martens ist ein Schwiegersohn von dem Architekten Martin Gropius (1824–1880), dessen Nichte Manon Gropius in Timmendorfer Strand im Haus ihrer Tante Auguste Wahllaender ein und aus geht. Dieses Haus steht direkt neben dem Sommerhaus der Familie Grisebach, Manon ist mit Emmy Grisebach, der Ehefrau von Hans, eng befreundet. Beide Häuser hat Hans Grisebach 1888 entworfen. Der Architekt Walter Gropius (1883–1969) ist der Sohn von Manon.
2   Ein etwas früheres Beispiel für ein gereihtes – oder wie es in *Berlin und seine Bauten* von 1877 heißt: eingebautes – Einfamilienhaus ist das von den Architekten Kyllmann & Heyden Am Karlsbad 26a, das auch von Adolf Heyden selbst bewohnt wird.

Wohnhaus Klopstockstraße

BERLIN-TIERGARTEN

ADRESSE
Klopstockstraße 23
(früher 25, heute
Bartningallee gegen-
über Hanseatenweg)
BAUHERR
Carl Meier
ZUSTAND
zerstört

GESCHICHTE

Das Wohnhaus, für das Grisebach nur die Fassade entwirft, ist Teil des 1874 durch eine Terraingesellschaft gegründeten Hansa-Viertels zwischen der Spree und dem Großen Tiergarten. Das Zentrum des Wohnquartiers bildet der Hansaplatz, an dem sich die Altonaer, die Lessing- und die Klopstockstraße sternförmig kreuzen. Die Blockrandbebauung ist Berlin-typisch, die Gebäudehöhe mit drei Vollgeschossen aber niedriger als in anderen Teilen der Stadt. Eigentümer des rund 1.500 Quadratmeter großen, nahe der Stadtbahn gelegenen Grundstücks Klopstockstraße 25 und auch des östlich angrenzenden mit der Nummer 24 ist zunächst der Kaufmann Fedor Berg, der im Frühjahr 1891 den Bauantrag für ein dreigeschossiges Wohnhaus mit Souterrain und Vorgarten stellt. In üblicher Berliner Bauweise soll das 24 Meter breite Haus vierseitig einen Hof umschließen, also aus Vorderhaus, zwei Seitenflügeln und einem Hinterhaus bestehen. Im Herbst desselben Jahres verkauft Berg an den Dachdeckermeister Carl Meier und den Maurermeister Johann Roesler, der seinen Anteil ein halbes Jahr später an Meier abgibt. Der Bauschein wird 1892 erteilt, im selben Jahr wird das Haus fertiggestellt.[1]

Im Zweiten Weltkrieg wird das Hansa-Viertel nahezu vollständig zerstört. Dies betrifft auch das Haus in der Klopstockstraße. Das neue Hansa-Viertel entsteht in den 1950er-Jahren im Rahmen einer Internationalen Bauausstellung in einer vollkommen anderen Form mit frei stehenden Punkthochhäusern und langen Zeilen. Die ursprüngliche Struktur aus Straßen, Platz und Blöcken ist heute nicht mehr erkennbar und im Bereich der alten Parzelle in der Klopstockstraße steht heute ein 16-geschossiges Hochhaus des Architekten Gustav Hassenpflug.

← Foto aus: Nachlass

Eingang, Foto aus: Nachlass

1892 Wohnhaus Klopstockstraße

Wie schon beim Haus in der Hardenbergstraße zwei Jahre zuvor entwirft Grisebach hier lediglich die Fassade für ein typisches, wenn auch in diesem Fall nur dreigeschossigen Berliner Miethauses mit konventionellen Grundrissen, fünf Raum- und Fensterachsen und mittigem Eingang. Er gibt der Fassade ein hohes Maß an Plastizität durch Vorsprünge und tiefe Nischen. Ein drei Fensterachsen breiter abgestufter Mittelrisalit nimmt die hohe Eingangstür in einer Portalnische auf, die beiden äußeren Achsen haben auf jedem Geschoss Loggien und münden in ihrer ganzen Breite in von Muschelrosetten bekrönte Giebel. Es dominiert eine symmetrische lebendige Treppenbewegung, in der die beiden äußeren Giebel die höchsten Elemente bilden und der Balkon im ersten Obergeschoss über dem Eingang den niedrigsten Punkt; dazwischen endet der Risalit im zweiten Obergeschoss in zwei Balkonen, auf deren massiven Brüstungen je zwei Säulen stehen, die die zwischen den Giebeln sichtbare Traufe zu stützen scheinen.

Das Hochparterre liegt sehr hoch, sodass darunter ein gut nutzbares Souterraingeschoss ausgebildet werden konnte, das nur wenige Stufen unterhalb des Straßenniveaus liegt. Es ist durch einen Vorgarten mit Eisengitterzaun geschützt und kann auch direkt von der Straße betreten werden. Die Haustür liegt ebenerdig und dient gleichzeitig als Durchfahrt.

Die Fassade ist hell verputzt und hat in den Brüstungsbereichen der Fenster und Balkone plastische, farblich nicht differenzierte Reliefs. Kontrastierend dazu und zur Betonung ihres Loch-Charakters haben die Fenster dunkel gestrichene Rahmen. Einen dunklen Hintergrund vor den hellen Giebelflächen bildet auch das schiefergedeckte Dach.

1   Der Name Hans Grisebach taucht in der Bauakte nicht auf, es ist aber sicher davon auszugehen, dass er es ist, der den Entwurf für die Fassade liefert. Meier beantragt 1891 zunächst eine einfache Fassade mit hoher Attika und dahinter verschwindendem flach geneigten Dach. Eine detaillierte Zeichnung der beiden Erkerachsen im Maßstab 1:20 vom März 1892 lässt erkennen, dass hier inzwischen eine andere Fassade realisiert wird. Die Sandsteinsäulen, Kapitelle, die sichtbare Traufe und die Dachhäuschen, auch das Brüstungsstuckfeld entsprechen der realisierten Fassade. In der Fachliteratur wird Grisebach mehrfach als Verfasser genannt und die Ausführung durch die Herren Giesecke, Lange und Marcuse, mit denen Grisebach regelmäßig zusammenarbeitet, ist ein weiterer deutlicher Hinweis.

Johanneskirche

GIESSEN

ADRESSE
Goethestraße 14
ZUSTAND
erhalten, Denkmal

GESCHICHTE

Die Johanneskirche in Gießen ist Ende des 19. Jahrhunderts die zweite evangelische Kirche der Stadt. 1890 wird hierfür ein Wettbewerb ausgelobt, die neue Kirche soll auf einem Grundstück entstehen, das früher Teil der südlichen Stadtbefestigung war. Von den 39 eingereichten Entwürfen wird der von Hans Grisebach zur Realisierung empfohlen und umgehend umgesetzt. Ende 1893 wird die Kirche eingeweiht.

Im Zweiten Weltkrieg werden lediglich die Dächer beschädigt und die großen Fenster zerstört, letztere werden in den 1960er-Jahren neugestaltet. In der Folge wird der gesamte Innenraum saniert und in seiner Ausstattung verändert.

BESCHREIBUNG

Die Entwürfe Grisebachs für die Gießener Johanneskirche und die Frankfurter Peterskirche, die 1895 fertiggestellt wird, entstehen nahezu gleichzeitig und ähneln einander sehr. Ungewöhnlich ist die asymmetrische Anlage mit einem Hauptschiff und einseitig nur einem Nebenschiff. Dies ist vor allem aus den innenräumlichen Anforderungen einer Predigtkirche zu verstehen, in der es von jedem Sitzplatz aus einen freien Blick auf die Kanzel geben soll, die nicht in der Achse des Hauptschiffes steht, sondern auf einer Seite des Altars.

Grisebach orientiert die Kirche in Ost-West-Richtung, richtet sie aber davon leicht abweichend am Verlauf der Gießener Südanlage aus und setzt den Eingang nach Osten mit einem Vorplatz zur adressgebenden Goethestraße. Den dominierenden hohen Glockenturm auf quadratischem Grundriss mit einem Spitzhelm über vier Dreiecksgiebeln platziert er an der Südostecke. Das Seitenschiff mit der Empore weist mit zwei Zwerchgiebeln nach Süden, ebenso ein schlanker und nicht allzu hoher Treppenturm sowie ein eingeschossiger Saalanbau für den Konfirmandenunterricht. In beiden Türmen gibt es im Süden Nebeneingänge und Aufgänge zur Empore. Der Chorabschluss im Westen hat die Form eines halben Achtecks, an ihn schließt axial ein niedriger kleiner Anbau für die Sakristei an.

Die Kirche ist insgesamt etwas kleiner als die gleichzeitig in Frankfurt entstehende Peterskirche – das Kirchenschiff hat hier nur zwei Joche und dort drei – aber sowohl in der Anlage des Baukörpers, der Verwendung architektonischer Elemente, der Gliederung, Detaillierung und Materialisierung erscheinen die beiden Kirchen wie Schwestern.

Die Johanneskirche ist mit einem grauen Basaltlavastein verkleidet und mit hellen Sandsteinbändern, -gesimsen und -gewänden gegliedert, die Dächer sind mit Schiefer gedeckt. Strebepfeiler strukturieren das Kirchenschiff und schaffen zusammen mit den Türmen eine vertikale Tendenz, horizontal umlaufende helle Bänder, aufwändig gearbeitete Portale und figürlicher Schmuck sorgen für Zusammenhalt und Maßstäblichkeit.

Der Innenraum mit rund 750 Sitzplätzen erhält durch große Rundbogenfenster mit farbigen Bleiverglasungen Licht, den Deckenabschluss bilden Kreuzrippengewölbe. Zwischen Haupt- und Nebenschiff steht ein einziger dicker Rundpfeiler, die Emporen – oberhalb des Eingangs gibt es noch eine Orgelempore – liegen auf weiten flachen Korbbögen auf.

Wohn- und Geschäftshaus Blumen-Schmidt

BERLIN-MITTE

ADRESSE
Unter den Linden 43
(früher 16)
BAUHERREN
Karl und
Wilhelm Kuntze
ZUSTAND
zerstört

GESCHICHTE

Die Kunstgärtnerei und Blumenbinderei J. C. Schmidt aus Erfurt ist in Berlin Ende des 19. Jahrhunderts bereits auf der Südseite der Straße Unter den Linden 3a nah am Pariser Platz präsent – mit einem weltweit bewunderten Schaufenster mit seltenen Pflanzen und Blumengebinden. Die bauliche Entwicklung der Friedrich- und der Leipziger Straße zu Geschäftsstraßen weckt bei den Inhabern Karl und Wilhelm Kuntze den Wunsch nach einem stattlicheren, dem Ruf und den Möglichkeiten ihres Ladens angemesseneren Auftritt. Sie erwerben das Grundstück Nummer 16 direkt neben der Lindengalerie, die bis zur Behrenstraße durchbindet. Neben der schmalen Galerie war gerade – 1892 – das Westminster Hotel fertiggestellt worden und das Theater Unter den Linden an der Behrenstraße sowie 1893 ein paar Häuser weiter die Passage der Kaisergalerie von Walter Kyllmann und Adolf Heyden. Auf dem Grundstück Nummer 16 steht noch das Palais der Gräfin von Schmettau von 1820. Im Herbst 1892 veranstalten die Bauherren einen engeren Wettbewerb unter mehreren namhaften Architekten, den Hans Grisebach gewinnt. Schon im April 1893 wird das Palais abgerissen und mit dem Neubau begonnen. Rund ein Jahr später ist das Wohn- und Geschäftshaus fertig und wird bezogen.

1936/1937 erhält das Haus mit der Änderung der Zählweise Unter den Linden die Nummer 43. Im Zweiten Weltkrieg wird es stark beschädigt und nicht wiederaufgebaut. Das Grundstück wird 1968 zusammen mit den nach Westen anschließenden Nummern 45, 47 und 49 mit der Durchführung der Glinkastraße zu Straßenland.

BESCHREIBUNG

Das Grundstück ist nur knapp 19 Meter breit, aber 71 Meter tief. Grisebach besetzt es mit einem Vorderhaus auf nahezu quadratischem Grundriss und einem ebenso dimensionierten Gartenhaus sowie einem durchgehenden Seitenflügel

← Foto aus: Rückwardt, Hermann: *Architektur der Neuzeit*, Berlin 1895

Eingangszone, Foto aus: Rückwardt, Hermann: *Architektur der Neuzeit*, Berlin 1895

entlang der westlichen Grundstücksgrenze. Im Osten werden die Höfe durch die
Brandwand der Lindengalerie auf dem benachbarten Grundstück begrenzt.
Grisebach entwirft das Wohn- und Geschäftshaus mit drei Achsen, ergänzt um
eine schmale Turmerker-Achse und damit ohne symmetrischen Aufbau. Im Erd-
geschoss befinden sich zwei Läden mit je einem großen Schaufenster zur breiten
Prachtstraße Unter den Linden: der Blumenladen des Hauseigentümers und das
Parfümeriegeschäft Gustav Lohse. Dazwischen führt eine offene überwölbte
Halle mit der Durchfahrt und dem Aufgang zum Haupttreppenhaus in den ersten

1894 Wohn- und Geschäftshaus Blumen-Schmidt

Hof. Damit sorgt Grisebach dafür, dass der Hof, an dem sich weitere Geschäfts-lokale befinden, schon von der Straße aus gut einsehbar ist. Das Motiv dreier breiter Öffnungen im Erdgeschoss mit mittlerer Durchfahrt hatte Grisebach be-reits bei dem vier Jahre zuvor realisierten und nur vier Häuser entfernt stehenden Geschäftshaus Fasskessel und Müntmann Unter den Linden 12 realisiert.

Dem ersten Hof fügt Grisebach zwei Eisen-Glas-Konstruktionen hinzu — ein gro-ßer Wintergarten in der Innenecke beschert dem Blumenladen von Süden Son-nenlicht und eine lange schmale Galerie entlang der östlichen Grundstücksgren-ze an der Brandwand der Lindengalerie dient der Parfümerie als Ausstellungsort. Sämtliche Erdgeschossflächen, auch die am zweiten Hof gelegenen, sind als Ge-schäftslokale ausgewiesen. Auch das erste Obergeschoss dient in allen Gebäu-deteilen geschäftlichen Zwecken; der Eigentümer selbst nutzt das Vorderhaus und den ersten Seitenflügel. Zu den kühlen Räumen im Kellergeschoss führt aus der Blumenbinderei beim Wintergarten eine eigene interne Treppe hinab.

Die weiteren Obergeschosse dienen Wohnzwecken und können mit insgesamt drei Treppenhäusern, 13 Zimmern und zahlreichen Nebenräumen im Ganzen oder in mehrere Wohnungen geteilt vermietet werden. Das Gartenhaus, das schon im ersten Obergeschoss als großer offener Raum nur mit Stützen und ohne Wände vorgesehen ist, wird anfangs auch im vierten Obergeschoss als offenes Fotoate-lier genutzt. Der Fotograf, der hier der erste Mieter ist, hat seine Arbeitsräume im ersten Seitenflügel und seine Wohnung im zweiten.

Die Fassade Unter den Linden mit ihren drei Achsen erhält durch den schlanken, oberhalb des Erdgeschosses auskragenden Erkerturm mit spitzem Helm eine wir-kungsvolle, auf den Blumenladen bezogene asymmetrische Betonung. Unterhalb des Erkers befindet sich seine Eingangstür und das in Stein gemeißelte Hofliefe-rantenwappen, oben schließt diese westliche Achse mit einem reich verzierten Giebel ab.

Das Erdgeschoss ist mit graugrünem Porphyr verkleidet, die großen Schaufenster und die offene Durchfahrt schließen mit Bögen ab. Die Wände der Durchfahrt sind mit verschieden farbigem Marmor getäfelt, der untere Lauf der Haupttrep-pe beginnt hier mit marmornen Blockstufen und ragt sichtbar in die Durchfahrt hinein.

In den mit gelblichem schlesischem Sandstein verkleideten Obergeschossen sind die Fenster zu Gruppen zusammengezogen, auf jedem Geschoss leicht unter-schiedlich ausgebildet, aber immer durch ornamentierte Brüstungen, teilweise auch durch Balkone deutlich miteinander verbunden. Eine vor den beiden östli-chen Achsen durchlaufende Brüstung im vierten Obergeschoss trägt in großen gol-denen Buchstaben auch den Schriftzug des Eigentümers. Zwei giebelgekrönte Fenster durchbrechen hier die Traufe des steilen, mit Schiefer gedeckten Daches und ergänzen den Giebel der westlichen Achse auf der anderen Seite des Er-kerturms.

Zeichnung aus: Nachlass

1894 Wohn- und Geschäftshaus Blumen-Schmidt

Der Architekt Albert Gessner (1868–1953), der in Berlin zur auf Grisebach folgenden Generation gehört und als Student im von Grisebach entworfenen Wohn- und Geschäftshaus von 1888 an der Potsdamer Straße wohnt, schreibt in seiner Autobiografie: „Grisebach war unsere, der heranwachsenden Architekten, ganze Schwärmerei. Als er das Haus Blumenschmidt Unter den Linden gebaut hatte, war ich erschüttert von soviel Schönheit."[1]

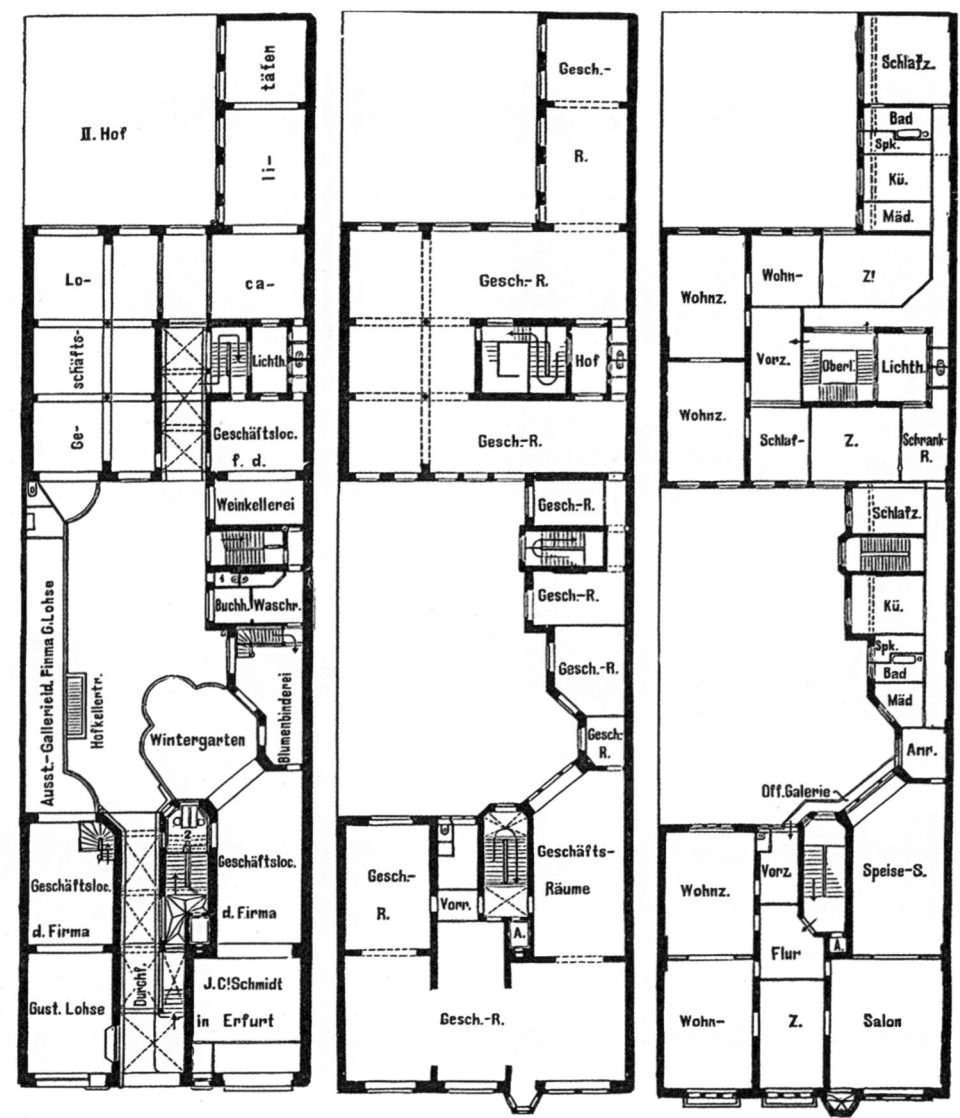

Grundrisse Erdgeschoss und 1. und 2. Obergeschoss aus: Architekten-Verein zu Berlin/Vereinigung Berliner Architekten: *Berlin und seine Bauten*, Berlin 1896

1   siehe Kromrei, Claudia: *Albert Gessner. Das städtische Miethaus. Mit einem Katalog des Gesamtwerks*, Berlin 2012, S. 36

Villa Fürst zu Stolberg- Wernigerode

WERNIGERODE

ADRESSE
Lindenallee 27
(früher 34)
Am Schlossberg
BAUHERR
Fürst Otto zu
Stolberg-Wernigerode
ZUSTAND
erhalten, Denkmal

GESCHICHTE

Die Siedlung Wernigerode und die Burg der Grafen von Wernigerode auf einer Anhöhe entstehen etwa gleichzeitig im frühen 12. Jahrhundert. Im 18. Jahrhundert lässt der Graf Christian Ernst zu Stolberg-Wernigerode die Burg zu einem Schloss umbauen, das dann im 19. Jahrhundert unter dem Fürsten Otto zu Stolberg-Wernigerode noch einmal aufwändig umgebaut und erweitert wird, unter anderem um eine Kirche von dem Wiener Architekten Friedrich von Schmidt (1829–1891). Otto zu Stolberg-Wernigerode lässt zudem unterhalb des Schlosses am südöstlichen Rand der Stadt ein Wohnhaus für seinen damaligen Kammerpräsidenten bauen, für das Hans Grisebach den Entwurf liefert. Das Amt des fürstlichen Kammerpräsidenten hat seit 1890 Rudolf Grisebach (1838–1919) inne, ein Vetter von Hans.

Das Haus wird bis 1907 von Rudolf Grisebach bewohnt, der dann in hohem Alter nach Berlin-Charlottenburg zieht. Ab Ende der 1920er-Jahre nutzt der Erbprinz Botho zu Stolberg-Wernigerode das Haus, nachdem er als Nachfolger und Erbe das Schloss selbst als ständigen Wohnsitz aufgegeben hat. Seitdem wird das ursprünglich für den Kammerpräsidenten entstandene Haus Erbprinzenpalais genannt. Nach dem Zweiten Weltkrieg ist das Haus nur wenig beschädigt, geht aber mit dem Schloss und dem Land der Familie zu Stolberg-Wernigerode verloren, die enteignet wird. In der Folge wird es von verschiedenen staatlichen Stellen und Ämtern genutzt und seit den 1990er-Jahren nach Umbauten und einem größeren Anbau im Süden als Hotel — erneut mit der Bezeichnung Erbprinzenpalais.

BESCHREIBUNG

Das Haus steht in leichter Hanglage mit der Anhöhe zum Schloss im Südosten und der Vorfahrt im Nordwesten in Richtung Stadt. Das Volumen des zweigeschossigen Baukörpers ist gegliedert, aber zentriert, es dominiert keine Richtung

← Foto aus: Nachlass

Eingangsseite, Foto aus: Nachlass

1894 Villa Fürst zu Stolberg-Wernigerode

und auch einen Turm gibt es nicht. Nach Norden weist ein übergiebelter Vorbau mit einer zweigeschossigen Auslucht, der Zufahrtsweg führt ursprünglich auf die dem Hauptbaukörper im Nordwesten vorgelagerte erhöhte breite Loggia zu, der Eingang befindet sich aber in der zurückspringenden Nordostecke. Er führt in eine geräumige und repräsentative Diele, aus der heraus alle Räume des Hauptgeschosses erschlossen werden. Im Obergeschoss befinden sich die privaten Räume des Kammerpräsidenten. Da es sich hier um eine Art Dienstwohnung handelt und die repräsentativen Räume des Erdgeschosses auch Arbeitszimmer mit einiger Öffentlichkeit sind, ist die Diele hier nur eingeschossig ausgebildet.

Der durch Vor- und Rücksprünge, Giebel, Ausluchten, Loggien und Balkone allseitig gegliederte Baukörper ist hell verputzt, hat einen mit Sandsteinquadern verkleideten Sockel und ein mit Schiefer gedecktes Dach. Einzelne Elemente wie Fenstereinfassungen, Giebelkonturen und das Sockelgesims sind kontrastierend dazu aus rotem Sandstein gefertigt.

Foto aus: *Kunst und Künstler* 1916

Eingangsseite, Foto aus: *Blätter für Architektur und Kunsthandwerk* 1899

Gartenseite, Foto aus: *Blätter für Architektur und Kunsthandwerk* 1899

1895 Herrenhaus Hasenclever

Herrenhaus Hasenclever

TREMSBÜTTEL

ADRESSE
Schloßstraße 10
BAUHERREN
Alfred B. F. und Olga
Hasenclever
ZUSTAND
erhalten, Haus und
Garten eingetragene
Denkmäler

GESCHICHTE

Die Geschichte von Tremsbüttel als Landsitz und Gut beginnt im 13. Jahrhundert, als hier eine Wasserburg errichtet wird. 300 Jahre später entstehen hier ein Jagdschloss und Ende das 18. Jahrhunderts ein erstes Herrenhaus. Es ist bis 1800 der Amtssitz des Grafen Christian zu Stolberg-Stolberg.[1] Nach einigen Eigentümerwechseln übernimmt in den 1880er-Jahren die Familie Hasenclever Tremsbüttel. Die Ehefrau des Unternehmers Alfred Bernhard Friedrich Hasenclever (1859–1908) Olga ist die Tochter des Vorbesitzers Strack und erbt das Gut wohl. Sie modernisieren es, lassen das beschädigte Herrenhaus 1893 abtragen und auf dem Platz dahinter nach einem Entwurf von Hans Grisebach das heutige Herrenhaus bauen.

1939 müssen Hasenclevers Tremsbüttel verkaufen. Das Gut wird in der Folge parzelliert und aufgelöst, das Herrenhaus bleibt erhalten, wird Ende der 1940er-Jahre zu einem Hotel umgebaut und hat diese Funktion auch nach weiteren Modernisierungen und Umbauten bis heute. Es ist nach wie vor von einem Park umgeben, mit dessen Gestaltung als englischem Landschaftsgarten schon Graf zu Stolberg-Stolberg begonnen hatte.

BESCHREIBUNG

Das stattliche zweigeschossige Herrenhaus ist ein baukörperliches Gefüge aus vor- und zurückspringenden Teilen, übergiebelten Risaliten, einem alles überragenden Rechteckturm, weiteren Treppentürmen, Terrassen, Söllern und Erkern, dessen verbindendes Zentrum durch ein steiles Walmdach markiert wird. Die nach Nordwesten weisende Eingangsseite wird von dem fünf Geschosse hohen Turm mit sehr steiler Walmhaube dominiert, der selbst leicht außermittig steht und beidseits, einmal dicht, einmal auf Abstand, von zwei Giebeln flankiert wird. Er hat zwei Fensterachsen, von denen eine die Eingangs- und auch die Mittelachse

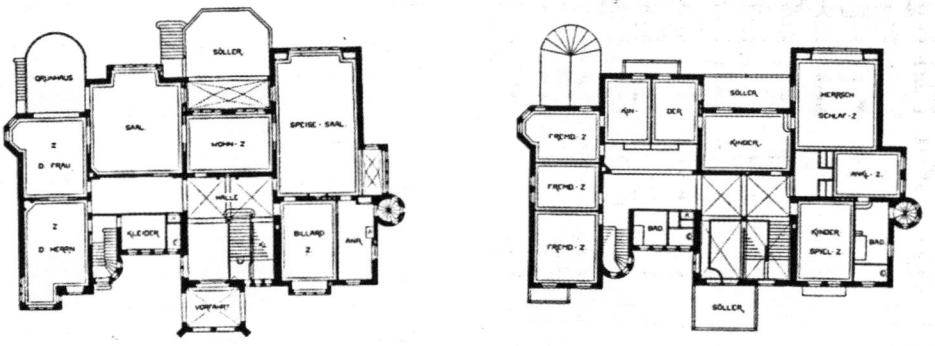

Halle, Foto aus: Nachlass

Grundrisse Erdgeschoss und Obergeschoss aus: *Blätter für Architektur und Kunsthandwerk* 1899

1895 Herrenhaus Hasenclever

des Hauses bildet. Hierauf verweist aber lediglich ein eingeschossiger Söller, der ebenerdig eine offene überdachte Vorfahrt vor der Eingangstür bildet.

Die beiden Hauptgeschosse und das als Sockel ausgebildete Souterraingeschoss haben jeweils eine Geschossfläche von rund 550 Quadratmetern. Im erhöhten Erdgeschoss befinden sich die Wohn- und Gesellschaftsräume, sechs insgesamt, von denen jeder individuell dimensioniert und proportioniert ist und sich mit Erkern, Loggien, vorgelagerten Terrassen oder im Falle des Damenzimmers mit einem Gewächshaus auf den Garten bezieht. So kommt es beispielsweise auf der dem großen Garten zugewandten Südostfassade zu einer schönen Blickverbindung aus dem Wintergarten durch den großen Saal durch die dem Wohnzimmer vorgelagerten Loggien hinein in den Speisesaal. Im Inneren verbunden sind die Zimmer durch das Rückgrat eines breiten Flures, der sich auf eigenartig-schöne Weise aus der zweigeschossigen Halle entwickelt. In diese hohe Eingangshalle im Turm mit der Haupttreppe ist im rückwärtigen Bereich eine breite Galerie eingestellt, durch die auf beiden Hauptgeschossen die innere Erschließung noch einmal gegliedert wird – bezogen auf die repräsentativere Raumgruppe im Süden und die im Norden. Im Obergeschoss befinden sich in Richtung Südosten das Eltern- und die Kinderschlafzimmer und in Richtung Nordosten drei Gästezimmer. Im Dachgeschoss gibt es einen Turnsaal für die Kinder und die Wohnräume des Personals.

„Das Äußere sowohl, wie insbesondere das Innere, ist in allen Theilen mit großer künstlerischer Sorgfalt vornehm prächtig, doch ohne Prunk"[2], wird das Haus wenige Jahre nach der Fertigstellung beschrieben. Die Eingangshalle hat einen Boden aus dunkelroten Tonplatten, hölzerne Einbauten und Wandbespannungen in Rot und Goldgelb und darüber aufgehende Wände und Decken in schlichtem Weiß, die wenigen Säulen sind aus rotem Marmor. Die äußere Erscheinung des Herrenhauses ist bei aller Vielfalt der architektonischen Elemente – freie Giebel, Zwerchgiebel, Türme, Erker und verschieden große Fenster – ruhig, ausgewogen und klar. Die Wandflächen sind glatt hellgrau verputzt, der sparsam eingesetzte helle Sandstein und der Sockel aus hellem Granit bilden farblich keinen Kontrast. Die hellen Wandflächen machen die Vor- und Rücksprünge der Volumen plastisch äußerst wirkungsvoll. Gleichzeitig werden die verschiedenen Formen der Fenster betont, die wie dunkle Bilder auf der Wand wirken.

1 Im Jahr 1894 wird in Wernigerode in Sachsen-Anhalt die Villa des Fürsten Otto zu Stolberg-Wernigerode nach einem Entwurf von Hans Grisebach fertiggestellt. Das Adelsgeschlecht Stolberg teilte sich 1645 in die ältere Hauptlinie Stolberg-Wernigerode und die jüngere Stolberg-Stolberg. Eine wirkliche Verbindung gibt es hier also nicht.
2 *Blätter für Architektur und Kunsthandwerk* 12.1899, S. 41

Peterskirche

FRANKFURT AM MAIN

ADRESSE
Bleichstraße
Petershof
ZUSTAND
rekonstruiert erhalten

GESCHICHTE

Die neue Peterskirche in Frankfurt ersetzt eine stattlich-schwere Hallenkirche aus dem frühen 15. Jahrhundert, die etwas weiter östlich bei der Alten Gasse in Richtung Friedberger Tor stand. Sie wurde durch die Jahrhunderte mehrere Male umgebaut und erweitert und Ende des 19. Jahrhunderts erneut als zu klein befunden. 1889 beschließt die Stadt ihren Abriss und schreibt 1890 einen Wettbewerb aus, den Hans Grisebach gewinnt.

Die neue Peterskirche entsteht auf dem Peterskirchhof etwas nordwestlich des bisherigen Standorts, sodass die alte Kirche noch einige Jahre genutzt werden kann und 1895 schließlich abgerissen wird.

Im Zweiten Weltkrieg wird die Kirche stark beschädigt, 1965 wird sie wiederaufgebaut; die Architekten Theo Kellner und Wilhelm Massing sind in Frankfurt für viele Wiederaufbau-Projekte verantwortlich. Während sie die Kirche in ihrer äußeren Erscheinung rekonstruieren, vereinfachen sie den Innenraum stark und verzichten auf den ursprünglichen Ausbau. Seit 2007 wird die Kirche nicht mehr von der evangelisch-lutherischen Gemeinde genutzt, sondern als sogenannte Jugend- und Veranstaltungskirche.

BESCHREIBUNG

Es ist einiges ungewöhnlich an dieser Kirche, die ja nicht Grisebachs erster Entwurf eines solchen Gebäudetyps ist. Der Entwurf entsteht fast gleichzeitig mit dem für die Johanneskirche in Gießen, die – mit einem sehr ähnlichen Konzept – zwei Jahre früher fertiggestellt wird. Grisebach gibt der Peterskirche eine Nord-Süd-Ausrichtung, platziert sie mit ihrem Eingang direkt an der im Norden verlaufenden Bleichstraße und lässt den Chor nach Süden weisen. Neben den Chor setzt er an die Süd-Ost-Ecke den dominierenden hohen Glockenturm und

← Foto aus: Architekturmuseum der TU Berlin, B 0870

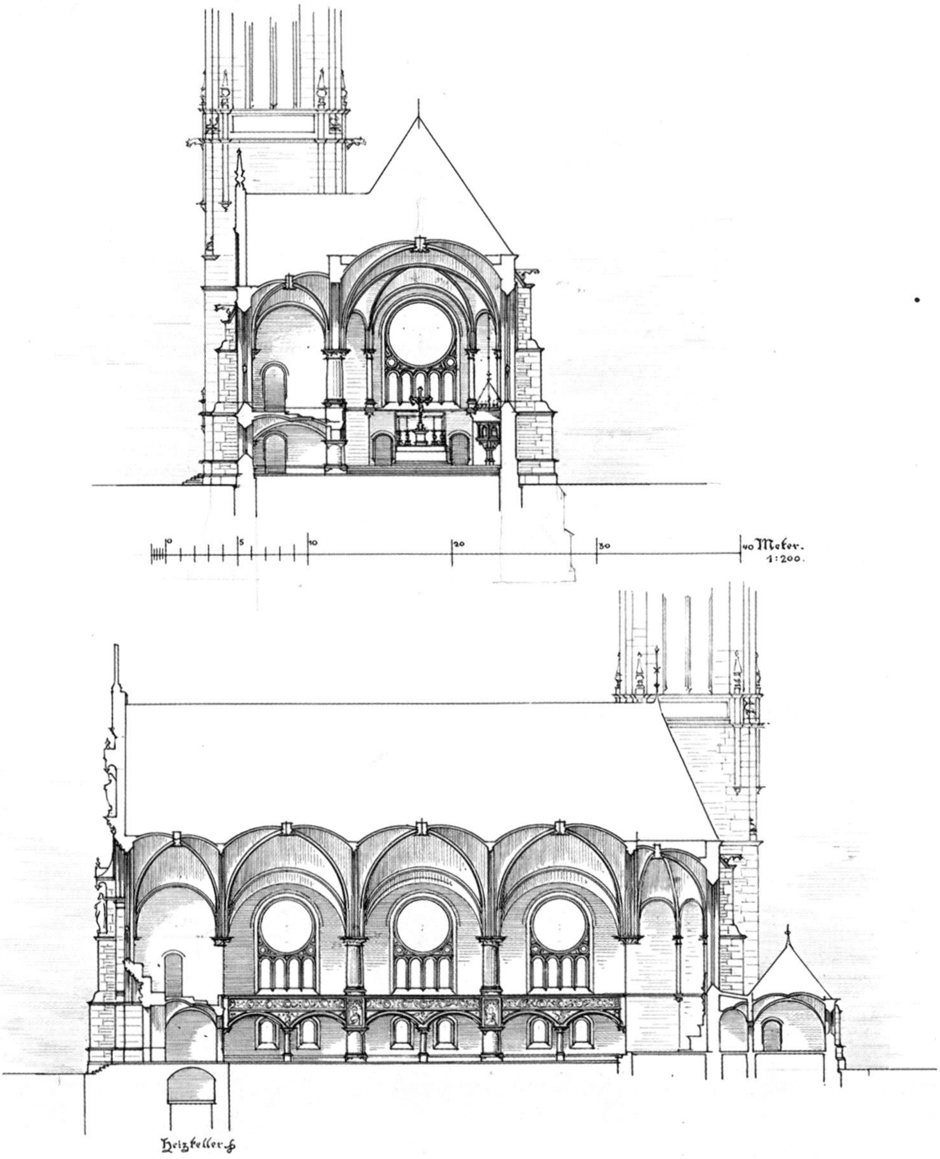

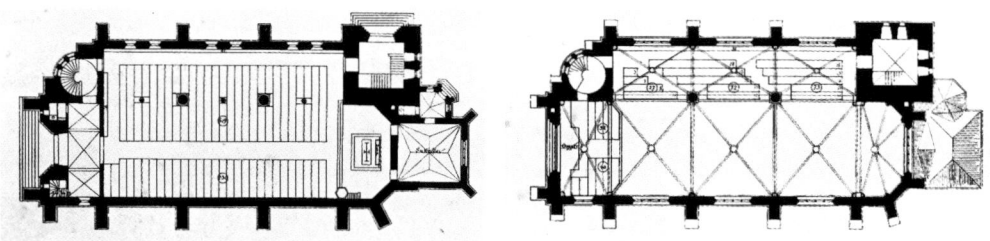

Querschnitt und Längsschnitt aus: Architekturmuseum der TU Berlin, Inv.-Nr. 1563

Grundrisse Erdgeschoss und Obergeschoss aus: Nachlass

1895 Peterskirche

Perspektivzeichnung aus: Architekturmuseum der TU Berlin, Inv.-Nr. 1559

gibt damit der ja eigentlich rückwärtigen Fassade, vor der sich hier der Kirchhof ausbreitet, eine ebenso große Bedeutung wie der Eingangsfront.

Der Kirchenraum ist asymmetrisch zweischiffig: Das Hauptschiff mit drei Jochen wird im Osten von einem Nebenschiff flankiert, eine Reihe von drei schlanken und zwei kräftigen Säulen gliedert die Raumpartien und trägt die Empore. Der Chor mit dem Altar ist im Grundriss ein halbes unregelmäßiges Achteck, das große Chorfenster nach Süden ist gleichzeitig auch das Altarbild. Hinter dem Chor befindet sich in einem kleinen eingeschossigen Anbau die Sakristei. Die Kanzel, ausgeführt nach einem Entwurf von Grisebach, steht frei vor dem Chorgurt an

Eingangsportal, Foto aus: Architekturmuseum der TU Berlin, B 0871

1895 Peterskirche

der westlichen Längswand und kann dadurch von allen Plätzen aus gut gesehen werden. Der im Grundriss quadratische Turm im Südosten nimmt neben der Treppe auch einen zweiten Eingang auf. Ein kleinerer runder Treppenturm an der Nordostecke führt ebenfalls auf die Empore. Die Kirche hat insgesamt gut 1.000 Sitzplätze, davon knapp 300 auf der Empore.

Grisebach zeichnet auch für die Innerenausstattung verantwortlich, auch wenn diese stark vom Handwerk und den jeweils Ausführenden bestimmt ist. Es dominieren die Farben Weiß, Schwarz und Gelb, die farbigen Fenster wünscht Grisebach sich hell und klar.

Die Kirche ist mit grauem und sandgelbem Naturstein verkleidet, die Dächer sind mit Schiefer gedeckt. Sehr reizvoll ist die Art und Weise, wie Grisebach trotz der Asymmetrie der Gesamtanlage zu einer ausgewogenen Gruppierung der Baumassen und Elemente gelangt: Auf der einen Seite die kraftvolle Klarheit des Hauptschiffs mit seitlichen Strebepfeilern und einem romanisch-schlichten, aber sorgfältigst gemauerten Portal und auf der anderen Seite die drei Zwerchgiebel, die von dem kleinen runden Treppenturm und dem großen hoch aufragenden Eckturm eingefasst werden. Ebenso souverän-selbstverständlich verwendet Grisebach gleichzeitig sowohl gotische Strukturen und romanische Elemente als auch Formen der nordeuropäischen Renaissance.

Zeichnung aus: Architekturmuseum der TU Berlin, Inv.-Nr.1563

Foto aus: Architekturmuseum der TU Berlin, B 0862

Blick von Nordwesten, Zeichnung aus: Architekturmuseum der TU Berlin, Inv.-Nr. 1594

Zeichnung aus: Architekturmuseum der TU Berlin, Inv.-Nr. 1593

1895 Schloss von Wulf

Schloss von Wulf

SESSWEGEN (CESVAINE) LETTLAND

ADRESSE
Pils iela
BAUHERR
A. G. B. Emil von Wulf
ZUSTAND
verändert erhalten

GESCHICHTE

Das Schloss für den Baron Adolph Gerhard Boris Emil von Wulf (1857–1904) in dem kleinen Ort Cesvaine im Baltikum ist Hans Grisebachs am weitesten von Berlin entferntes Projekt. Wahrscheinlich lernten sich der Architekt und der Bauherr in Wiesbaden kennen, dem Geburtsort von Emil von Wulf. Grisebach, der neun Jahre älter ist, arbeitet dort zwischen 1876 und 1880 als Architekt und realisiert zunächst bei Johannes Otzen und dann selbstständig einige Bauvorhaben. Emil von Wulf ist das älteste von fünf Kindern und sein Vater stirbt früh. Die Familie zieht daraufhin zurück auf das Gut Cesvaine, das ihr seit dem Beginn des 19. Jahrhunderts gehört. Emil von Wulf studiert in Tartu Jura und Ökonomie und heiratet 1885 Anna Staël von Holstein. Cesvaine, das im 13. Jahrhundert eine Burg mit dörflicher Ansiedlung war und im 16. und 17. Jahrhundert zweimal zerstört wurde, lässt er als Dorf neu anlegen. 1879 entsteht innerhalb dieses Wiederaufbaus auch die hoch aufragende lutherische Kirche aus Feldsteinen von dem Architekten Paul Max Bertschy. Ein auf den Mauerresten der Burg errichtetes altes Herrenhaus möchte von Wulf durch einen Neubau ersetzen. Hierfür wendet er sich 1892 an Hans Grisebach, der nach einem Besuch vor Ort umgehend einen Entwurf vorlegt. Mit dem Bau eines Marstalls wird noch im selben Jahr begonnen, Ende 1895 ist auch das Schloss fertig.

Als Lettland in den 1920er-Jahren für kurze Zeit unabhängig ist, wird das Gut enteignet und das Land einer neuen Bodenreform entsprechend aufgeteilt. 2002 wird es durch einen Brand beschädigt, ist aber heute wiederhergestellt.

BESCHREIBUNG

Das Schloss mit einem Haupthaus und zwei Flügeln öffnet sich U-förmig nach Süden und umschließt dreiseitig einen rund 1.000 Quadratmeter großen Vorhof. Der östliche längere Flügel steht teilweise auf vorhandenen Grundmauern und schließt orthogonal an das Haupthaus an, der westliche kürzere schwenkt leicht aus.

Handzeichnung 7297 aus: Nachlass

Im erhöhten Erdgeschoss des Hauptflügels liegen östlich des in der Mittelachse platzierten Eingangs die Gesellschaftsräume und westlich, teilweise bis in den dort anschließenden Seitenflügel hinein, die Zimmer von Frau und Herrn von Wulf. Im östlichen Seitenflügel sind die Küche und Wirtschaftsräume untergebracht und ein Sprechzimmer des Hausherrn für den Austausch mit dem Personal des Guts. Die Haupttreppe liegt in der Innenecke in einem von außen wie eine Apsis wirkenden stumpfen Achteckturm. Ihr Austritt im Obergeschoss wird als Billardhalle genutzt. Im Haupthaus befinden sich zahlreiche Fremdenzimmer und nach Nordwesten die Schlaf- und Wohnzimmer. Der westliche Flügel beherbergt Kinderzimmer, der östliche, dessen Geschosshöhen geringer sind als in den anderen Bereichen, die Zimmer des wohl zahlreichen Personals.

Die Außenmauern des gesamten Schlosses sind vom Sockel bis in die Giebelspitzen mit ungeschliffenen Granitsteinen verkleidet, die allesamt Findlinge aus der Umgebung sind. Grisebach behandelt die drei Flügel der Anlage jeweils recht eigenständig, bindet aber durch die auffällige Struktur des Steins alles zusammen. Das Haupthaus erscheint vom Vorhof aus symmetrisch mit einem übergiebelten Mittelrisalit und Treppentürmen in den Innenecken. Die Türme sind aber von sehr unterschiedlicher Größe und Form und von der nach Norden weisenden Fassade wirken ein weiterer Giebel und ein hoher Rundturm mit Kegeldach und angefügtem Treppenturm herüber. Zudem flankieren die beiden Seitenflügel das Haupthaus recht unterschiedlich: der niedrigere im Osten schließt mit einem Walmdach ab, während der kürzere im Westen mit einer hohen einladenden Giebelfassade nach Süden weist.

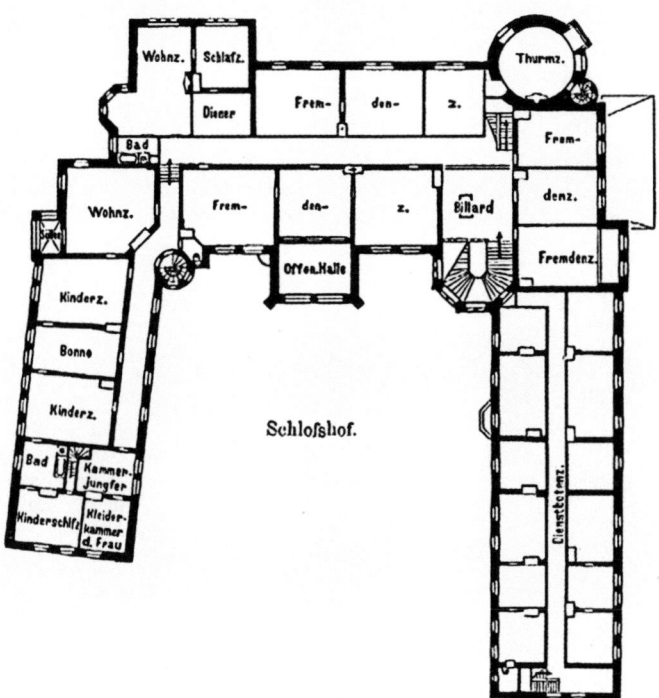

Die Fenster und Loggienöffnungen haben in der Mehrzahl einen Bogenabschluss, das Stufenportal des Eingangs wirkt geradezu sakral. Diesen Charakter haben auch die beiden flankierenden dreiteiligen Bogenfenster im Erdgeschoss und die sehr schlanken hohen Fenster des Treppenturms. Die Türme, hohen Dächer und zahlreichen gemauerten Schornsteine lassen das Gebäude aber zugleich englisch-ländlich wirken.

Im Inneren sind die Räume teilweise mit Wandvertäfelungen ausgestattet und die Böden mit Parkett ausgelegt. Für die repräsentativen Räume des Erdgeschosses hat Grisebach mit dem von ihm geschätzten Berliner Stuckateur Giesecke zusammengearbeitet.

Ursprünglich ist das Schloss von einem 33 Hektar großen Landschaftspark umgeben. Im Süden, wo sich mit etwas Abstand mehrere Wirtschaftsgebäude des Guts befinden, steht am Rande eines Teichs auch das von Hans Grisebach entworfene Stallgebäude. Es beherbergt Garagen, Ställe und eine Reithalle sowie Personalräume und eine Sattlerei. Hier ist das Erdgeschoss ebenfalls mit einem Findlingsmauerwerk verkleidet, das Obergeschoss aber als Fachwerk ausgebildet.

Eingangsseite, Foto aus: *Kunst und Künstler* 1916

Rückseite, Foto aus: *Kunst und Künstler* 1916

1896 Ausstellungsgebäude für Chemie und Optik

Ausstellungs-gebäude für Chemie und Optik

BERLIN-TREPTOW

ADRESSE
Treptower Chaussee
im Treptower Park
ZUSTAND
zerstört

GESCHICHTE

Das Ausstellungsgebäude für Chemie und Optik ist Teil der Berliner Gewerbe-ausstellung im Treptower Park, für deren Gesamtplanung die Architekten Bruno Schmitz sowie Hans Grisebach und Karl Hoffacker verantwortlich sind. Nach rund acht Monaten Bauzeit wird die Ausstellung am 1. Mai 1896 eröffnet, um nach fünf Monaten Ende September wieder abgebaut zu werden.

Der Treptower Park hat eine Größe von rund 88 Hektar und liegt direkt an der Spree. Das Zentrum des neuen Ausstellungsgeländes bildet ein rund 350 Meter langer, von Platanen umstandener See, an dessen westlichem Anfang das domi-nierende Hauptgebäude steht. Es handelt sich hierbei um die wiederverwendeten Ausstellungs- und Maschinenhallen der Antwerpener Gewerbeausstellung von 1894, vor denen zum See hin von Bruno Schmitz eine fast orientalisch wirkende neue Front mit zwei viertelkreisförmigen Wandelhallen, einem Kuppelraum und minarettartigen Türmen gelegt wird. Schmitz entwirft auch am anderen Seeufer das Hauptrestaurant mit offenen Erfrischungshallen, einem hoch aufragenden Wasserturm und einem Festsaal für 1.200 Personen.

Das von Grisebach entworfene Ausstellungsgebäude für die Abteilung Chemie, Physik, Optik, mechanische und grafische Künste (Nummer 2 im Lageplan) steht quer zum Haupthaus zwischen Treptower Chaussee und Spree. Das Fischerei-gebäude daneben entwirft Karl Hoffacker. Außerdem gibt es entlang des Sees mehrere Musikpavillons und an der Spree, etwa gegenüber der Stralauer Kirche, eine Landungsstelle für Dampfer sowie ein raumgreifendes Alpenpanorama. Die Gebäude sind vorwiegend in Holz oder Eisen konstruiert und mit Drahtgips verkleidet. Zur Beförderung der Ausstellungsbesucher auf dem ausgedehnten Gelände dient eine elektrische Bahn mit 18 Doppelwagen, die in Anderthalb-Mi-nuten-Abständen mit 15 km/h ständig unterwegs ist.

Die Gewerbeausstellung hat während der fünf Monate Laufzeit täglich im Durch-schnitt 41.000 Besucher, ist aber wegen des ausgedehnten und aufwändig zu

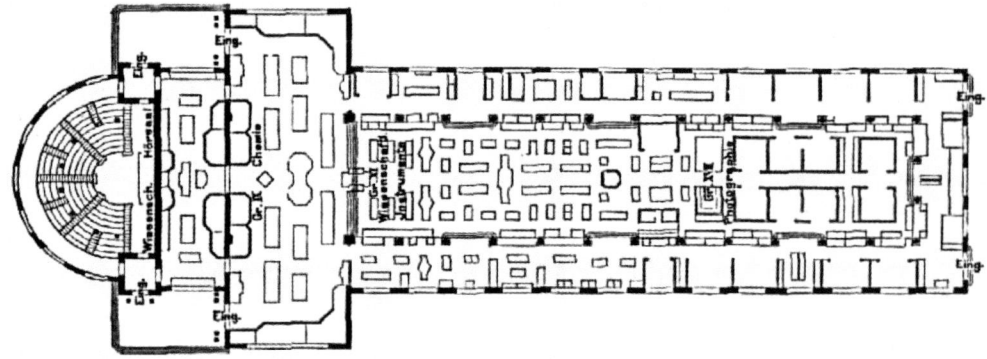

Grundriss aus: *Centralblatt der Bauverwaltung* 1896

pflegenden Geländes und schlechter Vermietpolitik insgesamt kein wirtschaftlicher Erfolg. Die Architektur und die Gartenanlage allerdings stoßen beim Publikum und in der Öffentlichkeit auf große Begeisterung.

Schon 1893 hatte Grisebach den Ausstellungspavillon für die Chemische Industrie Deutschlands auf der Gewerbeausstellung in Chicago entworfen. 1900 wird Grisebach auf der Weltausstellung in Paris für diese erneut den Ausstellungsraum gestalten. Die gute Verbindung zu dem Verband resultiert wohl aus Grisebachs Bekanntschaft mit dessen Vorsitzendem Karl Alexander von Martius (1838–1920). Der Chemiker und Industrielle ist der Sohn des Botanikers und Direktors des Botanischen Gartens in München Karl Friedrich Philipp von Martius, während Grisebach ebenfalls Sohn eines Botanikers und Direktors des Göttinger Gartens ist.

BESCHREIBUNG

Für die Ausstellungshalle wählt Grisebach eine alte und oft verwendete Raum- und Gebäudeform: die dreischiffige Basilika mit einschiffiger Querhalle, halbrundem Chor und zwei Türmen. Durch die niedrig-breite Gesamtproportion, die eigenwilligen, mit Zinkblech gedeckten Dächer in der Form umgekehrter Schiffskörper, großen bis zu zwölf Meter breiten Fenstern und baldachinartigen Turmhauben entsteht auf dieser bekannten Grundrissform aber ein Gebäude mit einem vollkommen anderen als einem kirchlich-sakralen Charakter.

Die 137 Meter lange und 33 Meter breite Ausstellungshalle ist eine Eisenkonstruktion mit Wänden aus Putz und Drahtgewebe, deren Außenflächen farbig behandelt und fein ornamentiert sind. An den Türmen sind auf den weiß verputzten Wänden große Ziffernblätter von grünen Ranken umrahmt, der Rundbau ist von einem Friesgurt umzogen und mit Kinderfiguren und Obstzweigen bemalt. Die Portalbauten vor den Eingängen an der Treptower Chaussee sind durch einfache und doppelte Säulenstellungen betont und die Dachfirste und Turmhauben von feingliedrigen Schmiedeeisenarbeiten bekrönt.

←
Eingangsseite, Zeichnung aus:
Centralblatt der Bauverwaltung 1896

Das dreischiffige Langhaus hat eine Höhe von fast 22 Metern und ist durch Bogenfenster oberhalb der nur 8,50 Meter hohen Seitenschiffe und große Fenster entlang der Außenwände und aller Giebelflächen hell belichtet. Im Inneren ist das Mittelschiff mit einer korbbogenförmigen Tonne aus Drahtputz überwölbt, die Seitenschiffe haben flache Kreuzgewölbe. Die Hochwandbögen mit Stuckumrahmungen sitzen auf gedrungenen Säulen, das Querhaus wird auf Kämpferhöhe von einem grünen Rankenfries umzogen. Zwischen den weiß verputzten Wänden wirken die farbig bemalten Fenster wie Bilder, auf denen Frau Sonne und Doctor Faust auftauchen und Kindergruppen optische Instrumente schleppen und mit Kristallen, explodierenden Stoffen und chemischen Geräten hantieren.

Grisebach gliedert die Ausstellungsflächen durch selbst entworfene Vitrinenschränke aus braunrotem Holz mit Vergoldungen, die Seitenschiffe teilt er in Kojen. Räumlich abgeschlossen ist nur der Chorbau als Hörsaal mit ansteigenden Sitzreihen für wissenschaftliche Vorträge und 500 Besucher.

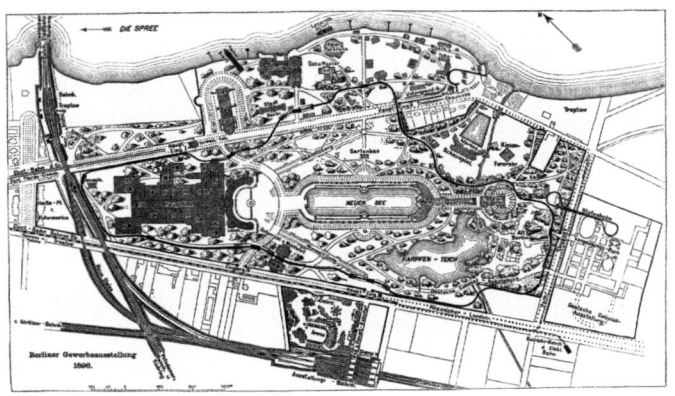

←
Lageplan Gewerbeausstellung aus:
Centralblatt der Bauverwaltung 1896

Villa Neuburger

BERLIN-GRUNEWALD

ADRESSE
Winklerstraße 22
BAUHERR
Carl Neuburger
ZUSTAND
verändert erhalten

Zeichnung aus: *Architektonische Rundschau* 1899

GESCHICHTE

In der sich gerade entwickelnden Villenkolonie Grunewald lässt sich der Bankier Carl Neuburger auf einem 1,4 Hektar großen Grundstück am nördlichen Ufer des Dianasees 1896 ein Wohnhaus von Grisebach bauen.

Dass hier mitten im Forst südwestlich von Berlin überhaupt eine Kolonie entstehen kann, hängt mit einem Anliegen des Reichskanzlers Otto von Bismarck zusammen. Er wünscht sich den Ausbau des Kurfürstendamms zu einer breiten Prachtstraße und um dies zu stimulieren, gewährt er, beziehungsweise der preußische Fiskus, dem Baumschulenbesitzer John Booth, der zum Ausbau der Straße bereit ist, im Gegenzug das Vorkaufsrecht für 234 Hektar Grunewaldgelände zur Errichtung einer Villenkolonie. Booth tritt die Rechte an seinen Geldgeber, die Deutsche Bank, gegen Entschädigung ab, diese gründet die Kurfürstendamm-Gesellschaft, erwirbt weitere 15 Hektar Kurfürstendamm-Gelände und hat nun mit diesem Grundstücksbesitz und dem viel größeren am westlichen Ende nicht nur die Verpflichtung, sondern ein ureigenes Interesse zum Ausbau der Straße — sowohl als herrschaftliche städtische Wohnstraße als auch als Erschließungsstraße für die zu errichtende Villenkolonie im Grunewald.

Kurz nach der Eröffnung des Kurfürstendamms 1886 wird auch das Grunewaldgelände parzelliert und erschlossen. 1889 werden zu den natürlich vorhandenen Halen- und Hundekehleseen vier künstliche Seen angelegt: der Diana-, der Koenigs-, der Hertha- und der Hubertussee. Dies dient nicht nur der Trockenlegung des sumpfigen Geländes, sondern auch der Schaffung wertvoller Grundstücke am Wasser. Die wirtschaftliche Situation ist insgesamt gut, Steuervorteile, die komfortable Anbindung an die Stadt auch durch die beiden Bahnhöfe Halensee und Grunewald und die landschaftliche Schönheit lassen hier — wie von der privaten Terraingesellschaft angestrebt — eine Kolonie von hoher sozialer Exklusivität entstehen. Um die Bebauung der Grundstücke zu befördern, setzt die Kurfürstendamm-Gesellschaft Prämien aus sowohl für eine zügige Bebauung als auch für eine mit ganzjährig, also auch im Winter, bewohnbaren Villen.

1895 reicht Grisebach den Bauantrag für ein Wohnhaus mit Pferdestall ein. Ein zuvor veranstalteter Wettbewerb der Vereinigung Berliner Architekten für ein Landhaus in englischer Cottage-Architektur war für Grisebach zunächst nicht besonders vielversprechend ausgegangen; er hatte lediglich einen Ankauf erhalten. Neuburger entscheidet sich aber dennoch für Grisebach und wählt seinen Entwurf zur Ausführung aus. Das Haus für die vierköpfige Familie wird 1896 fertiggestellt und bezogen. Die von der Grundstücksgesellschaft erwartete ganzjährige Bewohnbarkeit dokumentiert sich architektonisch sowohl an den zahlreichen Terrassen und Loggien als auch an der großen Halle mit Kamin, die das Zentrum des Hauses bildet.

Die Villenkolonie Grunewald entwickelt sich zügig und ihre Häuser sind teilweise von herausragender architektonischer Qualität; zu den Architekten gehören Otto March, Ernst von Ihne, Franz Schwechten, Alfred Grenander und Oskar Kaufmann. 1899 entsteht unweit von Grisebachs Haus ebenfalls am Dianasee die Villa für Albert Dotti nach einem Entwurf von Alfred Messel und 1906 auf dem nahen Grundstück Winklerstraße 11 das Landhaus Eduard Bernhard von Hermann Muthesius.[1]

1914 verkauft Carl Neuburger sein Haus; schon vorher hatte er einen großen Teil des Grundstücks an der Bettinastraße abgegeben. 1920 wird die Landgemeinde Grunewald ein Ortsteil des Bezirks Wilmersdorf von Berlin. Der Kurfürstendamm und die mit ihm geografisch und soziokulturell eng verwobene Grunewalder Villenkolonie bleiben weiterhin Wohn- und Arbeitsort der Wohlhabenden, Liberalen,

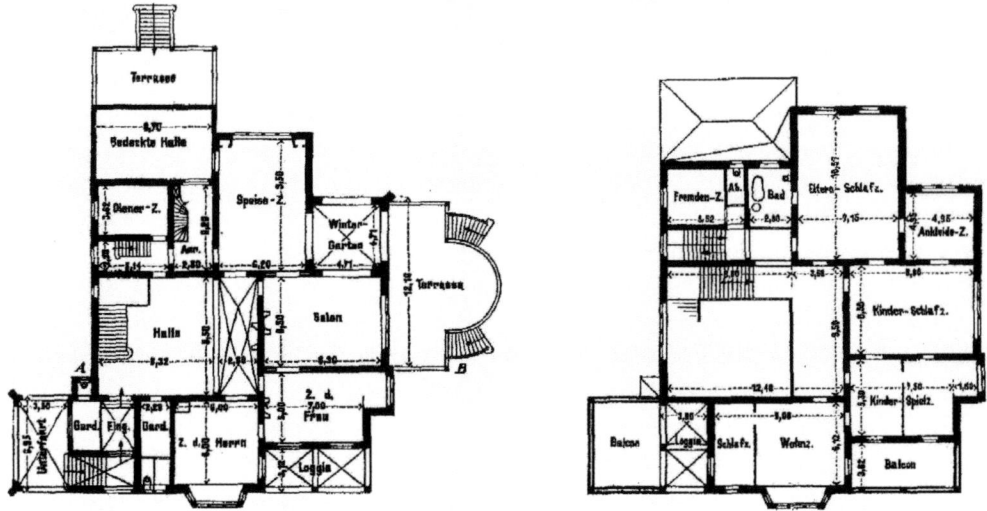

Grundrisse Erdgeschoss und Obergeschoss aus: *Centralblatt der Bauverwaltung* 1898

Bürgerlichen und Intellektuellen der Stadt. Für die Nationalsozialisten wird die Gegend auch dadurch zum Inbegriff „undeutscher" Lebenskultur in Berlin. Nach Enteignung und Vertreibung werden ab 1941 vom Bahnhof Grunewald jüdische Bürgerinnen und Bürger in Vernichtungslager abtransportiert.

Das Haus Neuburger wird nach einem weiteren Eigentümerwechsel 1936 vollkommen neu gegliedert und in vier Wohnungen unterteilt. In den 1960er-Jahren wird es noch einmal umgebaut und beherbergt seitdem rund 20 Eigentumswohnungen.

BESCHREIBUNG

Grisebach lässt sich bei seinem Wettbewerbsbeitrag vom Wunsch des Bauherrn nach einem englischen Cottage kaum beeinflussen. Er bezeichnet seinen Entwurf nicht nur als „Quite German", er schlägt auch eine sehr kontinentale Interpretation des englischen Hauses vor. An dem gegliederten, insgesamt aber kompakten Baukörper mit zwei Vollgeschossen über einem hohen Sockel für die Wirtschaftsräume und der hohen Dachlandschaft mit Turm ist kaum etwas „englisch". Auch die Beziehung zum Garten, der in Richtung Südosten in Terrassen zum Dianasee abfällt, ist nicht unmittelbar wie beim englischen Haus, sondern wird durch erhöhte Terrassen, überdachte Hallen, Loggien und einen Wintergarten inszeniert.

Zentraler Raum des Hauses ist eine fast 100 Quadratmeter große und gut acht Meter hohe Halle. Sie erhält Tageslicht von Nordosten und erschließt sämtliche Zimmer auf beiden Hauptgeschossen. Eine breite Empore gegenüber dem ersten Treppenlauf gliedert die Halle, bildet unter sich einen niedrigeren überwölbten Passagenbereich aus, in dem der Kamin platziert ist, und schafft im Obergeschoss die Verbindung zwischen allen Schlafzimmern. Für die breite Holztreppe, die Galerie und den Kamin hat Grisebach selbst die Entwürfe geliefert.

Ansicht aus: Bauakte im Archiv Berlin Charlottenburg-Wilmersdorf

Der Zugang ins Haus führt durch eine bogenförmige Maueröffnung in eine Unterfahrt, über eine halboffene Treppe hinauf ins Entree und weiter in die große Halle. Nach Nordwesten in Richtung Straße liegt neben dem Eingang das mit einem breiten Erker ausgestattete Herrenzimmer und hinter einer Loggia auch das Zimmer der Frau. In Richtung Südwesten, wohin das Grundstück anfänglich sehr ausgedehnt ist, liegt der Salon, an der Ecke zum See ein Wintergarten und vor beiden eine Terrasse. Das Speisezimmer ist zum See orientiert und wird nicht nur vom Wintergarten, sondern auf der anderen Seite auch von einer großen geschützten Halle flankiert, an die eine weitere Terrasse anschließt. Beim Speisezimmer befindet sich die Anrichte und der Abgang ins Sockelgeschoss, wo die Küche mit sämtlichen Neben- und Lagerräumen sowie eine Wohnung für den Pförtner untergebracht sind.

Der zweigeschossige Baukörper ist weiß verputzt und mit einem Eckturm, geschweiften Zwerchgiebeln, Erkern, Loggien und Balkonen malerisch um die Ecken herum entworfen. Auffällig sind die klaren glatten Wandflächen, auf denen die verschiedenen Fenster und Öffnungen und wenigen strukturierten Brüstungen und Giebelflächen wie Bilder wirken. Eine leichte Struktur mit abschließendem Gesims hat lediglich das Sockelgeschoss. Die Details der Giebel, der Säulen und der Bogenöffnungen sind offensichtlich an bürgerlichen norddeutschen

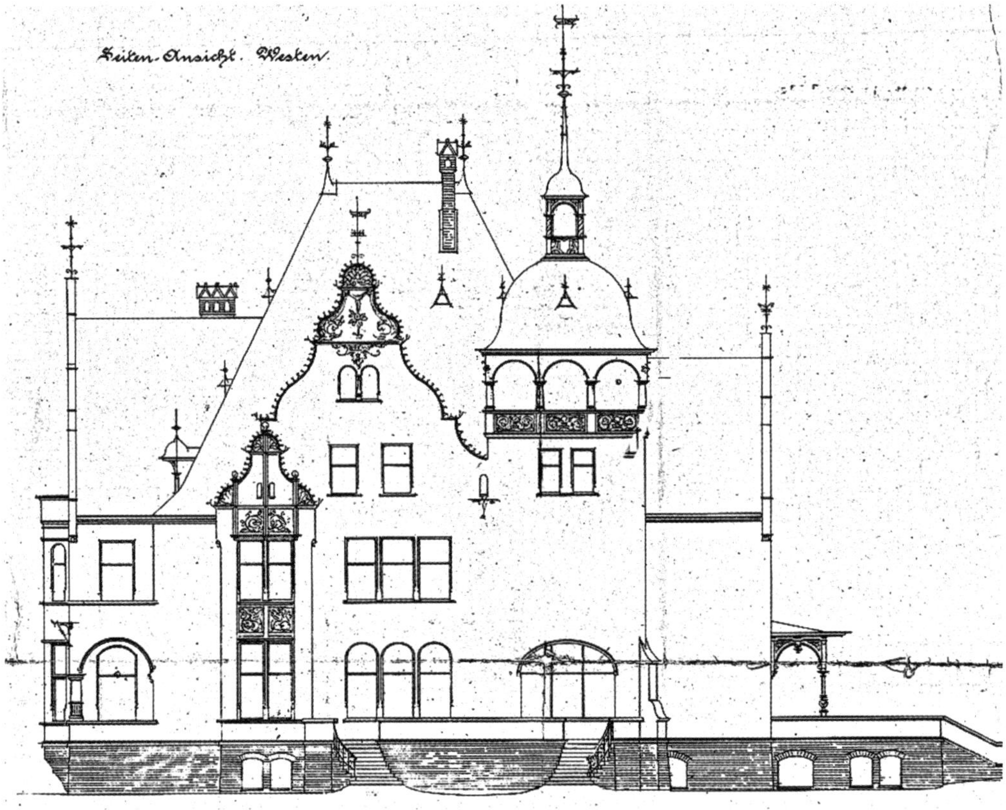

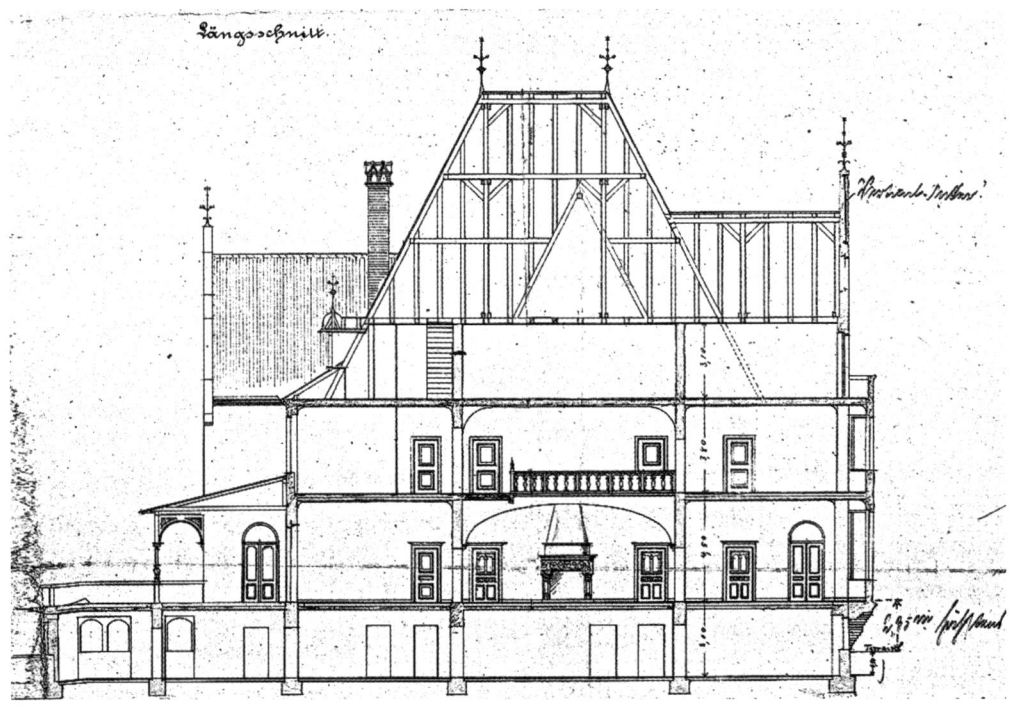

Ansicht und Schnitt aus: Bauakte im Archiv Berlin Charlottenburg-Wilmersdorf

1896 Villa Neuburger

Renaissancebauten orientiert, aber eine deutliche Bezugnahme beispielsweise durch Axialität oder Symmetrie vermeidet Grisebach. Frei und ungezwungen ist der Baukörper gegliedert, sind die Fenster platziert, sind die wenigen Ornamente gesetzt. Das hat auch zur Folge, dass das hohe, mit Schiefer gedeckte Walmdach so vielfach von den Zwerchdächern der Giebel und dem Turm, von Dachhäuschen und Schornsteinen durchbrochen ist, dass seine Trauflinie nur an wenigen Stellen überhaupt auftaucht.

In Richtung Dianasee platziert Grisebach nah der Grundstücksgrenze im Nordosten noch ein eingeschossiges Stallgebäude für Pferde und Wagen, unter dessen hohem Dachfachwerk der Kutscher auch wohnen kann. Ein Treppenturm mit Haube, Dacherker, Schornsteine und ein Wintergarten lassen es wie ein veritables kleines Haus erscheinen.

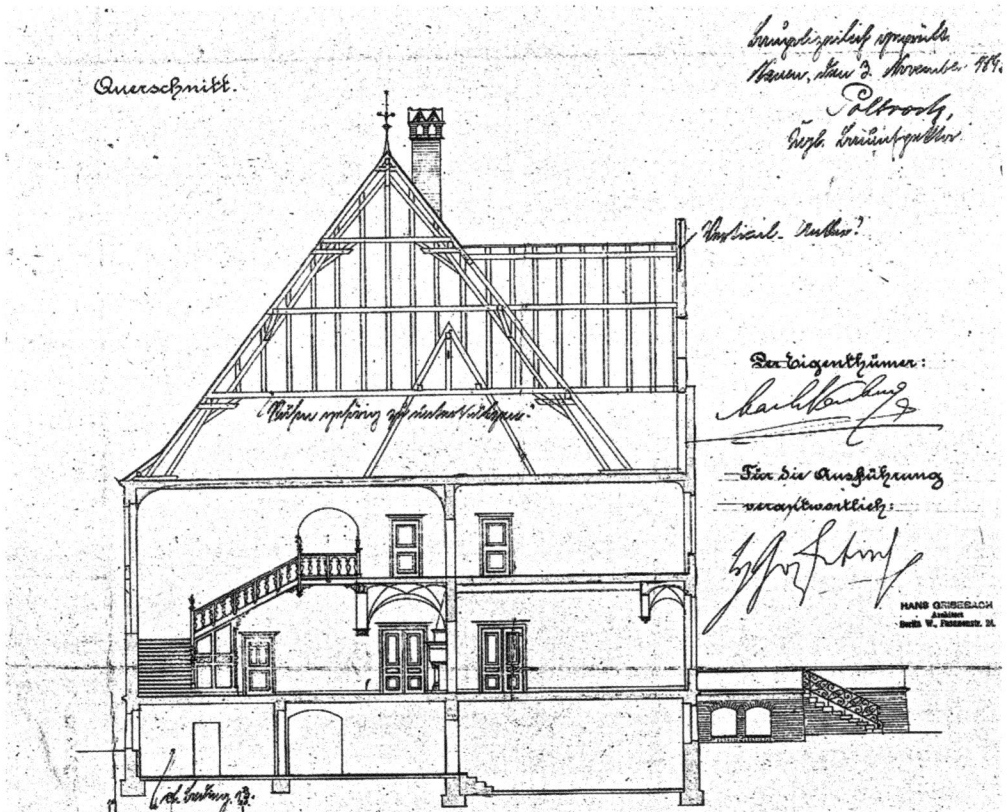

Schnitt aus: Bauakte im Archiv Berlin Charlottenburg-Wilmersdorf

1   Das Haus von Alfred Messel ist zerstört, das von Hermann Muthesius erhalten; es steht unter Denkmalschutz.

Villa Weise

HALLE (SAALE)

ADRESSE
Händelstraße 16
BAUHERR
Rudolf Ernst Weise
ZUSTAND
erhalten, Denkmal

GESCHICHTE

Der Maschinenbau-Unternehmer Rudolf Ernst Weise (1844–1935) lässt sich, nachdem er in Halle zunehmend geschäftlich erfolgreich ist, auf einem großen Grundstück in zentraler Lage eine Villa für seine fünfköpfige Familie nach einem Entwurf von Hans Grisebach bauen. Sein Unternehmen, das unter dem Namen Weise & Monski firmiert und vor allem Pumpen für Bergwerksbetriebe, die Erdölindustrie und für Wasserwerke herstellt, expandiert seit den 1870er-Jahren kontinuierlich, hat zur Jahrhundertwende zahlreiche Filialen im In- und Ausland und ist auf der Weltausstellung in Paris 1900 mit einem eigenen Pavillon präsent.[1]

Auf welchem Wege sich Weise und Grisebach kennenlernen ist nicht bekannt. Weise ist mit seinem Unternehmen auch noch nach dem Ersten Weltkrieg erfolgreich und darüber hinaus sozial sehr engagiert. Noch weit vor seinem Tod wird in Halle eine Straße nach ihm benannt. 1949 muss die Familie Weise Halle und das Haus verlassen. Nach zwischenzeitlicher Nutzung als Kinderklinik ist die Villa heute wieder in Privatbesitz, im Inneren deutlich verändert, in der äußeren Erscheinung aber gut erhalten.

BESCHREIBUNG

Die zweigeschossige Villa hat ein recht kompaktes, fast würfelförmiges Volumen mit einer Grundfläche von rund 250 Quadratmetern. An der nach Norden weisenden Straßenfassade schiebt sich ein übergiebelter Risalit aus dem Baukörper, in dessen einziger Fensterachse der Eingang liegt. Links von diesem befinden sich das Empfangs- und das Damenzimmer, das einen auffälligen Eckerker hat und rechts vom Eingang liegt, ungewöhnlich im Erdgeschoss angeordnet, die Küche. Der größte und wohl wichtigste Raum des Hauses ist die zweigeschossige Halle in der Mitte, die aber nicht die Haupttreppe aufnimmt, sondern frei von Erschließung und verbindenden Galerien bleibt. Sie wird durch ein großes hohes Rundbogenfenster mit Maßwerk in der Ostfassade belichtet und hat den Charakter eines

← Foto aus: *Blätter für Architektur und Kunsthandwerk* 1897

Foto aus: *Blätter für Architektur und Kunsthandwerk 1897*

1896 Villa Weise

Saals. Nach Süden zum Garten liegen der Salon und das Herrenzimmer und davor auf ganzer Hausbreite eine verglaste Gartenhalle und Terrasse. Einen gesondert ausgewiesenen Speisesaal gibt es nicht. Im Obergeschoss sind nach Norden die Gästezimmer aufgereiht und nach Süden zum Garten die Schlafzimmer der Familie. Die Nebentreppe, die sich in der Fassade auch plastisch abzeichnet, führt noch weiter hinauf ins Dachgeschoss zu den Kinderzimmern. In die große Halle kann man vom Obergeschoss lediglich aus dem Vorflur der privaten Schlafzimmer durch eine Drillingsbogenöffnung blicken; sie bleibt also, trotz ihrer üppigen Dimension, ein recht geborgener Raum. Möglicherweise diente diese Verbindung auch als Musikerempore.

Die äußere Erscheinung der Villa ist stattlich, ruhig und städtisch. Es dominieren glatte grauweiße Putzflächen und die klar ablesbare Trauflinie des hohen schiefergedeckten Walmdachs, die nur an der überhöhten Nordwestecke mit Glockendachabschluss und für den Zwerchgiebel im Osten durchbrochen ist. Die Fenster und teilweise auch die Brüstungen sind in rotem Sandstein ausgebildet, die Kanten und Konturen sind mit demselben Stein nachgezeichnet.

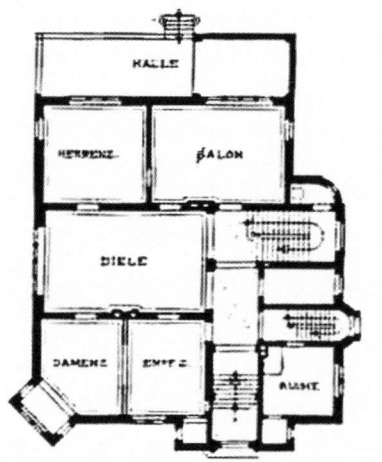 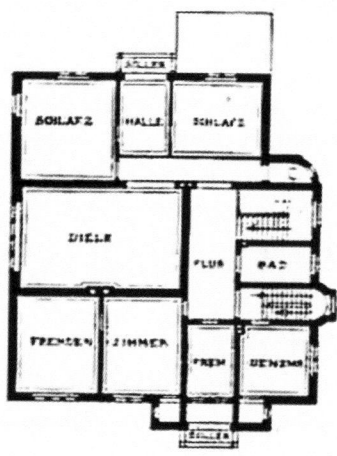

Grundrisse Erdgeschoss und Obergeschoss aus: *Blätter für Architektur und Kunsthandwerk* 1897

1   Für dieselbe Weltausstellung entwirft Hans Grisebach den Pavillon für den Verband der Chemischen Industrie.

St. Johannis-Kirche

BRETLEBEN

ADRESSE
Kirchstraße
An der Schmücke
ZUSTAND
erhalten, Denkmal

GESCHICHTE

Die evangelische Dorfkirche St. Johannis in Bretleben im Kyffhäuserkreis, heute ein Ortsteil der Stadt An der Schmücke, ersetzt eine Kirche aus dem 17. Jahrhundert am selben Standort, die ihrerseits auf den Grundmauern eines rund 70 Jahre älteren Vorgängerbaus errichtet worden war. So steht auch die neue, 1897 fertiggestellte Kirche auf demselben erhöht gelegenen Kirchhof des Unterdorfes von Bretleben.

Die Konzeption der Kirche beginnt Grisebach wohl schon rund sieben Jahre früher, also zeitgleich mit den erfolgreichen Wettbewerben für die Kirchen in Gießen und Frankfurt am Main.

In den 1960er-Jahren wird die St. Johannis-Kirche mutwillig beschädigt, später wird sie zunächst notdürftig repariert. Inzwischen ist sie denkmalgerecht saniert.

BESCHREIBUNG

Anders als Grisebachs beiden anderen realisierten Kirchenbauten ist St. Johannis in Bretleben ein symmetrischer kreuzförmiger Saalbau mit dem Turm im Westen und einem dreiseitigen polygonal geschlossenen Chor im Osten in einer Achse. In die Zwickel zwischen den Querhausarmen und dem Chor schiebt Grisebach auf beiden Seiten zwei niedrige Sakristeien. Der Haupteingang befindet sich im Turm im Westen, ihm gegenüber liegt der schon bestehende Pfarrhof. Oberhalb der Eingangshalle, im ersten Obergeschoss des Turms, steht auf einer Empore die Orgel.

Hier gibt es in der Innenecke nach Süden einen halbrunden Treppenturm, der als einziges Element dem symmetrischen Aufbau nicht folgt. Seine geschweifte Haube ist aus Stein gemauert, sodass er von außen kaum in Erscheinung tritt.

Der Kirchensaal selbst ist einschließlich des Querhauses und Chors einheitlich hoch und von Sterngewölben überspannt. Die Gewölbe sind freitragende Rabitzkonstruktionen, die an Stahlgerüsten vom ebenfalls stählernen Dachstuhl abgehängt sind, und sie wirken tatsächlich leicht und zeltartig. Die Rundbogenfenster sind zu Paaren zusammengefasst mit jeweils einem großen Rundfenster darüber, die Verglasungen haben einen lichten Gelbton.

Im Gegensatz zum lichten und hellen Inneren wirkt die Kirche von außen steinern schwer. Die Fassadenflächen sind aus einem rotgrauen Sandstein gemauert, die Gesimse und Fenstereinfassungen im Kontrast dazu aus hellem gelbem Sandstein. Oberhalb des Sockels und an der Traufe verlaufende Gesimse gliedern den Baukörper horizontal und umfassen auch die leichten Strebepfeiler. Das mit Schiefer gedeckte Kreuzdach mit durchlaufender Traufe durch Walme an den Querschiff- und Chorenden ist durch Gauben und Wasserspeicher strukturiert.[1] Der Turm verjüngt sich leicht nach oben und schließt mit einem spitzen Helm ab, der am Fuß eigenartig geschweift ist.

Der Kirchhof ist entlang der beiden Straßen im Osten und Süden von einer Bruchsteinmauer mit schmiedeeisernen Gittern eingefasst.

[1]   Heute fehlen diese Elemente, sodass es etwas plump und stumpf wirkt.

Villa Riedel

HALLE (SAALE)

ADRESSE
Advokatenweg 36
(früher 13)
BAUHERR
Paul Richard Riedel
ZUSTAND
erhalten, Denkmal

GESCHICHTE

Nur wenige Gehminuten entfernt von der Villa des Maschinenbau-Unternehmers Rudolf Ernst Weise realisiert Grisebach ein Jahr später auch das Wohnhaus für den in derselben Branche tätigen Paul Richard Riedel (1838–1916). Riedel ist zur Jahrhundertwende mit seiner Maschinenfabrik und Eisengießerei ähnlich erfolgreich wie Weise, produziert vorwiegend für die Zuckerindustrie und beschäftigt viele hundert Mitarbeiter.

1895 stellt Hans Grisebach den Bauantrag für das Wohnhaus auf dem Eckgrundstück Advokatenweg und Reichardtstraße, ein gutes Jahr später beginnen die Bauarbeiten. Für ein an die nördliche Brandwand anschließendes Stall- und Wirtschaftsgebäude wird 1897 ein weiterer Bauantrag eingereicht, Ende desselben Jahres sind die Gebäude fertig.

Für rund 20 Jahre wohnt die Familie in der stattlichen Villa am Advokatenweg. Auch nach dem Tod von Paul Richard Riedel bleibt sie noch einige Jahre in ihrem Eigentum, bis sie 1926 verkauft wird. Nach dem Zweiten Weltkrieg nutzt eine Musikschule das Haus, seit 2011 ist es Sitz des Max-Planck-Instituts für ethnologische Forschung. Im nördlichen Bereich des Grundstücks gibt es inzwischen einen direkt an das Wirtschaftsgebäude anschließenden Erweiterungsbau.

← Eingang, Foto aus: *Blätter für Architektur und Kunsthandwerk 1898*

Foto aus: Architekturmuseum der TU Berlin, Inv.-Nr. F 9710

BESCHREIBUNG

Die Villa Riedel hat – anders als die fast zeitgleich entstandene benachbarte Villa Weise – einen fast ländlichen Charakter, entwickelt sich mit Vor- und Rücksprüngen stark in den Garten hinein und ist, auch durch das zweiseitig offene Grundstück, auf Übereck-Perspektiven angelegt. Zu dem Landhauscharakter trägt auch das direkt anschließende Wirtschaftsgebäude bei, das an der Straße prominent platziert ist und aus dem Haus so etwas wie eine Anlage macht.

Das Gelände steigt hier von Süden in Richtung Norden entlang des Advokatenwegs leicht an. Grisebach platziert das Haus an der höchsten Stelle und bildet zur Reichardtstraße eine Stützmauer aus. Hierhin, nach Süden, gibt er dem Haus seine wohl repräsentativste Fassade mit einer breiten und hoch aufragenden Giebelfront. Ihre beiden Fensterachsen gewichtet er unterschiedlich, indem er eine als breite Auslucht ausbildet. Sie schafft ein Gegengewicht über die Ecke zum Eingang im Westen, einem als Vorbau ausgebildeten, halboffenen Portal. Hat man das Haus über die einläufige Eingangstreppe betreten, liegt quer dazu die

1897 Villa Riedel

Gartenseite, Foto aus: *Blätter für Architektur und Kunsthandwerk* 1898

rund 60 Quadratmeter große, aber nur eingeschossig ausgebildete überwölbte Halle. Auf ihren beiden Längsseiten liegen sich die nach oben führende dreiläufige Treppe und der breite Durchgang in den Speisesaal gegenüber. Im Süden liegt quer der Salon und versetzt dazu das im Grundriss quadratische Damenzimmer. Das Herrenzimmer befindet sich direkt darüber, also im Obergeschoss. Beide erweitern sich in einen polygonalen Anbau, der von außen wie ein Turm mit Haube ausgebildet ist. Im Norden platziert Grisebach den Küchenbereich, den er sorgfältig durch Richtungswechsel mit dem Speisesaal verbindet und den das Personal durch einen eigenen Eingang beim halbrund herausgeschobenen Nebentreppenhaus erreichen kann. Nach Osten, wo sich ein parkähnlicher Garten anschließt, werden die Innenräume durch einen Wintergarten und eine Terrasse erweitert.

Im Obergeschoss liegt in Richtung Süden, gleich beim Austritt der Treppe, eine repräsentative Raumfolge mit Ess-, Vor- und Herrenzimmer. Durch ein mehrteiliges großes Bleiglasfenster ist der Erschließungsraum insbesondere in den Nachmittagsstunden sehr gut belichtet. Außerdem befinden sich hier das große

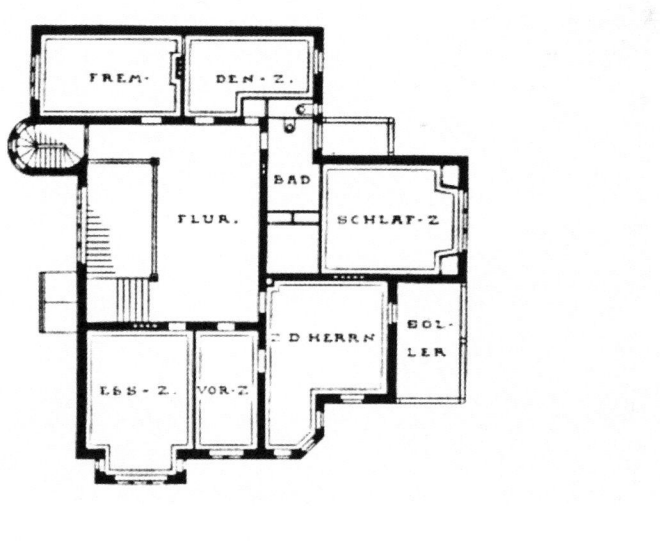

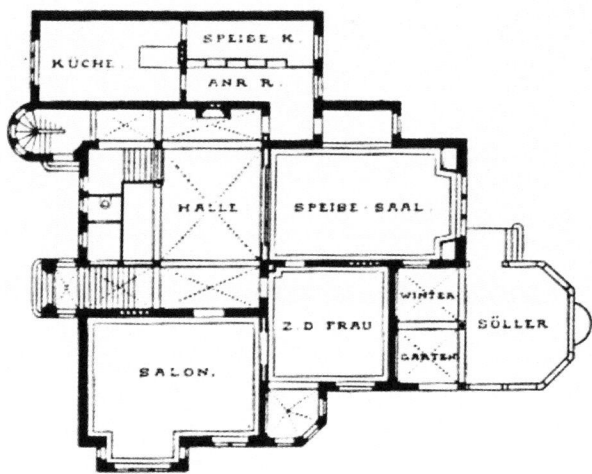

Grundrisse Erdgeschoss und Obergeschoss aus:
Blätter für Architektur und Kunsthandwerk 1898

1897 Villa Riedel

Schlaf- und zwei Gästezimmer. Zu weiteren Gäste- und Personalzimmern im Dachgeschoss führt nur noch die Nebentreppe.

Das später beantragte, aber zeitgleich ausgeführte Stall- und Wirtschaftsgebäude schließt direkt an die nördliche Brandwand und damit an den Küchenbereich des Wohnhauses an. Es bildet einen nach Nordosten geöffneten L-Winkel und beherbergt im ebenerdigen Erdgeschoss Ställe und Remisen und darüber Wohnungen für Kutscher und Gärtner.

Der Baukörper der Villa ist weiß verputzt, der Sockel, die Fensterrahmen und -kreuze, die Brüstungen und Giebeleinfassungen sind aus rotem Sandstein, das Dach ist mit schwarzem Schiefer gedeckt. Durch seine Staffelung in die Tiefe und Höhe, durch hohe Schweifgiebel und eingeschossige Söller, Erker und Balkone, schlanke Türme mit Hauben, Helmen und spitzen Bekrönungen und hoch aufragende Schornsteine entsteht hier aber eine deutlich bewegtere Silhouette als bei der in Material und Farbigkeit ähnlichen Villa Weise.

Das Wirtschaftsgebäude ist genauso materialisiert wie die Villa, insgesamt aber deutlich niedriger und durch eine dominierende Trauflinie und dunkles Fachwerk im Obergeschoss als dienender Gebäudetrakt gekennzeichnet. Bemerkenswert und ungewöhnlich ist, dass beide Teile hier nicht baulich getrennt wurden und ein gleichzeitig differenziertes und harmonisches Miteinander entsteht.

Insbesondere in seiner innenräumlichen Anlage hat das Haus, mehr noch als viele andere Häuser von Hans Grisebach, deutliche Ähnlichkeit mit englischen Land- und Stadthäusern: die große, aber nur eingeschossige Halle, die Verbindung zur Küche und dem Wirtschaftstrakt auf einer Ebene, die breite dreiläufige Treppe, das im Obergeschoss platzierte Herrenzimmer und der insgesamt – bei Grisebach ja aber regelmäßig vorkommende – von innen nach außen entwickelte Baukörper, dem keine kompakte, klar ablesbare Form gegeben wird.

Zeichnung aus: Architekturmuseum der TU Berlin, Inv.-Nr. 1588

Foto aus: Pazaurek, Gustav E.: *Das Nordböhmische Gewerbemuseum 1873–98*, Reichenberg 1898

1898 Nordböhmisches Gewerbemuseum

1898

Nordböhmisches Gewerbe- museum

REICHENBERG (LIBEREC) TSCHECHIEN

ADRESSE
Kaiser-Josef-Straße
(heute Vítězné und
Masarykovo)
BAUHERR
Provinz Nordböhmen
ZUSTAND
erhalten, Denkmal

GESCHICHTE

Das Nordböhmische Gewerbemuseum in Reichenberg wird 1873 gegründet und erhält seine Sammlung in den frühen 1880er-Jahren von dem schon seit 1841 bestehenden Gewerbeverein der Stadt. Nachdem es seine Exponate zunächst an wechselnden Standorten in bestehenden Gebäuden zeigt, erhält der Museums- verein 1895 das Gelände des ehemaligen botanischen Gartens für einen Neubau zur Verfügung und lobt einen Wettbewerb aus. Aus den 29 eingereichten Arbeiten wählt die Jury, der unter anderem der Wiener Architekt Otto Wagner (1841–1918) angehört, aber auch der Museumsgründer und -präsident Wilhelm Ginzkey (1856–1934), den Entwurf des Wiener Architekten Friedrich Ohmann aus. Als Oh- mann dem Wunsch der Auftraggeber nach einer Überarbeitung seiner Pläne nur zögernd nachkommt, übergeben diese 1896 die weitere Arbeit an den ebenfalls am Wettbewerb beteiligt gewesenen Hans Grisebach. Wilhelm Ginzkey, der auch Unternehmer ist und zusammen mit seinen beiden Brüdern eine große Textilfabrik in Reichenberg führt, kennt Grisebach bereits: Für seinen Bruder Alfred realisiert dieser zeitgleich ein großes Wohnhaus in Maffersdorf unweit vom Museums- standort.

Das Nordböhmische Gewerbemuseum wird 1898 eröffnet und zeigt seitdem und bis heute seine Sammlungen von Gläsern, Keramiken und Fayencen, Textilien und Möbeln.

BESCHREIBUNG

In welchem Maße Grisebach dem Wettbewerbsentwurf von Ohmann folgt oder beide Architekten im weiteren Verlauf miteinander kommunizieren, ist schwer zu rekonstruieren. Vergleichende Grundriss- und Schnittzeichnungen sowie Übereck-Perspektiven beider Architekten, die im Jahr 1897 in der österreichi- schen Zeitschrift *Der Architekt*, also zwei Jahre nach dem Wettbewerb publi- ziert werden, legen nahe, dass eine Kommunikation wohl stattgefunden hat. Der winkelförmige Baukörper des Museums ist deutlich von den beiden kreuzenden

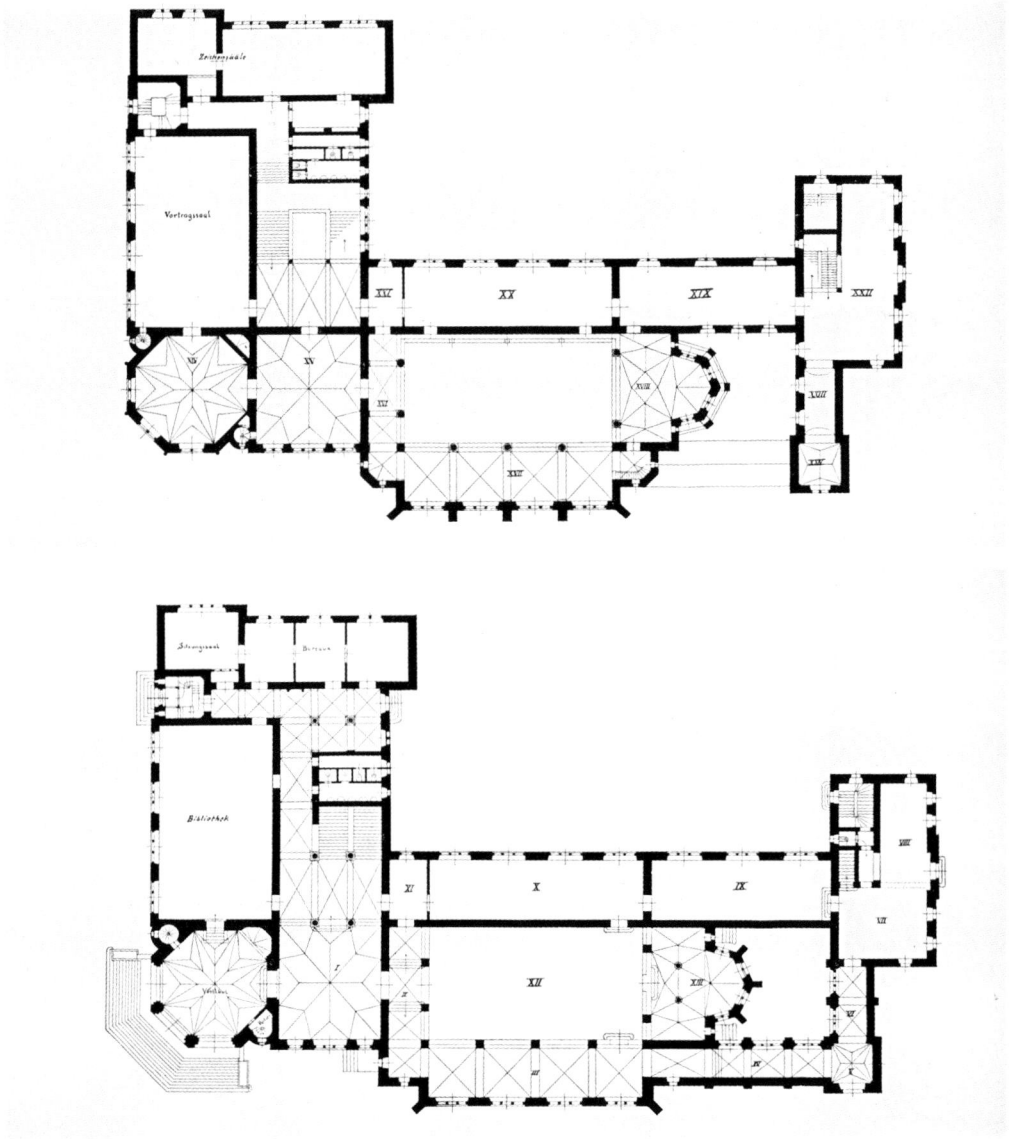

Grundrisse Erdgeschoss und Obergeschoss aus: Pazaurek, Gustav E.: *Das Nordböhmische Gewerbemuseum 1873–98*, Reichenberg 1898

Straßen abgerückt, besetzt auf dem einen ganzen Block einnehmenden Grundstück lediglich die Südwestecke und öffnet sich nach Nordosten. Die Ecke erhält eine besondere Betonung durch einen im Grundriss achteckigen Turm, der den Haupteingang aufnimmt. Im kürzeren Flügel in Richtung Nordwesten befinden sich die Bibliothek und hinter einem hohen Treppenturm aufgereiht die Räume des Kuratoriums und der Verwaltung. Im Obergeschoss liegt über der Bibliothek ein Vortragssaal und nach Norden gerichtet gibt es Zeichensäle. In der längeren Achse folgen auf den großen Verteilraum der Garderobe entlang zweier kreuzgangartiger Höfe auf zwei Geschossen die Ausstellungsflügel. Der größere Hof ist überdacht, ein eingestellter Baukörper, geformt wie der Chorraum einer Kirche, trennt ihn von dem offenen kleineren Hof.

1898 Nordböhmisches Gewerbemuseum

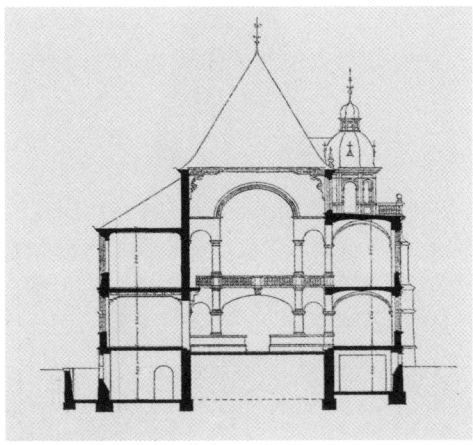

Treppenhaus, Foto aus: *Deutsche Bauzeitung* 1899   Schnitt aus: *Der Architekt* 1896

Kreuzgang und Hauptsaal, Fotos aus: *Deutsche Bauzeitung* 1899

Das Gebäude ist durchgängig mit einem hellgelben Sandstein verkleidet und das Dach mit dunklem Schiefer gedeckt. Durch den rustizierten Sockel aus hellgrauem Stein und die große Treppenanlage an der Ecke wird das Museum deutlich aus dem Straßenraum herausgehoben. Die Öffnungen und Fenster haben fast durchgehend Bogenabschlüsse, der fast 80 Meter lange Ausstellungsflügel ist stark plastisch gegliedert durch Strebepfeiler, Ecktürme und ein zurückspringendes Dachgeschoss im hervorspringenden Mittelteil, der Bibliotheksflügel hingegen bleibt flächig und schmucklos. Bestimmend sind in beiden Flügeln die fast sakral wirkenden großen dreiteiligen Bogenfenster. Die maßvolle Struktur und Gliederung in Verbindung mit der auf ein Material beschränkten Monochromie geben dem großen Baukörper eine angemessen ruhige öffentlich-repräsentative Erscheinung und Wirkung. Auf eindeutige Referenzen oder klare stilistische Merkmale verzichtet Grisebach.[1]

1   Der im Norden platzierte schlanke Treppenturm entspricht dem Ende der 1880er-Jahre abgerissenen Rathausturm von Reichenberg. Von wem die Idee und der Wunsch des Nachbaus stammt, ist nicht bekannt. In den Jahren 1890 bis 1893 entsteht nach dem Entwurf des Wiener Architekten Franz von Neumann das neue Rathaus.

Herrenhaus Ginzkey

MAFFERSDORF (VRATISLAVICE NAD NISOU) TSCHECHIEN

BAUHERR
Alfred Ginzkey
ZUSTAND
verändert erhalten

GESCHICHTE

Um 1900 vereinigen sich das eher industrielle Maffersdorf rechts der Neiße und das bäuerliche links von ihr zu einer Gemeinde mit etwa 6.500 Einwohnern. Heute ist Maffersdorf ein Stadtbezirk von Reichenberg (Liberec). Wirtschaftlich und baulich dominierend ist im Ort die Textilindustrie, die sich in Nordböhmen schon früh entwickelt. Die Familie Ginzkey produziert hier seit Mitte des 19. Jahrhunderts Teppiche und Decken, der Bauherr und Jurist Alfred Ginzkey (1866–1911) ist einer der drei Söhne des Firmengründers Ignaz Ginzkey (1818–1876). Gemeinsam sorgen sie dafür, dass das Unternehmen nach dem Tod des Vaters in der österreichisch-ungarischen Monarchie expandiert und sich auch international weiterentwickelt. Der zehn Jahre ältere Bruder Wilhelm gründet 1873 das Nordböhmische Gewerbemuseum in Reichenberg, für das zur gleichen Zeit wie Alfred Ginzkeys Wohnhaus von Hans Grisebach ein Neubau realisiert wird. Wilhelm Ginzkey ist zur Zeit des Museums-Neubaus auch dessen Präsident und er ist auch derjenige, der 1911 das Unternehmen übernimmt.

Die Firma übersteht sowohl die politischen Veränderungen der Gründung der Tschechoslowakischen Republik 1918 als auch die Weltwirtschaftskrise Ende der 1920er-Jahre. Am Ende des Zweiten Weltkriegs aber wird die Familie enteignet und vertrieben. Sie geht nach Österreich. Das Herrenhaus wird von einem tschechischen Unternehmen übernommen und nach einem Brand saniert. Seitdem ist es insbesondere im Dachbereich deutlich verändert, aber insgesamt erhalten und wird heute als Pension genutzt.

BESCHREIBUNG

Das Wohnhaus für Alfred Ginzkey entsteht unweit der familieneigenen Fabrikanlage und ist von dieser durch einen großen Landschaftsgarten getrennt. Der Eingang liegt im Norden und ist eine mehrteilige Raumfolge mit zwei Richtungs-

← Foto aus: Nachlass

Ansichten aus: *Centralblatt der Bauverwaltung* 1898

wechseln: Von einer überdachten Vorfahrt betritt man in einem tiefen Gebäude-einschnitt die Außentreppe, gelangt in eine überwölbte Vorhalle und schließlich in die hallenartige zweigeschossige Diele. Diese Halle hat eine Fläche von rund 110 Quadratmetern und nimmt eine bequeme hölzerne Treppe mit anschließen-den Galerien auf, die im Obergeschoss der Erschließung dienen. Gegenüber der Treppe liegt in der Längsachse der Halle nach Süden das Empfangszimmer mit anschließendem Wintergarten. Beidseits von diesem befinden sich das Damen- und das Herrenzimmer. Im Osten und Westen liegen, über die Querachse der Halle verbunden, das Musikzimmer und der Speisesaal. Diesem ist nach Süden eine überwölbte Loggia zugeordnet und davor eine breite tiefe Terrasse mit einer zweiläufigen, sehr repräsentativen Treppenanlage hinunter in den Garten. Im Obergeschoss befinden sich Schlaf-, Kinder- und Gästezimmer, im Dachge-schoss weitere Schlafzimmer und im großen Rundturm an der Nordwestecke ein Aussichtszimmer mit halboffenem Umgang. Das Nebentreppenhaus wird durch alle Geschosse in einem schlanken halbrunden Turm direkt am großen Aussichts-turm geführt. In diesem befinden sich auf drei Geschossen Bäder und Neben-räume sowie Aufzüge für Speisen und Wäsche.

An den vier Giebeln vor den hohen Schieferdächern, die in je eine Himmelsrich-tung weisen, erkennt man die grundsätzlich kreuzförmige Anlage des Hauses. Auf Symmetrie ist es aber dennoch nicht angelegt. Im Norden platziert Grisebach auf der einen Seite des Giebels, der hier ein großes mehrteiliges Bogenfenster zur Be-lichtung der Diele hat, den Doppelturm mit dem alles überragenden Kegeldach. Auf die andere Seite setzt er die nur eingeschossige offene Vorfahrt. Geht man im Uhrzeigersinn um das Haus herum, setzt sich die undogmatische Gliederung fort. Zudem sind die Giebelbauten unterschiedlich weit hervorgeschoben. Im Osten kommt es zu einer sehr reizvollen und subtil austarierten Staffelung, in der alle Elemente der Baukörperausbildung und Fassadengestaltung in ein Bild

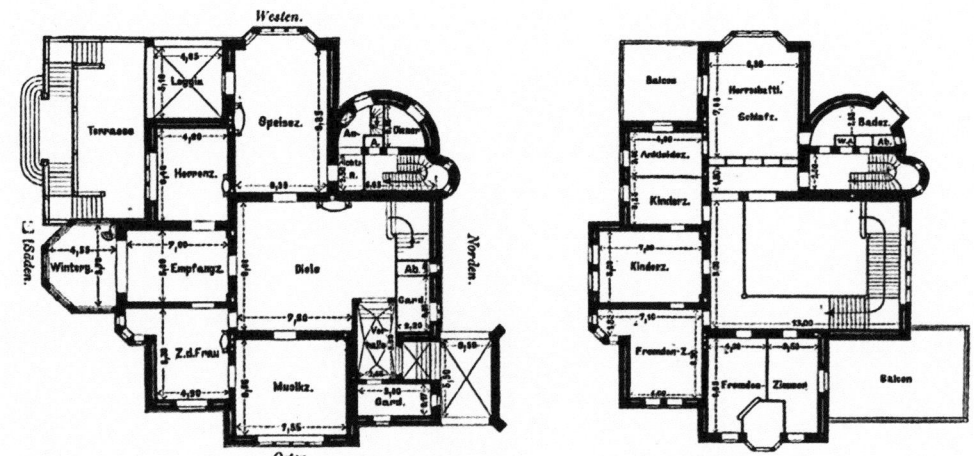

Grundrisse Erdgeschoss und Obergeschoss aus: *Centralblatt der Bauverwaltung* 1898

zusammenfallen: ein sanft geschweifter Giebel mit Erker und Balkon, das mehrteilige Walmdach auf zwei Höhen, der Söller der Vorfahrt mit offenem Bogen,
nach Süden ein polygonaler Turm mit Haube, daneben der in den Garten geschobene eingeschossige Wintergarten und im Hintergrund der dicke Rundturm
und der schlanke Treppenturm. Im Westen schiebt sich der Giebelbau zwischen
der hohen Turmgruppe und der niedrigen Loggia mit einer zweigeschossigen
Auslucht für den Speisesaal und das Schlafzimmer besonders weit vor. Für die
Fassaden verwendet Grisebach in diesem Fall einen gelblich-grauen Sandstein in
unregelmäßigen Formaten und differenziert auch den Sockel nicht nennenswert.
Die starke Plastizität des Baukörpers wird dadurch gleichzeitig unterstrichen und
in ihrer Wirkung beruhigt.

Villa Neisser

BRESLAU (WROCLAW)
POLEN

ADRESSE
Fürstenstraße 124
(früher 112,
heute Aleja Ludomira
Różyckiego)
BAUHERREN
Albert und
Toni Neisser
ZUSTAND
zerstört

GESCHICHTE

Albert Neisser (1855–1916) wächst als Sohn des Arztes Moritz Neisser in Breslau auf und studiert dort Medizin. Nach der Promotion und Habilitation leitet er ab 1882 die dermatologische Universitätsklinik in Breslau. Seine Forschungen, insbesondere zum Tripper-Erreger, zur Syphilis und Tuberkulose, sind bis heute von großer Bedeutung und international anerkannt; auch an der Gründung der Deutschen Dermatologischen Gesellschaft 1889 ist Neisser beteiligt.

1883 heiratet Albert Neisser Toni Kauffmann (1861–1918), mit der ihn auch eine große Leidenschaft für die bildende Kunst verbindet. Sie erwerben ein Grundstück am Scheitniger Park, einem aus dem 18. Jahrhundert stammenden großen Garten, der in den 1860er-Jahren von dem Berliner Gartenarchitekten Peter Joseph Lenné nach englischem Vorbild umgestaltet worden ist, und beauftragen Hans Grisebach mit dem Entwurf einer Villa. 1898 ist das Haus fertig.

Noch während der Fertigstellung gestaltet der Maler Fritz Erler den Musiksalon mit Wandbildern und einer Innenausstattung in Jugendstil-Dekor und in den folgenden Jahren entwirft er mit seinem Bruder Erich auch die Ausstattungen des Teezimmers und des Konferenzsaals.

Die Neissers gehören um 1900 zu den bedeutendsten Mäzenen der Stadt Breslau und führen einen Salon, den neben vielen bildenden Künstlern auch die Musiker Richard Strauss und Gustav Mahler und der Schriftsteller Gerhart Hauptmann besuchen. Mit Hauptmann, der in Schlesien aufwuchs und in Breslau zur Schule ging, arbeitet Hans Grisebach ab 1899 am Entwurf für dessen Wohnhaus im nahen Agnetendorf zusammen. Schon 1889 hatte Grisebach in Breslau-Friedeberg für George und Marie Agath eine Villa gebaut. Gleichzeitig mit der Villa Neisser entsteht in Breslau 1899 die Villa für den Bierbrauer und italienischen Honorarkonsul Georg Haase (1859–1931) nach einem Entwurf des Berliner Architekten Otto March (1845–1913).[1]

← Foto aus: Kick, Wilhelm (Hg.): *Moderne Neubauten*, Stuttgart 1898

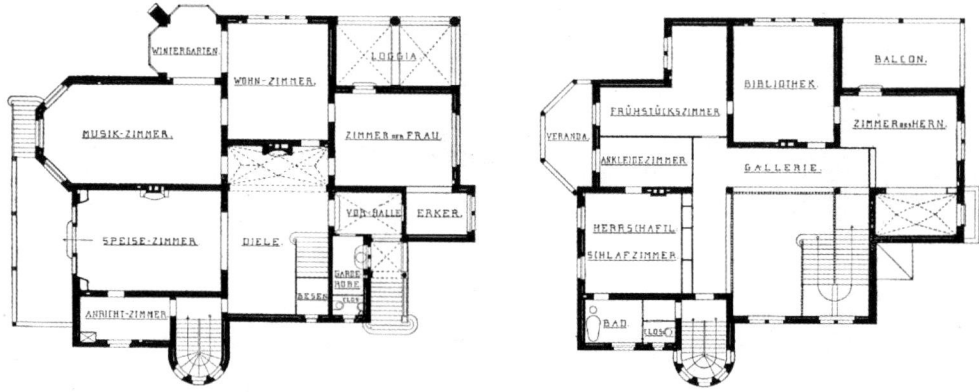

Grundrisse Erdgeschoss und Obergeschoss aus: Kick, Wilhelm (Hg.): *Moderne Neubauten*, Stuttgart 1898

Albert und Toni Neisser sind kinderlos und vermachen ihr Haus mit der Kunstsammlung der Stadt Breslau. Mit Werken unter anderem von Arnold Böcklin,
Oswald Achenbach, Eugen Spiro, Constantin Meunier, Franz Stuck und Ignatius
Taschner wird das Haus 1920 als Teil der städtischen Sammlungen eröffnet. 1934
lassen die Nationalsozialisten die Villa wegen der jüdischen Herkunft der Neissers
schließen. Der Breslauer Oberbürgermeister nutzt sie zunächst als Dienstsitz, bevor hier 1936 die Reichsanstalt für das Deutsche Bäderwesen einzieht. 1945 wird
das Haus durch Bomben zerstört.

BESCHREIBUNG

Die Villa Neisser ähnelt viel weniger der anderen Breslauer Villa von Hans Grisebach, der Villa Agath aus dem Jahr 1889, als vielmehr der zeitlich näheren
Villa Neuburger von 1896 in Berlin-Grunewald. Sie ist glatt und weiß verputzt,
hat geschweifte Zwerchgiebel und ein dunkles Schieferwalmdach, einen Sockel
aus roten Ziegeln, der geradezu grafisch klar durch ein Gesims von den weißen
Wandflächen getrennt ist, und Fenster, Erker, Loggien und Balkone, die wie Bilder
und Objekte gesetzt sind, ungezwungen und malerisch, bezogen auch auf Übereck-Perspektiven. Anders als die meisten Villen Grisebachs hat die Villa Neisser
keinen Turm.

Ganz ähnlich wie in der Villa Neuburger führt Grisebach auch hier mit einer
einläufigen Treppe in das Gebäudevolumen, lässt in einer überwölbten Vorhalle
die Richtung wechseln und leitet weiter in den zentralen Raum des Hauses, eine
zweigeschossige große Halle. Und hier wie dort stellt er in die Halle an einer
Stirnseite eine Galerie ein und bildet darunter eine überwölbte Passage mit
Kamin aus – hier zwischen dem Damenzimmer und dem Musikzimmer.[2] Auch die
Raumgruppen Musik- und Wohnzimmer mit einem Wintergarten in der gemeinsamen Innenecke und auf der anderen Seite das Damenzimmer mit überwölbter
Loggia mit zwei Bogenöffnungen gibt es in beiden Häusern. Der Speisesaal hat
die breiteste Türöffnung zur Halle und einen Ausgang auf die Terrasse mit Trep-

Gartenansicht, Foto aus: Buchwald, Conrad: *Das Haus Albert und Toni Neisser*, Breslau 1920

penabgang in den Garten. Das Herrenzimmer mit einem zusätzlichen Biblio-theksraum befindet sich im Obergeschoss über dem Damenzimmer und mit Austritt auf einen breiten Balkon oberhalb der Loggia. Außerdem gibt es hier einen Frühstücksraum und das Schlafzimmer. Das Dachgeschoss, zu dem nur noch die halbrund herausgeschobene Nebentreppe führt, beherbergt Gäste- und Personalzimmer.

1   Anders als die Villa Neisser ist dieses Haus erhalten, wenn auch stark verändert. Es beher-bergt seit den 1990er-Jahren das deutsche Generalkonsulat.
2   Ähnlich wird er es wenig später noch einmal für die beiden zweigeschossigen Wohnungen in seinem letzten realisierten Gebäude, dem Haus Cleve in Berlin, entwerfen.

Schloss von Schnitzler

KLINK AN DER MÜRITZ

BAUHERR
Arthur von Schnitzler
ZUSTAND
erhalten, Denkmal

GESCHICHTE

Arthur Robert Heinrich von Schnitzler (1857–1917) kauft im Jahr 1897 das Rittergut Klink zusammen mit benachbarten Ländereien, insgesamt rund 1.150 Hektar. Die alten Gutsgebäude, die weder seinen Wohnbedürfnissen noch seinen Anforderungen an eine zeitgemäße Landwirtschaft entsprechen, lässt er abreißen und beauftragt Hans Grisebach mit dem Entwurf eines neuen Wohnhauses mit Nebengebäuden. Schon ein Jahr später sind das schlossähnliche Wohnhaus, ein Wirtschaftsgebäude und ein Gärtner- und Pförtnerhaus fertiggestellt sowie der Park und ein Bootsanlegeplatz.

1913 wird das Wohnhaus in Richtung Nordosten erweitert; der Architekt ist – Grisebach ist bereits tot – Ernst Paulus (1868–1935), ein ehemaliger Mitarbeiter Grisebachs. Den zweigeschossigen Erweiterungsbau mit Speisesaal und Gästezimmern entwirft Paulus als betont separate Addition, die nicht der Raumanordnung des Wohnhauses folgt, sondern diagonal abgespreizt ist und einen runden Durchgangsraum als Gelenk benötigt. In der äußeren Erscheinung allerdings passt Paulus den Anbau mit Ecktürmen an das Haupthaus an.[1]

Schnitzler stirbt 1917, seine Frau und die drei Töchter erben das Gut.
1945 wird das Schloss Klink von der Roten Armee beschlagnahmt, die Witwe Hedwig von Schnitzler muss ausziehen und verstirbt noch im selben Jahr im Nachbarort Grabenitz. Sie wird neben ihrem Ehemann im 1908 von dem Bildhauer Adolf von Hildebrand entworfenen Mausoleum im Park im Süden ihres Wohnhauses beerdigt.[2]

Nach Umbauten wird das Haus Anfang der 1970er-Jahre zu einem sogenannten Schulungs- und Erholungsobjekt des DDR-Ministeriums Umweltschutz und Wasserwirtschaft. In den 1990er-Jahren wird es zu einem Hotel umgebaut und erweitert.

← Foto aus: Adamiak, Josef: *Schlösser und Gärten in Mecklenburg*, Leipzig 1975

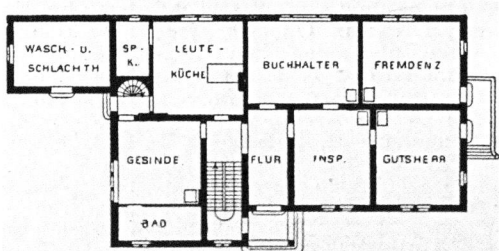

← Wirtschaftsgebäude,
Foto und Zeichnung aus: Nachlass

BESCHREIBUNG

Auf dem großen Grundstück am Westufer des Müritzsees platziert Grisebach das stattliche Wohnhaus auf einer leichten Bodenerhebung mit seiner breiten Seite und einer vorgelagerten Terrasse zum Wasser. Der zweigeschossige Baukörper misst etwa 30 mal 16 Meter und hat auf seinem Hauptgeschoss mit den Türmen und dem Wintergarten eine Fläche von rund 550 Quadratmetern und im ersten Obergeschoss fast noch einmal soviel. Hinzu kommt ein Sockelgeschoss mit der Küche und den Wirtschaftsräumen und ein gut nutzbares Dachgeschoss. Das Haus ist also großzügig dimensioniert, jedoch in seiner Anlage nicht ausgedehnt ausgreifend, sondern als ein dichtes Volumen konzipiert, das sich mit seinen Elementen Eingang, großer Turm, Loggia, Terrasse, Erker, Wintergarten und Eckturm allseitig dem Park und dem See zuwendet.

Die Zufahrt liegt im Westen an der Hauptstraße des Ortes: ein Parktor neben einem aus einer Mauer entwickelten Gärtner- und Pförtnerhaus, ein anderthalbgeschossiger Backsteinbau mit Fachwerk und Treppenturm. Das Schloss oder

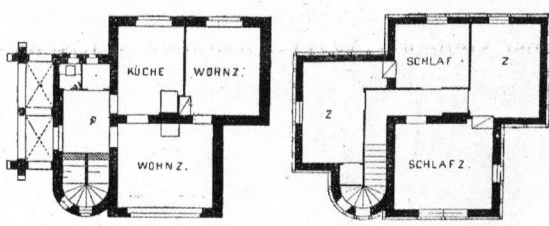

← Gärtner- und Pförtnerhaus,
Foto und Zeichnung aus: Nachlass

Wohnhaus selbst hat einen unprätentiösen Eingang mit Freitreppe in das erhöhte
Erdgeschoss, in dem sich die Wohnräume der Familie befinden, die alle aus einer
großen Halle heraus erschlossen werden. Geradeaus in der Mittelachse liegt das
Zimmer der Dame mit kleinem Erker und Ausgang auf eine sehr breite und üppig
bemessene Terrasse zum See.[3] Hinter der Haupttreppe, die sich ohne Luftraum
aus der Halle ins Obergeschoss entwickelt, liegt der Zugang zum Zimmer des
Herrn. Es wird von einem großen Runderker in Richtung Nordwesten dominiert,
aus dem heraus die Nebengebäude gut einsehbar sind. Verbindend zwischen
Damen- und Herrenzimmer liegt der Salon, der sich auf ganzer Raumbreite nach
Norden in einen sechseckigen Wintergarten erweitert. Auf der anderen Seite im
Süden befindet sich der Speisesaal, der mit der Anrichte die ganze Tiefe des Hau-
ses einnimmt und sich breit zur Terrasse öffnet. Im großen Turm daneben schließt

sich ein Raucherzimmer mit Loggia an; auch die Treppe für das Personal wird hier von ganz unten nach ganz oben geführt.

Im Obergeschoss entspricht der unteren Halle ein Vorraum, der gleichzeitig auch Billardzimmer ist. Im Süden nimmt – analog zum Speisesaal unten – ein großes Schlafzimmer mit Vorraum die gesamte Haustiefe ein, die Ankleide und das Bad befinden sich daneben und im Turm. Außerdem gibt es im Obergeschoss vier Fremdenzimmer. Im Dachgeschoss, in das nur noch die Nebentreppe im südlichen Turm führt, gibt es weitere Fremdenzimmer, drei Kinderzimmer für die Töchter und ein fotografisches Atelier mit Dunkelkammer in der Spitze des kleinen Eckturms im Nordwesten. Das sehr üppige Kellergeschoss, das zusätzlich auch den Sockel der Terrasse umfasst, beherbergt sämtliche Lager- und Hauswirtschaftsräume und die 120 Quadratmeter messende Küche mit zusätzlichem Essplatz für das Personal.

Etwas eigenartig ist die nachrangige Nutzung des großen Turms nach Süden, der auf jedem Geschoss nur Nebenräume beherbergt. Seine repräsentative Gestalt und seine Bedeutung für die Wirkung des Hauses scheinen hier wichtiger, als eine plausible und angemessene räumliche Einbindung in die Struktur der Grundrisse. Erst im zweiten Dachgeschoss ist er großzügig befenstert und gewährt den Rundumblick, für den ein Turm eigentlich bestimmt ist.

Die Erscheinung des Hauses wird durch die Türme und Erker bestimmt, erhält aber eine ganz eigene Ausprägung dadurch, dass Grisebach hier die Vertikalen der Fensterachsen auf der Ost- und Westfassade durch Zusammenfassen besonders betont. Vor dem Hintergrund der hell verputzten glatten Wandflächen bildet er die Einfassungen und Kreuze der Fenster aus rotem Sandstein aus; sie durchstoßen als Dacherker die Traufe, sind auch dort rot giebelbekrönt und heben sich plastisch und farblich wie lange Banner ab. Die Massivität des Sockels wird durch Granitfeldsteine betont und die Dächer, auch die hohen spitzen Turmdächer, sind schiefergedeckt.

Etwas weiter nördlich im Park steht das ebenfalls von Grisebach entworfene Wirtschaftsgebäude, das wie das Pförtnerhaus anderthalb Geschosse hoch ist mit einem Hauptgeschoss in rotem Ziegel und einem mit weißen Putzflächen

1   zur Erweiterung siehe Held, Bettina: *Ernst und Günther Paulus Architekten*, Berlin 2010, S. 190–192 und *Zentralblatt der Bauverwaltung* 36.1916, Nr. 87, S. 370 f.
2   1976 wird das tempelähnliche Mausoleum im Auftrag des Rates der Gemeinde Klink gesprengt.
3   1899 schafft der Maler Max Liebermann für das Damenzimmer einen Zyklus von vier Wandgemälden, auf denen das bäuerlich-ländliche Leben in den vier Jahreszeiten dargestellt ist: an der Wand zum Salon der Sommer, gegenüber zum Speisesaal der Herbst, der Frühling in Richtung Terrasse und See, der Winter rückwärtig zur Eingangshalle. Im selben Jahr 1899 stellt Grisebach die Atelieraufstockung für Liebermann auf dessen Haus am Pariser Platz in Berlin fertig. Der Bilderzyklus in Klink wird kurz nach Kriegsende 1945 wohl durch einen Wasserrohrbruch im Stockwerk darüber zerstört.

ausgefüllten Fachwerk. Es beherbergt neben Räumen zum Schlachten, Waschen und Backen auch eine Personalküche und die Büroräume für den Gutsherrn und seinen Inspektor sowie dessen Wohnung und weitere Gästezimmer.

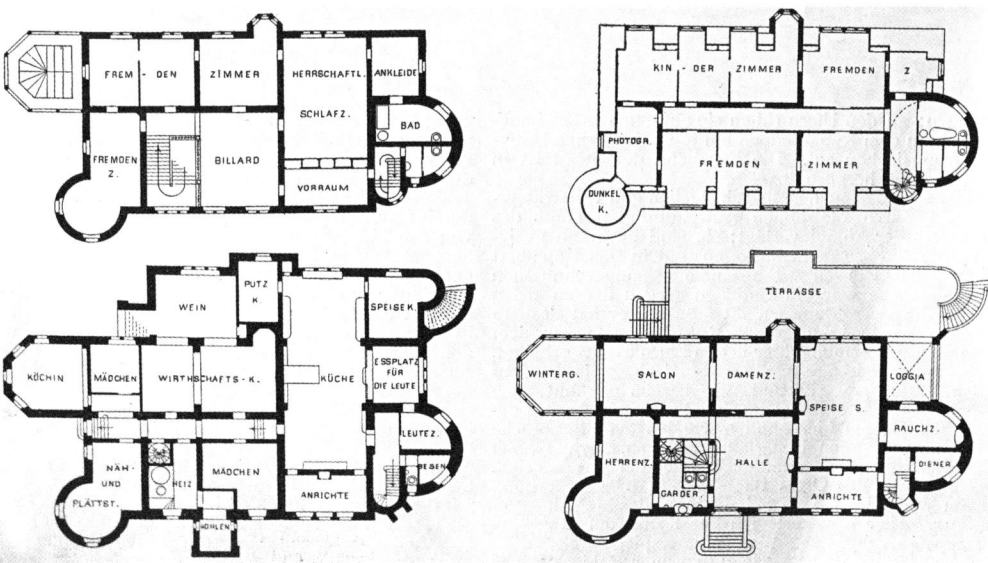

Ansicht vom Park, Grundrisse aller Geschosse aus: Nachlass

Palais Liebermann mit dem Atelieraufbau, Foto aus: Architekturmuseum der TU Berlin, Inv.-Nr. F 0058

Atelier des Künstlers, Gemälde von Max Liebermann, 1902, Kunstmuseum St. Gallen

1899 Atelier Liebermann

Atelier Liebermann

BERLIN-MITTE

ADRESSE
Pariser Platz 7
Sommerstraße 1
BAUHERR
Max Liebermann
ZUSTAND
zerstört

GESCHICHTE

Das ursprünglich zweigeschossige Palais am Pariser Platz 7 wird 1846 nach einem Entwurf von August Stüler um ein Geschoss aufgestockt und umgestaltet. Es schließt nördlich direkt an das Brandenburger Tor an und hat ein gespiegeltes Pendant auf dessen Südseite. 1857 erwirbt der Industrielle Louis Liebermann, der Vater des Malers Max Liebermann (1847–1935), das Haus. Max Liebermann verbringt hier seine späte Kindheit und Jugend, zieht 1868 zum Studium nach Weimar und kommt erst 1884 mit seiner Ehefrau Martha wieder zurück nach Berlin. Zunächst wohnen beide am nördlichen Rand des Tiergartens In den Zelten 11 und ab 1892 – inzwischen mit der siebenjährigen Tochter Käthe – wieder im Haus der Familie am Pariser Platz. Wenig später stirbt dort seine Mutter, 1894 auch sein Vater. Max Liebermann erbt das Haus und lässt es in den kommenden Jahren durch Hans Grisebach vorsichtig umbauen.

Zunächst bauen Reimarus und Hetzel 1894 im ersten Obergeschoss neben der Küche eine Speisekammer und ein Bad ein. 1895 beantragt Grisebach an der Westfassade den Durchbruch einer Fensterbrüstung zu einer Tür und die Errichtung einer zwei Meter tiefen Veranda mit Abgang in den Vorgarten. In der Mittelachse des Hauses gibt es bereits einen ebenso tiefen Vorbau. Ein Jahr später stellt Grisebach dann einen Antrag zum Einbau eines Ateliers im Mezzaningeschoss mit einem verglasten Dachaufbau im südwestlichen Bereich. Da auf diesen Plänen die vorher beantragte Veranda nicht eingezeichnet ist, wird sie wohl nicht ausgeführt worden sein.

Der Bauantrag für das Atelier wird mehrfach abgelehnt; die Korrespondenz schließt selbst Kaiser Wilhelm II. ein. An einem historisch derart bedeutenden Ort wie dem vornehmen Pariser Platz könne der projektierte Aufbau als Verunstaltung empfunden werden, selbst wenn er vom Platz aus gar nicht und vom Tiergarten kaum sichtbar wäre. Es kommt zu gerichtlichen Auseinandersetzungen, die für Max Liebermann erst 1898 erfolgreich enden.

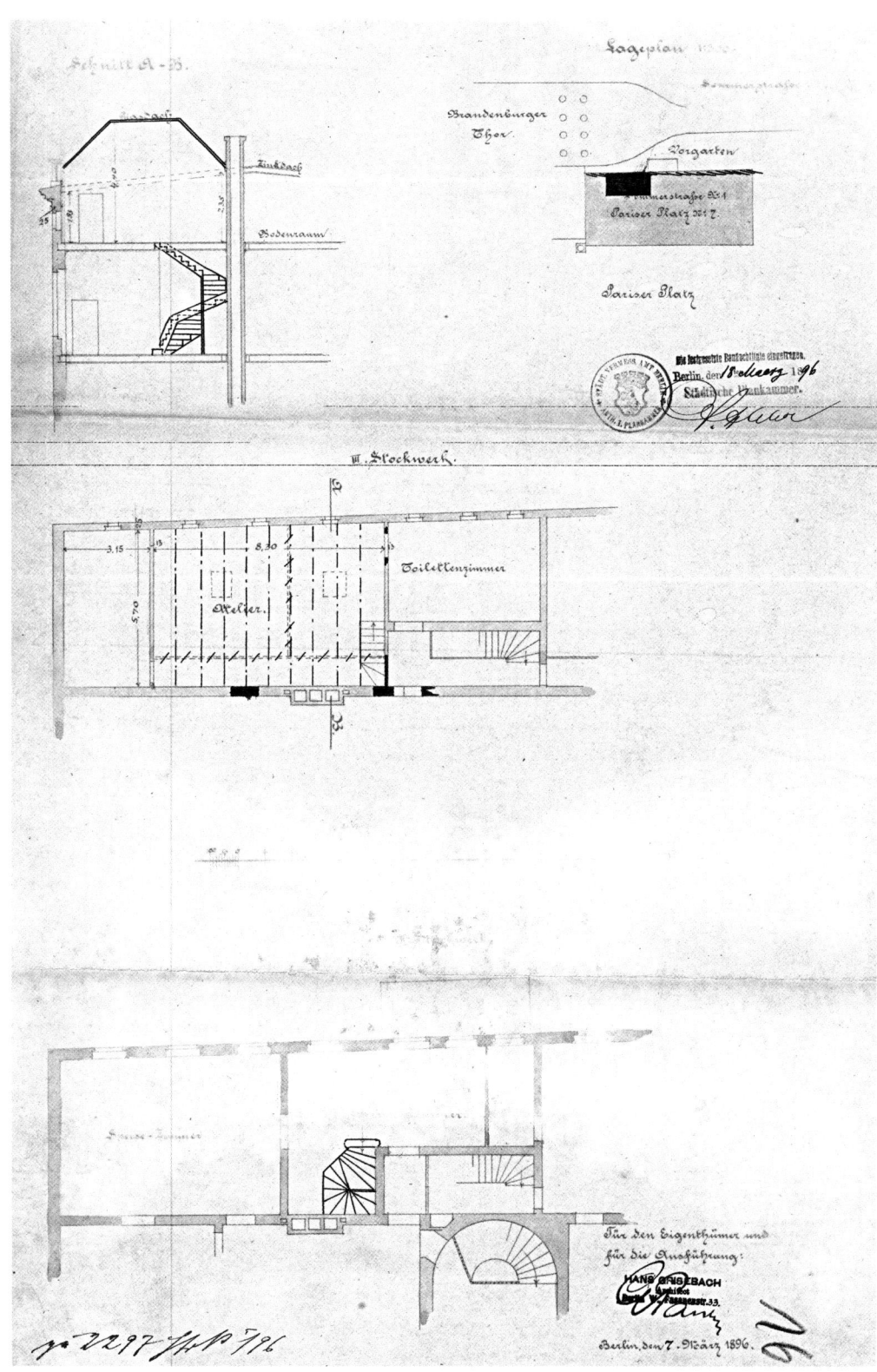

Schnitt, Dachaufsicht und Grundrisse aus: Bauakte im Landesarchiv Berlin, A Rep. 010-02 Nr. 7842

1899 Atelier Liebermann

1898 legt Grisebach außerdem Zeichnungen für den Aufbau einer verglasten Veranda vor, die auf dem Vorbau in der Mittelachse des Hauses nach Westen aufsitzen soll. In der Ansichtszeichnung ist auch der verglaste Atelieraufbau eingezeichnet.

Ein Jahr später ist der Atelierumbau fertig. In seiner künstlerischen Arbeit eingeschränkt ist Max Liebermann in all den Jahren immerhin nicht: Sein schon 1884 bezogenes Atelier in der Auguste-Viktoria-Straße hat er bis zu diesem Zeitpunkt nicht aufgegeben.

Max Liebermann lebt und arbeitet in seinem Haus am Pariser Platz bis 1935, dem Jahr seines Todes. 1943 nimmt sich seine Witwe Martha hier das Leben, um der Deportation nach Theresienstadt zu entgehen; im selben Jahr wird das Haus durch Bomben zerstört. 1999 wird es – wiederum zusammen mit dem gespiegelten Pendant auf der anderen Seite des Tores – von dem Architekten Josef Paul Kleihues als sogenannte kritische Rekonstruktion wiederaufgebaut und beherbergt heute eine Stiftung.

BESCHREIBUNG

Das ursprünglich barocke und von Stüler Mitte des 19. Jahrhunderts umgebaute Palais ist ein klar gegliederter Baukörper mit drei Geschossen, elf Fensterachsen und einem mittigen Haupteingang am Pariser Platz. Die Fensterreihe des zweiten Obergeschosses schließt mit Bögen ab und mündet am Brandenburger Tor in eine Loggia mit dreifacher Bogenstellung. Diese leichte Asymmetrie hat auch die Fassade des gespiegelten Palais auf der Südseite des Tores. Das sehr flach geneigte Satteldach verschwindet vollständig hinter einer hohen Attika. Im Inneren gliedert eine tragende Mittelwand das Haus auf ganzer Länge in eine Enfilade am Pariser Platz, die auch das Haupttreppenhaus einschließt und eine etwas unorthodoxe Raumfolge mit vorgeschaltetem Flur zur Sommerstraße.

Das von Grisebach projektierte Atelier bedeutet keinen großen Eingriff in den Bestand und betrifft vor allem die Dachfläche. Der bestehende Dachboden oberhalb des zweiten Obergeschosses hat insgesamt eine lichte Höhe von rund 1,80 Meter entlang der Außenwand und gut 2,30 Meter unter dem First. Im südlichen Bereich und lediglich östlich der tragenden Mittelwand sieht Grisebach auf einer Grundfläche von 8,30 Meter mal 5,70 Meter – das entspricht etwa drei Fensterachsen und weniger als 50 Quadratmetern – durch den Aufbau eines höheren Glasdaches ein Atelier vor. Dafür soll in diesem Bereich das flach geneigte Zinkdach entfernt und durch ein höher ansetzendes, steiles und zweifach geknicktes, oben nahezu horizontal verlaufendes Glasdach ersetzt werden. Die beiden nördlich und südlich anschließenden Räume sollen in ihrer bestehenden Höhe

Für den Eigenthümer und für die Ausführung:
HANS GRISEBACH
Architect
Berlin W. Regentenstr. 23

Jr. 2297 Jr P 796

Westansicht, Perspektivzeichnung aus: Bauakte im Landesarchiv Berlin, A Rep. 010-02 Nr. 7842

1899 Atelier Liebermann

direkt vom nunmehr rund 4,40 Meter hohen Atelier zugänglich gemacht und als Toilettenzimmer und Nebenraum genutzt werden. Die Erschließung des Ateliers erfolgt durch eine neue, gewendete Treppe direkt aus dem darunterliegenden Zimmer. Die Personaltreppe verläuft unabhängig davon weiterhin hinauf zum Dachboden.

Das neue Dach überragt die Attika um etwa zwei Meter und die aus der Mittelwand aufgehenden Schornsteine um rund einen Meter. Die Argumentation, mit der die Baugenehmigung so lange verweigert wird, dass der projektierte Aufbau auf den vornehmen Pariser Platz verunstaltend wirken könnte, selbst wenn er von dort aus gar nicht und vom Tiergarten kaum sichtbar wäre, ist tatsächlich fadenscheinig: Der Aufbau ist vom Platz aus nicht sichtbar.

Mit zeitlicher Verzögerung ausgeführt wird schließlich ein anders geformtes Glasdach. Es ist einer Tonne ähnlich, deren Hochpunkt zur Mittelachse des Raumes verschoben ist. Nach Westen ist sie flacher und nach Osten steiler geneigt, die Flanken nach Norden und Süden sind geschlossen. Im Inneren sind die Übergänge in die niedrig verbliebenen Nebenräume nun durch flache Wölbungen hergestellt.

Die früheste und zugleich schönste Darstellung des neuen, sehr intimen Ateliers schafft Max Liebermann 1902 selbst: Sein Gemälde *Atelier des Künstlers* zeigt den Raum, dessen Glasdach teilweise durch Stoffe verhängt ist, in einem matten Licht und wohnlicher Einrichtung. Die Wandflächen nutzt er zur Präsentation seiner Sammlung französischer impressionistischer Malerei. Auf einem Sofa sitzen lesend seine Ehefrau und die Tochter und leisten dem Maler still Gesellschaft. Liebermann ist von einem Bild verdeckt und nur indirekt in einem Spiegel zu sehen.[1]

1   Das Ölgemälde im Format 68,5 mal 82,0 cm befindet sich im Kunstmuseum St. Gallen.

Foto aus: Nachlass

1899 Gutshaus Schütte

Gutshaus Schütte

STEINHAGEN BEI BÜTZOW

ADRESSE
Katelbogener Straße
BAUHERR
August Schütte
ZUSTAND
erhalten, Denkmal

GESCHICHTE

Das Gut Steinhagen liegt unweit vom Schloss und der Stadt Bützow, deren Versorgungsgut es einmal war. Grisebach entwirft den aus einem Wohnhaus und mehreren Wirtschaftsgebäuden bestehenden Drei-Seiten-Hof für August Schütte, den Ehemann seiner Cousine Olly.[1]

Im Jahr 1914 befindet sich das Gut im Besitz des Bremer Kaufmanns und Ölimporteurs Franz Ernst Schütte (1836–1911). Zu diesem Zeitpunkt gehören mehr als 5.300 Quadratkilometer Land dazu. Nach dem Zweiten Weltkrieg beherbergt es verschiedene öffentliche Nutzungen und seit einer Restaurierung 2010 auch Wohnungen und Gewerbe. Das Gut befindet sich heute im Eigentum der Gemeinde Steinhagen.

BESCHREIBUNG

Eine Gruppe von ein- und zweigeschossigen Gebäuden bildet dreiseitig einen weiten, nur locker umschlossenen Hof. Die Häuser sind hell verputzt mit Gliederungen in rotem Backstein, haben mit Schiefer gedeckte Walmdächer und mit Granitbruchsteinen verkleidete Sockel. Sie sind mit Giebeln, Türmen, Erkern und Loggien asymmetrisch gegliedert und aufeinander bezogen.

[1]   Olly Schütte ist die Tochter von Meta Langerfeldt (geb. Reinbold), einer Schwester von Eveline Grisebach (geb. Reinbold), der Mutter von Hans Grisebach.

Postkarte aus: Nachlass

Foto aus: *Berliner Architekturwelt* 1899/1900

1899 Ausstellungsgebäude der Berliner Secession

Ausstellungs-gebäude der Berliner Secession

BERLIN-CHARLOTTENBURG

ADRESSE
Kantstraße 12a
Ecke Fasa-
nenstraße 82
BAUHERR
Berliner Secession
ZUSTAND
zerstört

GESCHICHTE

Den Auftrag, für die Berliner Secession das erste Ausstellungsgebäude zu entwerfen, wird Grisebach wohl deren erstem Präsidenten Max Liebermann
verdanken, mit dem er seit Mitte der 1880er-Jahre befreundet und durch einige
Bauvorhaben verbunden ist.

Die Abspaltung der Künstlergruppe vom 1841 gegründeten Verein Berliner Künstler
bahnt sich schon Ende 1892 an, als eine Ausstellung mit Werken des norwegischen Malers Edvard Munch bei zahlreichen Mitgliedern des Vereins auf offene
Ablehnung und Protest stößt. Nach nur wenigen Tagen Laufzeit wird die Ausstellung durch den Vorsitzenden Anton von Werner geschlossen. Diejenigen Mitglieder
des Vereins, die sich gegen die Schließung ausgesprochen hatten, gründen
zunächst die Freie Vereinigung Berliner Künstler. Als 1898 eine Arbeit des Malers
Walter Leistikow zur Großen Berliner Kunstausstellung abgelehnt wird, ist für
die „Freien" offensichtlich, dass neue Positionen in der Bildenden Kunst im Verein nicht unterstützt werden. 65 seiner Künstler gründen umgehend die Berliner
Secession und wählen den Maler Max Liebermann zu ihrem Präsidenten.

Da die Secessionisten nun in dem gerade von Karl Hoffacker umgebauten
Haus des Vereins in der Bellevuestraße 3 keine Ausstellungsmöglichkeiten mehr
haben[1] und auch 1899, wie von Liebermann gefordert, auf der Großen Berliner
Kunstausstellung keinen eigenen Raum erhalten, entschließt man sich zu einem
Neubau. Den Kunsthändlern und geschäftsführenden Vorstandsmitgliedern
Bruno und Paul Cassirer gelingt es, kurzfristig an der Kant- Ecke Fasanenstraße
ein Grundstück zu pachten. Eigentümer ist der Architekt Bernhard Sehring
(1855–1941), nach dessen Entwurf nebenan an der Kantstraße kurz zuvor das
Theater des Westens entstanden war. Das freie Eckgrundstück dient diesem als
Garten.

Das erste eigene Haus der Berliner Secession entsteht in nur zwei Monaten zwischen März und April 1899 und wird im Mai mit einer Ausstellung von mehr als

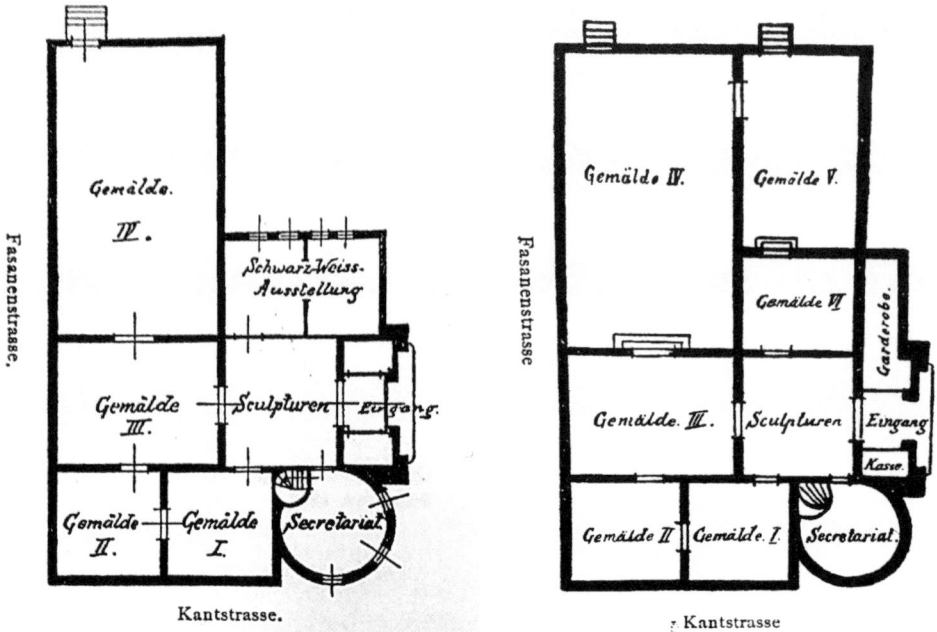

Grundrisse 1899 und 1900 aus: *Katalog der deutschen Kunstausstellung der Berliner Secession*, Berlin 1900

Ausstellungsvorbereitung der Berliner Secession, Vorstand und Hängekommission bei der Arbeit, wohl im kleinen Gemäldesaal 1 im Jahr 1904, in der Mitte vorn Max Liebermann, rechts daneben ihm zugewandt Walter Leistikow, Foto aus: Bundesarchiv Bild 183-1986-0718-502

1899 Ausstellungsgebäude der Berliner Secession

300 Bildern und Grafiken und rund 50 Skulpturen eröffnet. In den kommenden fünf Jahren finden hier jährlich zwei große Ausstellungen statt.

Der Grundstückseigentümer Sehring verlängert den Pachtvertrag mit den Secessionisten nach Ablauf der kurzen Laufzeit nicht, sodass der Standort 1904 aufgegeben und das Haus abgerissen werden muss.

Die Secessionisten ziehen 1905 an den Kurfürstendamm, wo nach einem Entwurf des Baumeisters Bruno Jautschus ihr zweites Ausstellungsgebäude entsteht – in direkter Nachbarschaft zu einem früheren Haus von Grisebach, der Villa Raussendorff aus dem Jahr 1889. Sehring wird auf dem Grundstück an der Kant-Ecke Fasanenstraße erst 1928 mit dem Tanzlokal Delphi Palais ein neues Gebäude realisieren; es wird nach dem Zweiten Weltkrieg 1949 zu einem Kino umgebaut.

BESCHREIBUNG

Grisebach entwirft mit Blick auf den nur fünf Jahre geltenden Pachtvertrag für das Grundstück einen einfach zu konstruierenden eingeschossigen Putzbau, dessen Ausstellungssäle ausschließlich über die Satteldachflächen belichtet werden. Den Eingang platziert er nicht an der Kantstraße, sondern im Osten und damit dem seitlichen Gartenausgang des Theaters zugewandt. Er erhält einen eigenen Vorbau mit geschweiftem Giebel und wird durch einen Rundturm an der Südostecke markiert. In einem Gewändeausschnitt liegt, flankiert von kleinen Säulen, die Eingangstüre mit Rundbogen und verglaster Lünette. Dem zeichenhaften Turm setzt Grisebach eine helmartig wirkende Welsche Haube auf; er beherbergt auf zwei Geschossen das Sekretariat der Künstlervereinigung. Entlang der rund 35 Meter langen Fassade an der Fasanenstraße ist das Gebäude fenster- und schmucklos.

Auf den Eingang folgt im Grundriss ein quadratischer Skulpturensaal, der auch als Verteilraum dient. Es schließen sich vier unterschiedlich große Gemäldesäle an und nach Norden zwei kleinere Räume, die zunächst für Schwarz-Weiß-Ausstellungen vorgesehen sind. Es dauert aber nur ein paar Monate und diese werden aufgegeben zugunsten einer baulichen Erweiterung um zwei Gemäldesäle. Bereits zur zweiten großen Secessionisten-Ausstellung ist der Umbau abgeschlossen und die nunmehr sieben Säle können als Rundgang durchlaufen werden.

[1]   Vorher stellte der Verein regelmäßig im Haus des Architektenvereins in der Wilhelmstraße aus; auch die umstrittene Munch-Ausstellung fand dort statt.

Ansicht aus: *Architektonische Rundschau* 1901

1900 Villa Weise

Villa Weise

WERNIGERODE
(FRÜHER HASSERODE BEI
WERNIGERODE)

ADRESSE
Friedrichstraße 22
BAUHERR
Bruno Weise
ZUSTAND
erhalten, Denkmal

GESCHICHTE

Für Bruno Weise, Direktor einer Fabrik zur Herstellung fotografischer Papiere, entwirft und realisiert Grisebach im Jahr 1900 im damals noch eigenständigen Hasserode eine Villa.[1] Unweit von hier am Schlossberg von Wernigerode, wovon Hasserode heute ein Stadtteil ist, steht zu diesem Zeitpunkt bereits ein Grisebach'sches Haus: das Wohnhaus des Kammerpräsidenten der Familie des Fürsten Otto zu Stolberg-Wernigerode von 1894. Grisebachs Vetter Rudolf hat das Amt inne.

1929 verkauft die Familie Weise ihr Haus, 1934 geht es an den Rat des Kreises Wernigerode und wird später als Lehrlingswohnheim und Freizeitheim genutzt. Heute steht es leer, ist aber als Baudenkmal geschützt.

BESCHREIBUNG

Die Villa steht etwa 40 Meter von der Straße entfernt in der Tiefe der Parzelle. Über die ursprüngliche Größe des Grundstücks ist nichts bekannt, aber zu einem parallel zur Friedrichstraße verlaufenden kleinen Bach hat sie einen ähnlichen Abstand und ihre Ausrichtung mit der Stirnseite in Richtung Straße lässt auf eine anfänglich größere Ausdehnung in Richtung Südwesten schließen.

Die Villa Weise hat eine unregelmäßige Umrisslinie mit einer groben Grundriss-Abmessung von 13,50 mal 20 Metern. Ein hohes Walmdach betont die Längsausrichtung, seine Trauflinie wird vier Mal von Zwerchgiebeln durchbrochen. Der Eingang ist als offene Vorhalle ausgebildet und führt mit einer einläufigen Treppe in das Haus und die Diele hinein, die eingeschossig ist und sich nur über die Haupttreppe ins Obergeschoss erweitert. Die durch alle Geschosse verlaufende Nebentreppe liegt neben der Diele in einem halbrund herausgeschobenen Turm.

Die Erschließung des Hauses ist hier sehr ähnlich wie bei der Villa Riedel in Halle (Saale) von 1897 gelöst und auch die im oberen Bereich offene Gebäudeecke mit

Ansicht aus: *Architektonische Rundschau* 1901

1900 Villa Weise

der Loggia unten gibt es hier wie dort. Es ist dies aber ein regelmäßig verwendetes Element bei Grisebach, das auch die Villen Neisser in Breslau und Neuburger in Berlin-Grunewald haben.

Gegenüber dem Eingang befindet sich in Richtung Südwesten der Salon und daneben, nach Nordwesten in Richtung Straße das Wohnzimmer; beiden ist die erwähnte Loggia vorgelagert. Nach Nordwesten ist auch das Herrenzimmer mit einer halbrunden Erkernische ausgerichtet. Auf der anderen Seite von Diele und Salon liegt der Speisesaal mit einem Erkerplatz nach Südwesten, einer breiten Nische nach Südosten und einer Terrasse mit Abgang in den Garten. Im Obergeschoss gibt es sechs Schlafzimmer, von denen die meisten einen Austritt oder Balkon haben.

Die Fassaden sind hell verputzt, das Dach ist mit dunklem Schiefer gedeckt und einige wenige Elemente wie die Säulen der Loggia oder die Balkonbrüstungen sind in hellgelbem Sandstein ausgeführt. Rhythmisiert wird das Gebäudevolumen durch die vier Giebel und die beiden Türme sowie die eingeschossigen halboffenen Elemente Loggia, Vorfahrt und Terrasse.

Ein Nebengebäude mit sechs Pferdeställen, einer Wagenremise und den Kutscher- und Gärtnerwohnungen, verputzt und mit sichtbarem Fachwerk im Dachgeschoss, entsteht gleichzeitig mit dem Wohnhaus an der nordöstlichen Grundstücksgrenze.

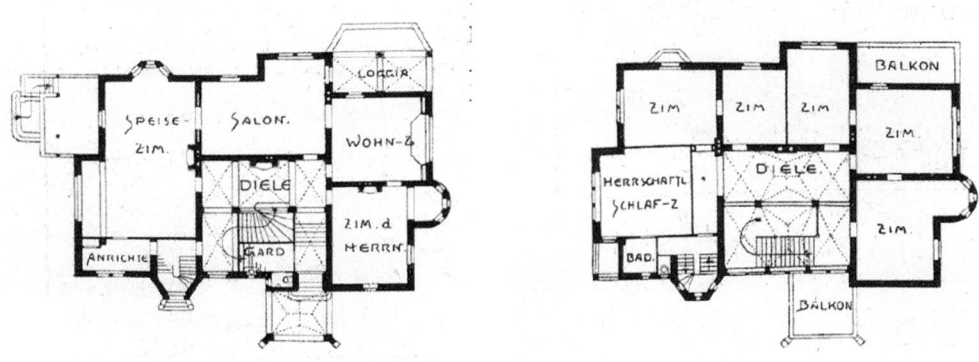

Grundrisse Erdgeschoss und Obergeschoss aus: *Architektonische Rundschau* 1901

1 Eine Verbindung zu dem gleichnamigen Maschinenbau-Unternehmer Rudolf Ernst Weise in Halle (Saale), dessen Villa Grisebach 1896 entwarf, gibt es wohl nicht.

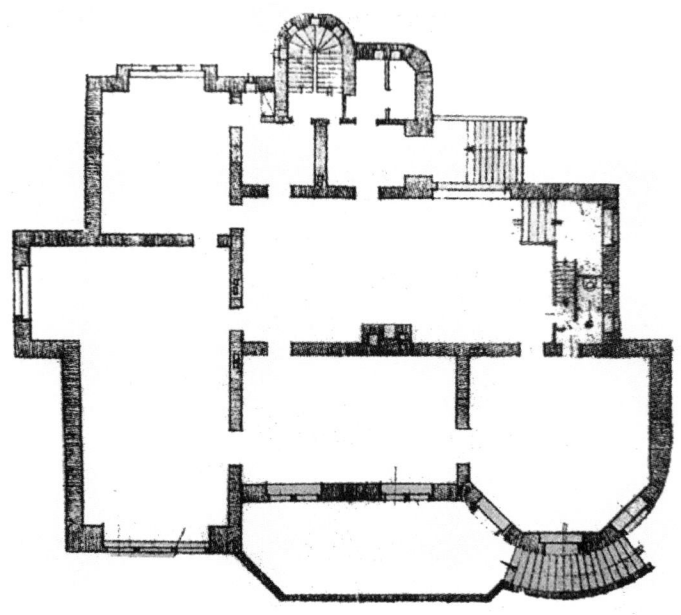

Foto aus: Nachlass

← Grundriss Erdgeschoss
aus: De Bruyn, Wolfgang/
Johanning, Antje: *Gerhart
Hauptmann und seine
Häuser*, Kunersdorf 2007

1901 Wohnhaus Hauptmann (Wiesenstein)

Wohnhaus Hauptmann (Wiesenstein)

AGNETENDORF (JAGNIATKOW) POLEN

ADRESSE
Ulica Michałowicka 32
Jelenia Góra
(Hirschberg)
BAUHERR
Gerhart Hauptmann
ZUSTAND
erhalten, Denkmal

GESCHICHTE

Gerhart Hauptmann (1862–1946) wächst im oberschlesischen Obersalzbrunn auf. Er besucht die Realschule in Breslau und später auch die Bildhauerklasse der dortigen Königlichen Kunst- und Gewerbeschule. Nach mehreren Anläufen, ein Studium zu verfolgen, die er allesamt abbricht, wendet Hauptmann sich intensiv dem Theater und dem Schreiben zu.

1885 heiratet er die aus Dresden stammende Marie Thienemann, 1889 zieht die inzwischen fünfköpfige Familie von Erkner nach Berlin-Charlottenburg. Zwei Jahre später zieht es Hauptmann wieder in seine Heimat, das schlesische Riesengebirge, wo er zusammen mit seinem Bruder Carl in Schreiberhau im Landkreis Hirschberg ein Sommerhaus kauft. Als er sich Anfang der 1890er-Jahre der Schauspielerin Margarete Marschalk zuwendet, verlässt Marie ihn mit den drei Söhnen in Richtung USA. Die Ehe wird erst 1904 formal geschieden; im selben Jahr heiratet Gerhart Hauptmann Margarete.

Ab 1899 schafft sich Hauptmann zwei Residenzen gleichzeitig. Die von ihm kaum genutzte Villa Rautendelein in Blasewitz bei Dresden in der Hochuferstraße 12 wird 1900 nach einem Entwurf der Architekten Rudolf Schilling und Julius Graebner fertiggestellt. Von viel größerer Bedeutung ist für ihn jedoch der unweit von Schreiberhau in Agnetendorf entstehende sogenannte Wiesenstein – ein Name, den Hauptmann dem Haus selbst gibt – nach dem Entwurf von Hans Grisebach.

Im von Agnetendorf nicht weit entfernten Breslau ist Hauptmann häufiger Gast bei den Mäzenen und Sammlern Albert und Toni Neisser, deren 1898 fertiggestellte Villa ebenfalls von Hans Grisebach stammt. Hauptmann und Grisebach werden sich aber bereits in Berlin begegnet sein, wo der Maler Max Liebermann 1892 und 1893 von beiden Herren Pastellporträts zeichnet.[1] Als 1892 Grisebachs eigenes Wohnhaus in der Fasanenstraße fertig wird, wohnt Hauptmann unweit davon am Fasanenplatz und wird auf dem Weg zum Kurfürstendamm regelmäßig daran vorbeigekommen sein.

Im Wiesenstein im schlesischen Agnetendorf lebt Gerhart Hauptmann ab 1901 zusammen mit Margarete und seinem vierten Sohn Benvenuto so lange und kontinuierlich wie an keinem anderen Ort. Hauptmann stirbt im Juni 1946 im Wiesenstein – wenige Wochen nachdem die polnische Regierung eigentlich bereits alle Deutschen ausgewiesen hatte.

In den folgenden Jahrzehnten wird das Haus als Kinder- und Ferienheim genutzt. Ab 1999 wird es saniert und 2001 als Museum eröffnet. Es ist heute Teil des Museumsverbunds Gerhart Hauptmann, zu dem die zahlreichen Orte und Häuser des Dichters gehören: neben Agnetendorf sind dies Erkner, Radebeul, Hiddensee und Schreiberhau.

BESCHREIBUNG

Hauptmann kauft das unbebaute Grundstück in leichter Hanglage am Rand von Agnetendorf 1899 und beauftragt umgehend Hans Grisebach mit dem Entwurf. Bei diesem Haus ist der Einfluss des Bauherrn offensichtlich deutlich größer als bei den zahlreichen anderen privaten Wohnhäusern, die Grisebach bis dahin realisiert hat. Immer bilden seine Häuser einen privaten Rückzugsort und haben gleichzeitig eine kontrollierte, aber innige Beziehung zur Umgebung. Der Ausdruck des Wiesensteins hingegen ist deutlich der eines Refugiums – und Hauptmann wird hierfür indirekt später eine sehr treffende Beschreibung finden: „Sein Inneres, wenn erst der Bergfried einmal bewohnbar ist, denke ich mir heimlich-unheimlich, eine Stätte bedrohter Sicherheit."[2] Hauptmann sucht mit diesem Haus einen Ort der Abkehr und Abgeschiedenheit, einen geschützten Rückzugsort – und Grisebach setzt diesen Wunsch mit architektonischen Mitteln um.

Das zweigeschossige Wohnhaus hat eine leicht betonte Achse in Richtung Ost-West, die durch das Walmdach markiert und im Inneren deutlich durch die langgestreckte zweigeschossige Halle ausgefüllt wird. Der Eingang befindet sich im Norden am höchsten Punkt des nach Süden leicht abfallenden Geländes, fast versteckt an der Ostseite eines Vorbaus hinter einem halbrund herausgeschobenen Treppenturm. Durch einen knappen Vorraum gelangt man nach einem Richtungswechsel in die Halle, die etwa zweieinhalbmal so lang wie breit ist und um sich sämtliche Zimmer und die Erschließung des Hauses versammelt. Die bunt-farbige und motivreiche Ausmalung erhält sie erst gut 20 Jahre nach der Fertigstellung des Hauses durch Johannes Maximilian Avenarius (1887–1954). Parallel zur Halle liegt im Süden die Bibliothek mit einer vorgelagerten Terrasse mit Treppe hinunter in den Garten und quer im Westen der Speisesaal mit dem Frühstückszimmer. Am östlichen Ende der Halle, wo eine dreiläufige Treppe hinauf zur Empore führt, liegt die Tür zum Schreibzimmer, das sich im auffälligsten Element des Hauses befindet, einem gedrungen-wehrhaft wirkenden Rundturm an der Südostecke. Er ist auf allen Ebenen ganz allein dem Hausherrn Haupt-

Postkarte aus: Nachlass

mann vorbehalten und beherbergt im Obergeschoss sein Schlaf- oder privates Wohnzimmer, im Sockel ein Archiv und im Dachgeschoss ein Turmzimmer.

Im Obergeschoss haben auch Margarete und der erst 1900 geborene Benvenuto ihre mit fast geschlossener Veranda, niedriger Loggia und Balkon ausgestatteten Zimmer; Gerhart Hauptmann wünscht sich solche Elemente für seine Bereiche offensichtlich nicht. Im Dachgeschoss befinden sich Gäste- und Personalzimmer.

Das Haus ist hell verputzt und hat rot gedeckte Dächer, deren Höhe und schützende Wirkung durch die recht kontinuierlich verlaufenden Trauflinien betont wird – auch die beiden Turmdächer sind in diesen Dachhorizont eingebunden. Durchbrochen wird die Linie vor allem durch zwei Giebel, einen breiten nach Süden und einen schmalen nach Westen, die beide den Bereich des Speisezimmers markieren. Der Sockel des Hauses ist mit einem grob behauenen Granit verkleidet, mit dem auch die Fenster einfasst sind sowie mit einer knappen Kontur die beiden Giebel.

1 Für Max Liebermann realisiert Grisebach 1899 einen Atelier-Aufbau auf dessen Wohnhaus am Pariser Platz in Berlin.
2 Hauptmann, Gerhart: *Buch der Leidenschaft – Roman einer Ehe*, in: *Sämtliche Werke Band 7*, Berlin 1929, S. 413

Hochbahnstation Schlesisches Tor

BERLIN-KREUZBERG

ADRESSE
Skalitzer Straße
Schlesische Straße
BAUHERR
Siemens & Halske
ZUSTAND
erhalten, Denkmal

Zeichnung aus: *Centralblatt der Bauverwaltung* 1899

GESCHICHTE

Seit Anfang der 1880er-Jahre engagiert sich der Industrielle Werner von Siemens (1816–1892) für den Bau einer elektrisch betriebenen öffentlichen Nahverkehrsbahn, für ein effizientes und der wachsenden Großstadt Berlin angemessenes Schnellbahnnetz. 1877 wird in Berlin die Ringbahn und 1882 die Stadtbahn fertiggestellt; beide Strecken verlaufen auf massiven Viadukten und werden mit Dampfeisenbahnen befahren. 1879 stellt Siemens auf der Berliner Gewerbeausstellung die erste elektrische Lokomotive vor, die – anders als die bis dahin übliche dampfbetriebene – weniger Lärm und Schmutz verursacht und leichter, schneller und beweglicher ist. Siemens denkt zunächst an eine in Nord-Süd-Richtung verlaufende Hochbahn oberhalb der Friedrichstraße. Die Baubehörden stimmen lange nicht zu.

1891 stellen Werner von Siemens und Johann Georg Halske (Siemens & Halske) ein neues Schnellbahnprojekt als Ergänzung der vorhandenen Bahnstrecken vor.

← Foto aus: Nachlass

Ansicht von Nordwesten, Foto aus: *Blätter für Architektur und Kunsthandwerk* 1902

1893 wird ihnen für den Abschnitt zwischen Warschauer Brücke und Nollendorfplatz die Genehmigung für den Bau einer Hochbahn erteilt. Die ersten Viadukte
entstehen als offene Fachwerkkonstruktionen aus Stahl; ihre pragmatische Form
und Gestalt stößt in der Öffentlichkeit und bei den Anwohnern auf einige Kritik.
Als Siemens & Halske 1896 in Budapest erfolgreich eine unterirdische Schnell-
bahnstrecke realisieren, erhalten sie auch für das Berliner Vorhaben die Genehmigung, die Verlängerung der Strecke auf Schöneberger und Charlottenburger
Gebiet westlich des Nollendorfplatzes in den Untergrund zu legen.

Die Entwürfe für die im Stadtraum sichtbaren Trassen und Brücken und für die
meisten Bahnhofshallen stammen vom Konstruktionsbüro Siemens & Halske
selbst. Die erste Ausnahme bildet der Bahnhof Schlesisches Tor, der an einem
Verkehrsknotenpunkt mit einer wichtigen Anlegestelle für Ausflugsdampfer liegt
und für den nach einem internen Wettbewerb Hans Grisebach den Entwurf
liefert. Es folgt der Hochbahnhof Bülowstraße, den Bruno und Rudolf Möhring
entwerfen, und der Bahnhof Nollendorfplatz, bei dem die Gleisrampe unter die
Erde geführt wird, von Cremer & Wolffenstein. Im Jahr 1900 beauftragen Siemens & Halske den aus Schweden stammenden Architekten Alfred Grenander

1901 Hochbahnstation Schlesisches Tor

Ansicht von Südosten, Foto aus: *Blätter für Architektur und Kunsthandwerk* 1902

(1863–1931) mit der Gestaltung einiger Viadukte. Grenander entwirft auch den Bahnhof Wittenbergplatz.[1]

1902 wird die sogenannte Stammstrecke bis zum Knie, dem heutigen Ernst-Reuter-Platz, mit elf oberirdischen und drei unterirdischen Bahnhöfen fertiggestellt.

Im Bahnhof Schlesisches Tor wird in den 1920er-Jahren die Eingangshalle verändert, was aber im Rahmen einer durchgreifenden Instandsetzung 1984 wieder zurückgebaut wird. Nach dem Mauerbau 1961 wird der Bahnhof zur Endstation, 1962 werden die Bahnsteige auf gut 100 Meter in Richtung Südwesten entlang der Skalitzer Straße verlängert, erhalten hier allerdings keine Überdachung, in den frühen 1980er-Jahren wird er grundlegend saniert. Heute fährt die Bahn wieder weiter über die Oberbaumbrücke zur Warschauer Straße auf der anderen Spreeseite.

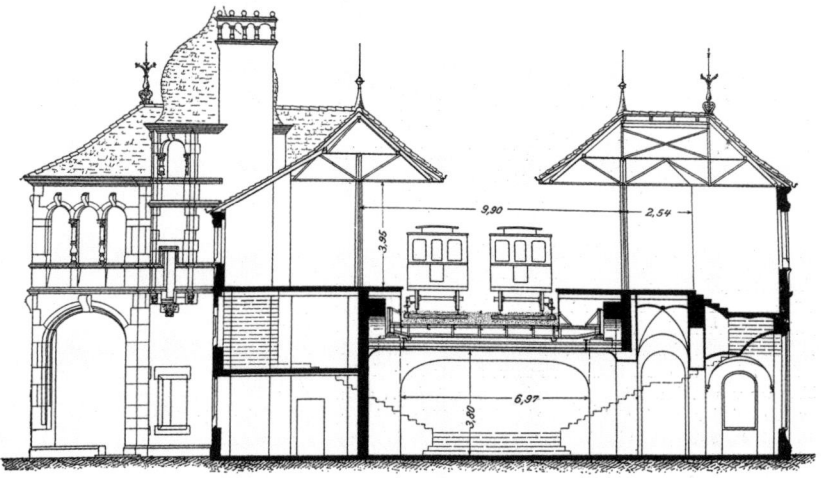

Querschnitt aus: Architekten- und Ingenieur-Verein zu Berlin (Hg.): *Berlin und seine Bauten*, Berlin/
München/Düsseldorf 1979

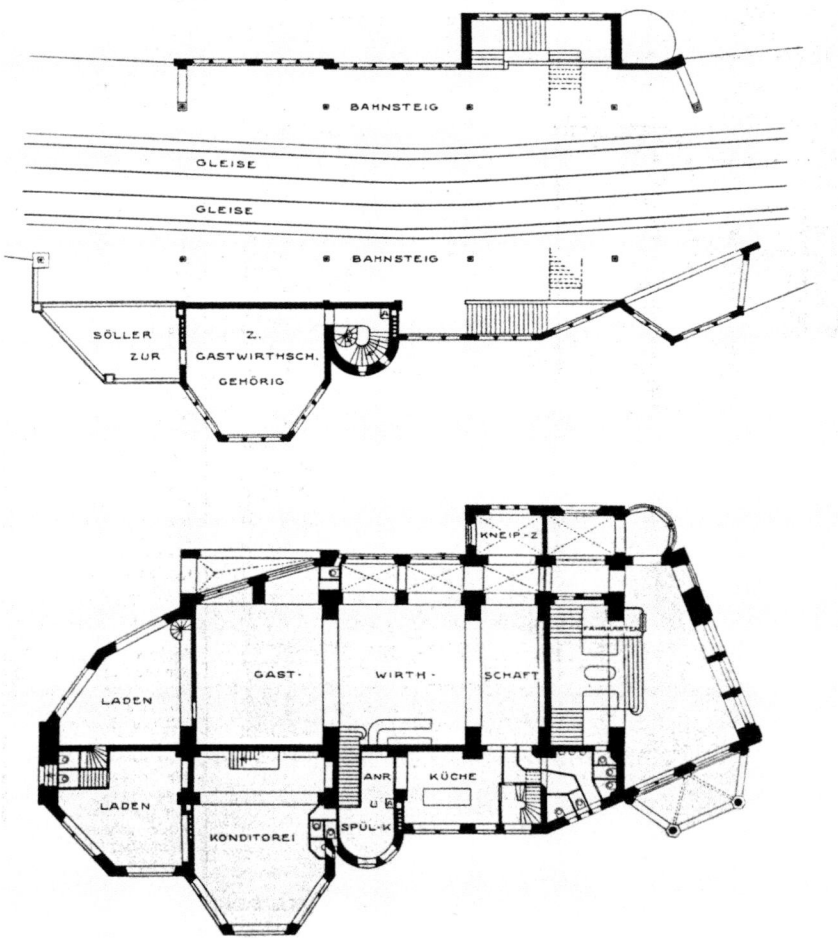

Grundrisse Erdgeschoss und Obergeschoss aus: *Blätter für Architektur und Kunsthandwerk* 1902

1901 Hochbahnstation Schlesisches Tor

Von der Oberbaumbrücke kommend verschwenkt die zweigleisige Bahntrasse in einer S-Kurve nach Südwesten in die Skalitzer Straße. In diese Bewegung hinein ist der Hochbahnhof auf die Mittelinsel des verkehrsreichen Platzes am Schlesischen Tor gesetzt. Das stattliche Bahnhofsgebäude beherbergt neben den Erschließungen der Hochbahngleise auch Läden und eine Gaststätte.

Der zweigeschossige, geometrisch unregelmäßige Baukörper von etwa 45 Metern Länge und 20 Metern Breite wird durch das hindurchführende Bahnviadukt im oberen Geschoss der Länge nach geteilt. Das Dach schließt oben nicht, die Schienen und Züge werden offen durch den Bahnhof geführt – „(...) in der Erwartung, dass das Geräusch des Bahnbetriebes sich den unteren Räumen hierdurch weniger mittheilen werde"[2].

Im Grundriss liegt die Eingangshalle an der Stirnseite in Richtung Nordosten. Eine breite Treppe führt unterhalb der Gleise zunächst auf ein Podest und dann in zwei gewendeten Läufen weiter hinauf zu den beiden Bahnsteigen. In Richtung Nordwesten liegt das Bahnhofsrestaurant, das den größten Teil des Erdgeschosses einnimmt. Zu dessen breit hervortretendem Eingangsrisalit vermittelt ein halbrunder Zigarettenkiosk an der Ecke. Zwei Läden bilden den halbrund wirkenden Abschluss des Gebäudes nach Südwesten und nach Südosten schiebt sich recht weit ein Risalit heraus, der eine Konditorei beherbergt. Die im Erdgeschoss umlaufenden unterschiedlich breiten und hohen Öffnungen schließen alle mit Bögen ab. Einheitliche Einfassungen der verschieden großen Öffnungen in hellem Sandstein vor Wandflächen aus rotem Ziegelmauerwerk machen aus dem geometrisch unregelmäßigen Baukörper ein kompaktes Ganzes. Die Innenräume sind größtenteils überwölbt, die Eingangshalle hat eine Decke aus sichtbaren Stahlträgern mit farbig ausgemalten Zwischenfeldern und vergoldeten Nieten.

1   vgl. Fioretos, Aris (Hg.): *Berlin über und unter der Erde. Alfred Grenander, die U-Bahn und die Kultur der Metropole*, Berlin 2006 und Brachmann, Christoph/Steigenberger, Thomas: *Ein Schwede in Berlin. Der Architekt und Designer Alfred Grenander und die Berliner Architektur (1890–1914)*, Korb 2010

2   *Blätter für Architektur und Kunsthandwerk* 15.1902, S. 66

Ansichten von Osten und Süden aus: *Architektonische Rundschau* 1899

Ansichten von Norden und Westen aus: *Architektonische Rundschau* 1899

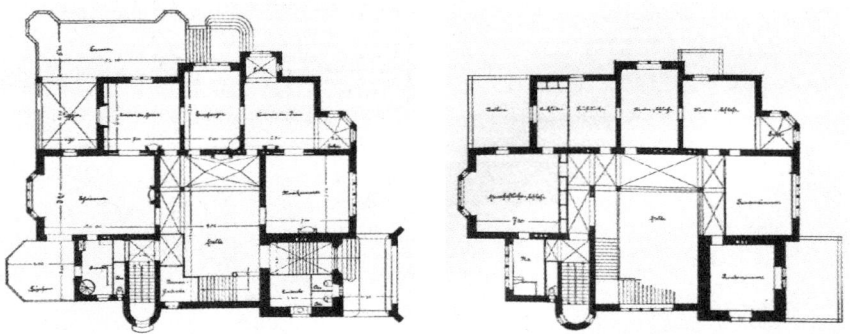

Grundrisse Erdgeschoss und Obergeschoss aus: *Architektonische Rundschau* 1899

1901 Villa Levin

Villa Levin

GÖTTINGEN

ADRESSE
Merkelstraße 4
(früher Waldstraße 3)
BAUHERR
Ferdinand August
Levin
ZUSTAND
erhalten, Baudenkmal

GESCHICHTE

In den 1890er-Jahren entsteht außerhalb der Wallanlagen von Göttingen an den Hängen des Hainbergs ein neues Villenviertel, zu dem auch die Merkelstraße gehört. Das parkähnliche Grundstück des Unternehmers Ferdinand August Levin (1855–1912), der 1894 mit seinem Bruder die Leitung der väterlichen Textilbetriebe in Göttingen übernimmt, hat eine Größe von etwa 7.000 Quadratmetern und grenzt im Süden direkt an die städtischen Grünanlagen des Thorner Parks und der Schiellerwiesen an.

Woher sich Bauherr und Architekt kennen ist nicht bekannt. Grisebach ist zwar in Göttingen geboren, hat dort aber nur dieses eine Haus gebaut und das auch recht spät. Womöglich sind die Familien Levin und Ginzkey aus Reichenberg im heutigen Tschechien miteinander bekannt. Alfred Ginzkey ist ebenfalls Textilunternehmer und nur wenige Jahre zuvor Bauherr einer Villa von Grisebach. Die beiden Häuser in Göttingen und Maffersdorf bei Reichenberg sind sich sehr ähnlich.

In den 1930er-Jahren erwirbt die Stadt Göttingen die Villa und vermietet sie. Nach dem Zweiten Weltkrieg wird das Haus nach dem norwegischen Zoologen Fridtjof Nansen benannt und erhält zwei große Anbauten, darunter auch einen von Lucy Hillebrand (1906–1997). Die Gesamtwirkung als frei stehende Villa und auf Übereck-Perspektiven angelegter Baukörper ist dadurch vernichtet. Ab den frühen 1970er-Jahren hat das Goethe-Institut der Stadt hier für mehrere Jahrzehnte seinen Sitz, seit 2018 gehört das Haus einem Göttinger Fachverlag. Das ehemals sehr große Grundstück ist heute aufgeteilt und teilweise bebaut, die beiden ebenfalls von Grisebach entworfenen stattlichen Nebengebäude mit Fachwerk – ursprünglich eine Remise mit Kutscherwohnung und ein Gärtnerhaus – haben eigene Hausnummern (6 und 7).

1901 Villa Levin

Das Haus mit einer Grundfläche von rund 750 Quadratmetern ist auf dem Grundstück so platziert, dass zur im Osten verlaufenden adressgebenden Straße ein etwa 20 Meter tiefer Vorgarten mit Vorfahrt entsteht. In Richtung Westen hat der Garten eine Ausdehnung von etwa 80 Metern und nach Süden grenzt das Grundstück direkt an die städtischen Grünanlagen.

Das dominierende Element des Hauses ist ein an der Nordostecke platzierter hoch aufragender Turm auf quadratischem Grundriss mit hohem Pyramidendach. Er nimmt an seinem Fuß, hinter einer überdachten Vorfahrt, den Haupteingang auf und hat ganz oben eine umlaufende Aussichtsgalerie.

Man betritt das Haus durch den Turm von Norden und erreicht die große Halle im deutlich erhöhten Erdgeschoss über eine einläufige Treppe. Dieser zentrale zweigeschossige Raum hat eine Grundfläche von knapp 120 Quadratmetern und ist mit einer auf drei Seiten verlaufenden Galerie ganz ähnlich eingerichtet wie die Halle der wohl vorbildlich gewesenen Villa Ginzkey in Maffersdorf. Wie dort gibt es auch hier zur Belichtung ein mehrteiliges Rundbogenfenster mit Maßwerk. Abgesehen von den Himmelsrichtungen und dem Zugang ist die Raumanordnung im Erdgeschoss bei beiden Häusern insgesamt gleich: Um die Halle herum angeordnet sind hier im Norden das Musikzimmer, im Westen nebeneinander das Damen-, das Empfangs- und das Herrenzimmer und im Süden der Speisesaal. Hier wie dort hat das Damenzimmer einen polygonalen Erkerplatz, wird die offene Ecke zwischen Herren- und Speisezimmer von einer tiefen überwölbten Loggia ausgefüllt, von der aus es auf die offene Terrasse und hinunter in den Garten geht, und hier wie dort schließt sich der Kreis mit dem durch alle Geschosse geführten Nebentreppenhaus in einem schlanken halbrunden Turm. Auch den nach Süden weisenden Wintergarten gibt es in analoger Form und Gestalt; er ist hier dem Speisesaal zugeordnet.

Im Obergeschoss gruppieren sich um die Halle, erreichbar über die umlaufenden Galerien, Schlaf-, Kinder- und Gästezimmer, im Dachgeschoss gibt es weitere Gäste- und das Turmzimmer.

Das Zentrum des plastisch differenzierten Baukörpers wird durch das hohe Walmdach markiert, aus dem sich in alle vier Richtungen Querdächer mit Giebeln unterschiedlich weit hervorschieben. Die malerische Gestalt und Silhouette mit den Risaliten und den jeweils unterschiedlich geformten Giebeln, den Türmen, Ausluchten, Altanen und Loggien und unterschiedlich geformten und gruppierten Fenstern ist immer sorgfältig austariert. Die Fassaden sind mit einem hellgrauen Tuffstein in unterschiedlich großen Formaten verblendet, die Dächer mit dunklem Schiefer gedeckt, Fensterrahmen und -gliederungen, Konturen und Abschlüsse sind aus rotem Granit. Auch hierin ähneln sich also die beiden Villen Levin und Ginzkey, auch wenn die Steine eine andere Farbigkeit haben und es die Betonung der Konturen und Öffnungen durch einen so deutlichen Farbwechsel nur in Göttingen gibt.

Wohnhaus Cleve

BERLIN-CHARLOTTENBURG

ADRESSE
Fasanenstraße 39
(früher Gravelotter
Straße und
Fasanenstraße 49)
BAUHERR
Dr. Richard Cleve
ZUSTAND
erhalten, Denkmal

GESCHICHTE

1891 verkauft der Hamburger Kaufmann Hünicken ein knapp 400 Quadratmeter großes Teilgrundstück an der Gravelotter Straße aus seinem größeren Eigentum an die Baronin von Luttitz. Sie lässt sich von dem Baumeister Paul Scholz hier ein zweigeschossiges Wohnhaus planen. Nach einem Eigentümerwechsel um 1900 und der Umbenennung der Gravelotter in Fasanenstraße weist der amtliche Lageplan von 1902 schließlich Frau Frida Cleve[1] als neue Eigentümerin des Grundstücks aus. Direkt an der Baulinie eingetragen ist bereits ein neuer Baukörper nach Plänen von Hans Grisebach.

Für das 11,60 Meter breite und 34,20 Meter tiefe Grundstück entwirft Grisebach ein viergeschossiges Wohnhaus mit zwei jeweils zweigeschossigen Wohnungen übereinander und einem Souterrain nur wenig unter Straßenniveau. In der Höhenentwicklung folgt er damit seinem eigenen Wohnhaus von 1892 etwas weiter nördlich in derselben Straße. Auch die dort realisierte offene Eingangshalle mit Treppe zur Haustür des erhöhten Erdgeschosses sieht er hier in Plänen vom Mai 1902 zunächst vor.

In Nachtragszeichnungen vom Oktober 1902 ist die straßenseitige Eingangsnische allerdings aufgegeben zugunsten eines nun an dieser Stelle platzierten durchgehenden Treppenhauses mit seiner Tür direkt an der Straße. In der Folge werden vor allem die Giebelformen mehrmals umgezeichnet – vom geschweiften Giebel über die gesamte Hausbreite im ersten Entwurf bis zum ausgeführten Treppengiebel im März 1903. Im Juni 1903 beantragt Grisebach außerdem den Einbau eines Ladens für den Gärtner im Sockelgeschoss rechts sowie die Anlage eines 5,60 Meter tiefen Vorgartens mit Zaun und zwei Toren.

Das Haus befindet sich bis heute im Besitz der Familie Cleve. Es ist auch in seiner Innenausstattung größtenteils erhalten, aber zugunsten mehrerer Wohnungen partiell umgebaut.

← Foto aus: *Architektur des XX. Jahrhunderts 1904*

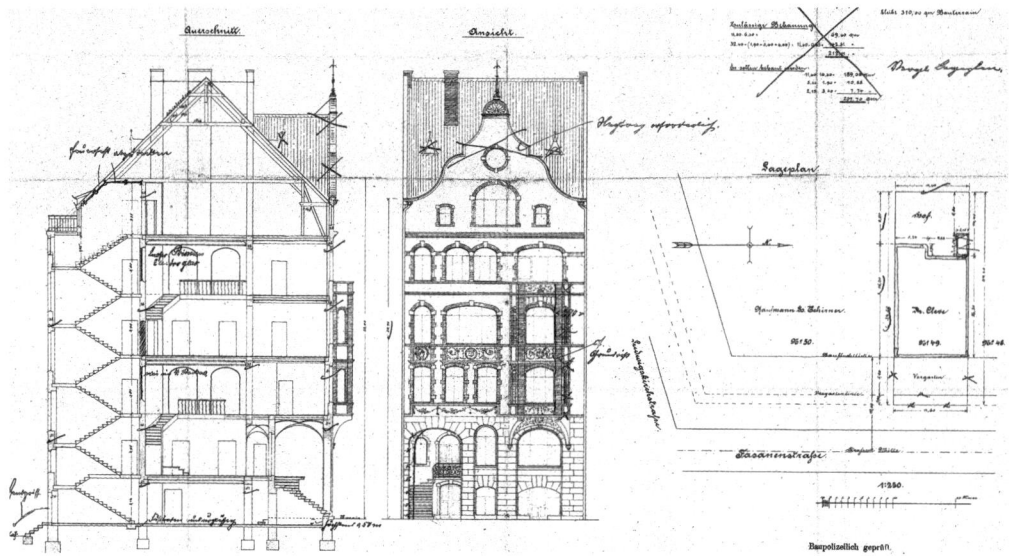

Schnitt und Ansicht mit offener Eingangshalle vom Mai 1902, Zeichnungen aus: Bauakte im Archiv Berlin Charlottenburg-Wilmersdorf

BESCHREIBUNG

Der Bauherr Richard Cleve beschreibt sein Haus 1913 selbst als „ein sehr eigenartiges und neuartiges Haus, für 2 Familien bewohnbar (...) von außen (...) sowie von innen reich mit Altertümern ausgestattet"[2]. Und in der Tat ist die Anlage zweier zweigeschossiger Wohnungen übereinander in einem städtischen gereihten Wohnhaus sehr ungewöhnlich und selten. Hinsichtlich der Erschließung ist sie auch nicht ganz unkompliziert. Von der anfangs beantragten souveränen und schönen Lösung der offenen Treppenhalle, die Grisebach schon für sein eigenes Haus gefunden hatte, profitierte in diesem Fall lediglich die untere der beiden Wohnungen. Grisebach verwirft sie wohl vor allem deshalb, weil die Mieter der oberen Maisonette immer zunächst den Weg durch das Souterraingeschoss zum gartenseitigen Treppenhaus hätten nehmen müssen. Die erste Lösung hätte allerdings auch für die Straßenfassade größere Freiheiten bedeutet. Das durchgehende Treppenhaus an dieser Stelle, wie es schließlich ausgeführt wird, zwingt zu einer Achse mit Fenstern auf jeweils halber Geschosshöhe. Grisebach behandelt diese eher beiläufig; die Treppenhausachse ist nicht nur die schmalste der ohnehin nur drei Achsen, sie liegt auch – anders als im ersten Entwurf – außerhalb des hohen, bekrönenden Giebels.

Es nehmen nun die Bewohner beider Maisonettes dieselbe Haustüre direkt an der Straße und die Treppe ebenda. Im Souterrain, nur vier Stufen unter dem Niveau der Straße, befindet sich in der breitesten Achse rechts ein Laden, der um eine kleine Wohnung ergänzt ist.

Die beiden großen Wohnungen unterscheiden sich vor allem durch ihre Lage im Haus und das Angebot an Erkern, Loggien und Balkonen. Eine rund 35 Quadratmeter große zweigeschossige Halle mit offener Treppe und Galerie bildet jeweils

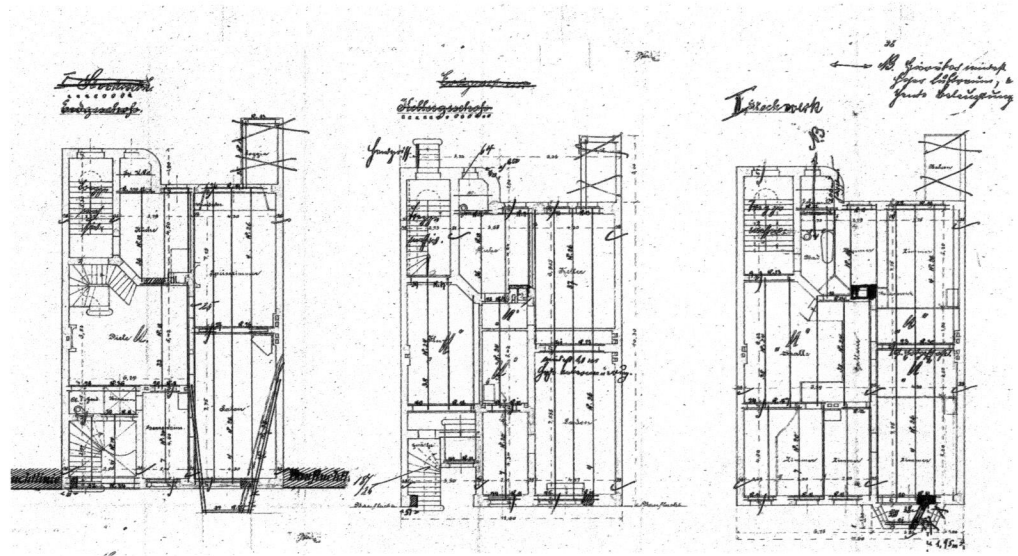

Grundrisse Sockelgeschoss und zweigeschossige Wohnung vom Mai 1902, Zeichnungen aus: Bauakte im Archiv Berlin

das Zentrum. Die untere muss selbst ohne direktes natürliches Licht auskommen, hat aber zahlreiche Türen mit Oberlichtern. Die Halle der oberen Wohnung hat in ihrer Holzbalkendecke zusätzlich ein rechteckiges Oberlicht aus Glasbausteinen. Über die Hallen werden im jeweils unteren Geschoss das Herrenzimmer und der Salon zur Straße erschlossen sowie das Speisezimmer und die Nebenräume zum Hof. Eine gewendete Treppe führt auf eine Galerie, die sich etwas unorthodox um eine Stütze herum in die rechte Raumachse verbreitert und zu einem zweiteiligen Wohnzimmer entlang der Straße führt sowie ein hofseitig gelegenes großes Schlafzimmer und die Gruppe von Kinder-, Schrank-, Mädchen- und Badezimmer erschließt.

Das Dachgeschoss ist durch die hohen Giebelflächen gut belichtet und durch das durchgehende Treppenhaus auch komfortabel zu erreichen, darf aber zu Wohnzwecken zunächst nicht genutzt werden.

So ungewöhnlich wie die innere Struktur des Hauses ist auch seine äußere Erscheinung, jedenfalls für den Berliner Kontext. Im Kontrast zu den in der Regel hellen Naturstein- oder Putzfassaden der Stadt ist das Haus Cleve mit sehr dunklen schwarzroten Ziegeln verkleidet und in den beiden unteren Geschossen mit unregelmäßig gebrochenem Rüdersdorfer Kalkstein; gliedernde Fassadenelemente sind aus hellem Sandstein. Von den drei unterschiedlich breiten Achsen werden die mittlere und die rechte durch einen die Fassade bestimmenden Staffelgiebel zusammengefasst. Die davon ausgenommene schmale Treppenhausachse hat notwendigerweise den Fensterrhythmus der Podeste.

Die Gliederung des Hausinneren ist im Äußeren nicht unmittelbar erkennbar. Der Wechsel des Fassadenmaterials – vom hellen Kalkstein des Sockels zum dunklen

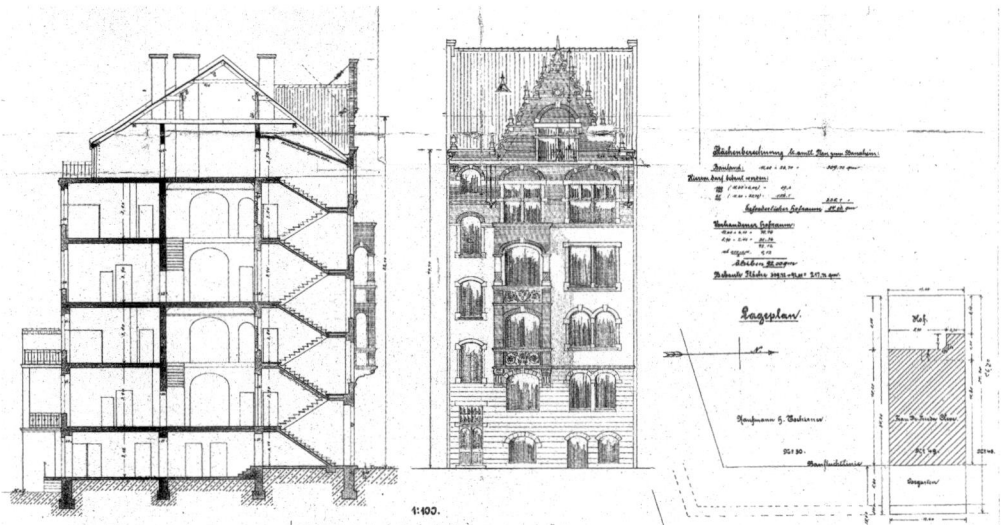

Schnitt und Ansicht wie ausgeführt vom Februar 1903, Zeichnungen aus: Bauakte im Archiv Berlin Charlottenburg-Wilmersdorf

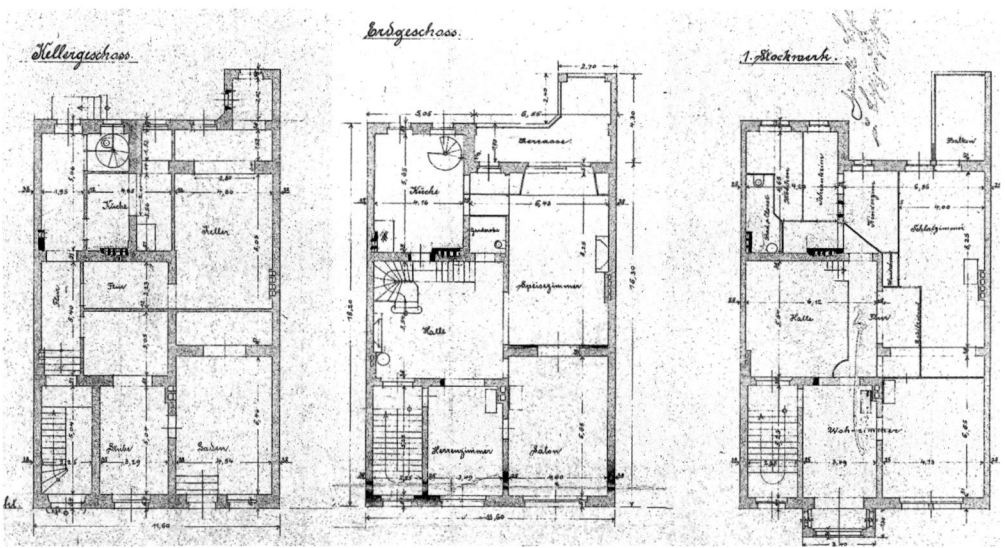

Grundrisse Sockelgeschoss und zweigeschossige Wohnung wie ausgeführt, Zeichnungen aus: Bauakte im Archiv Berlin Charlottenburg-Wilmersdorf

1903 Wohnhaus Cleve

Ziegel darüber – findet innerhalb der unteren Maisonettewohnung statt. Aber ihre Fenster zur Straße schließen allesamt mit einem Stichbogen ab, während die der Wohnung darüber hochrechteckig ausgebildet sind. Der Erker in der mittleren Achse erzählt wiederum nichts von der horizontalen Gliederung des Hauses; er dient beiden Wohnungen und wandelt sich vom dreiseitig befensterten Erker im ersten Obergeschoss zur Loggia und schließlich zum Balkon.

Wie der Bauherr selbst erwähnt, ist das Haus reich mit eigenen Sammlungs- und Fundstücken ausgestattet, die vor allem aus dem 17. Jahrhundert stammen. Grisebach integriert schlichte, auf Postamenten stehende Obelisken am Giebel, die wohl Spolien eines Bürgerhauses aus Bremen sind sowie in der Hansestadt ebenfalls häufig vorkommende Sandsteinmuscheln oberhalb der Fenster, die mit einem gemauerten Entlastungsbogen abschließen. Aus Holland stammen die Fliesen im Treppenhaus und den Speisezimmern und aus dem Holländischen Viertel in Potsdam einige Innentüren der oberen Wohnung.[3] Auch Elemente des zweigeschossigen Vorgängerbaus, in dem für kurze Zeit der Schriftsteller Gerhart Hauptmann, ebenfalls ein Bauherr von Grisebach, gewohnt hatte, werden in den Neubau integriert. Es sind dies die Haustür, zwei Treppenhausfenster und die Einfriedung des Vorgartens an der Straße.[4]

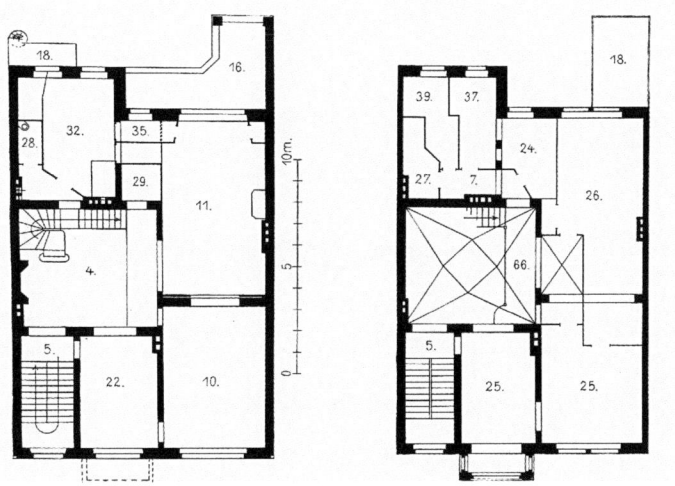

← Grundrisse der zwei-
geschossigen Wohnungen,
Zeichnungen aus: *Architektur
des XX. Jahrhunderts* 1904

1   Es gibt eine indirekte Verwandtschaft zwischen den Familien Grisebach und Cleve. 1900 heiratet Rudolf Grisebach (geb. 1871) aus der sogenannten Rudolph-Linie (siehe Kapitel: Biografien) Fides Blumenbach (geb. 1837), deren Großmutter Helene Blumenbach (1795–1875) eine geborene Cleve ist (vgl. Grisebach, Erich: *Geschichte der Familie Grisebach*, 1936, S. 208).
2   Cleve beginnt mit dieser Beschreibung eine schriftliche Auseinandersetzung im Zusammenhang mit einem Wohnverbot für das Dachgeschoss, wo das Personal einer Mieterin untergebracht ist (vgl. Bauakte).
3   vgl. Mielke, Friedrich: *Das Bürgerhaus in Potsdam*, Tübingen 1972, S. 239, Abb. S. 240 und Taf. 143b
4   Das Wohnhaus Wiesenstein für Gerhart Hauptmann im heute polnischen Agnetendorf wird 1901 fertiggestellt.

WERKLISTE/
WEITERE PROJEKTE

Grabmäler

1880
Grabmal Spaeter

Es ist nicht bekannt, ob der gezeichnete Entwurf mit der Inschrift *Ruhestaette der Familie Spaeter. Wer im Gedächtnis seiner Lieben lebt Der ist nicht todt* auch realisiert wurde. Für die Familie Spaeter hat Grisebach 1882 in Koblenz ein Wohnhaus realisiert, über das aber auch nichts bekannt ist.

1892
Erbbegräbnis Liebermann

Als Philippine Liebermann, die Mutter des Malers Max Liebermann (1847–1935), 1892 stirbt, entsteht auf dem Jüdischen Friedhof in der Schönhauser Allee in Berlin-Prenzlauer Berg das Erbbegräbnis der Familie nach dem Entwurf von Hans Grisebach. Grisebach setzt frei stehend zwei Wände aus Sandstein im rechten Winkel zueinander, sodass sie ein Rechteckfeld aufspannen, das sich in Richtung Osten und zu weiteren Grabmälern der Familie auf dem Friedhof öffnet. Die äußeren Flächen der beiden Mauern verbleiben glatt und unbehandelt, die inneren gliedert Grisebach in drei und vier Blendarkaden mit Wandsäulen. Der Wandgliederung entsprechend ist die Bodenfläche der kleinen Anlage für sechs sarggroße Grabplatten in drei Reihen liegend ausgelegt. Die beiden nicht-ummauerten Seiten sind durch ein niedriges Eisengitter aus floralen Elementen begrenzt. 1894 wird hier auch Max Liebermanns Vater Louis begraben und 1935 der Maler selbst.

1895
Grabmal Grisebach

Das Grabmal entwirft Hans Grisebach für seinen jungen Sohn Edward, der Ende 1894 im Alter von nur elf Jahren durch einen Unfall stirbt. Es befindet sich an der westlichen Mauer des Luisen-Kirchhofs III in Berlin-Charlottenburg am Fürstenbrunner Weg 37–67 und ist eine sehr stille und zurückhaltende Grab-stätte. In ein niedriges Natursteinmauerelement von gut drei Meter Länge ist eine flache Scheinöffnung eingelassen, die mit einem Korbbogen abschließt und von kleinen Säulen flankiert wird. Die Nische ist mit einem farbigen, von Hermann Schaper (1853–1911) gestalteten Mosaik ausgefüllt. Dargestellt ist das in weiße Tücher gewickelte Kind wie es von zwei Engeln sanft aufgehoben wird. Namen und Daten sind hier keine notiert. In einem früheren Entwurf vom Oktober 1895 ist anstelle der Nische ein kleiner offener Raum vorgesehen. Durch eine kniehohe Einfassung sollte ein schmiedeeisernes Tor hineinführen. Abgesehen von der zu einem Wandrelief verringerten Tiefe des Raums ist alles andere so ausgeführt wie gezeichnet: die Gliederung der Natursteinmauer, der Bogenabschluss der flachen Öffnung und die Andeutung eines Daches mit zwei Lagen roten Ziegeln und First. 1904 wird auch Hans Grisebach hier beigesetzt und 1936 Emmy Grisebach.

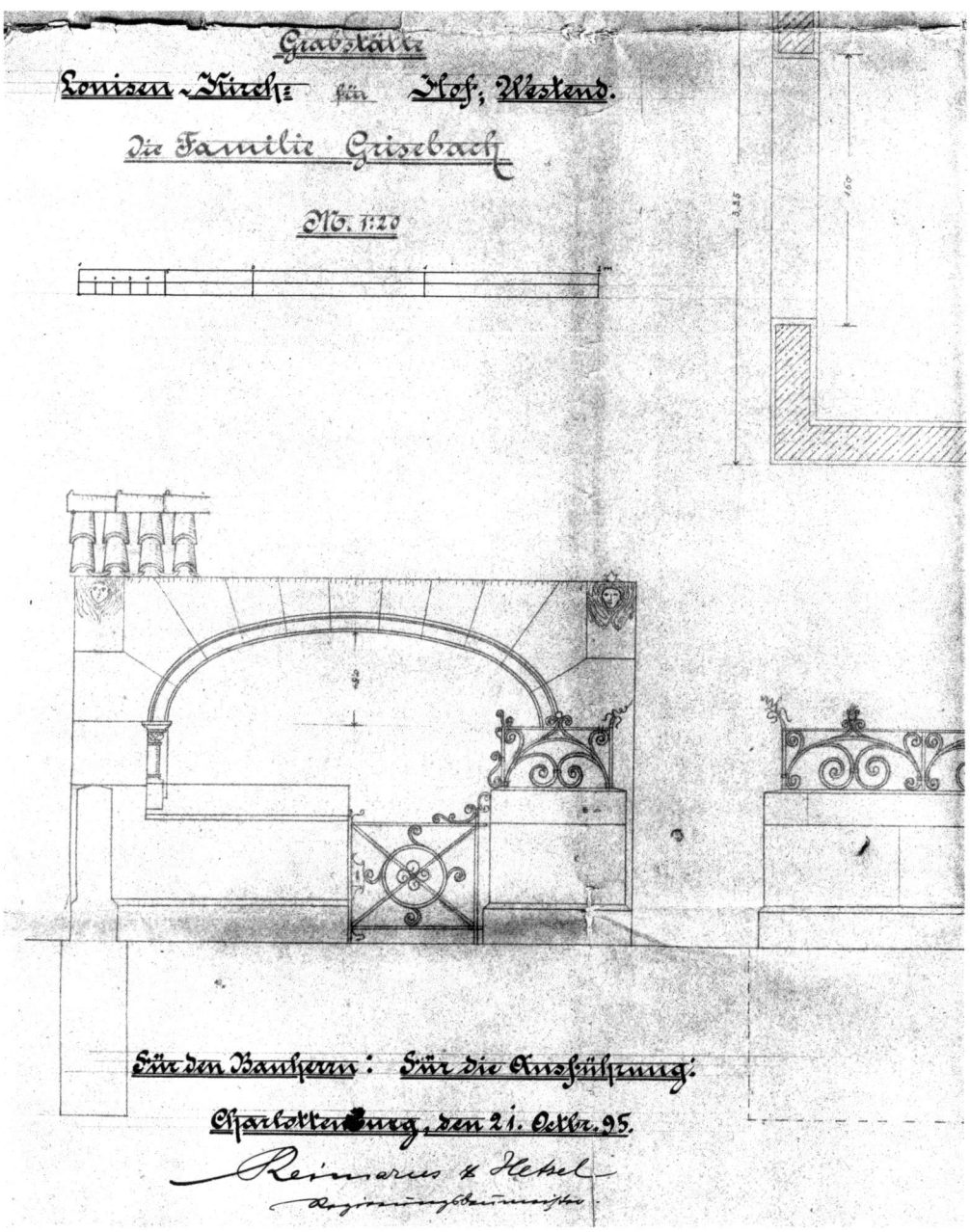

Zeichnung aus: Archiv Luisen-Kirchhof III, Acta Grisebach

Klein- und Ausstellungs-architektur

Foto aus: Rückwardt, Hermann: *Berliner Neubauten*, Berlin o. J.

um 1887

Orchesterpavillon Zenner

Für das Gartenrestaurant Zenner im Treptower Park entwirft Grisebach in den 1880er-Jahren einen offenen hölzernen Gartenpavillon. Der rund 88 Hektar große Park an der Spree wird in diesen Jahren nach den Plänen von Gustav Meyer (1816–1877) angelegt, das Ausflugsrestaurant entstand schon 1822 als Kaffeehaus nach einem Entwurf von Friedrich Wilhelm Langerhans (1780–1851). Warum Zenner Grisebach mit dem Entwurf des Pavillons betraut ist nicht bekannt, aber wahrscheinlich ist er mit dem Gastronomen und Inhaber einer Bierbrauerei Julius Bötzow bekannt, für den Grisebach zur selben Zeit das Kronprinzenzelt im Berliner Tiergarten realisiert. Grisebach entwirft eine erhöhte Holzkonstruktion auf achteckförmigem Grundriss mit Balustrade, acht schlanken Säulen und Haubendach mit Laterne. 1896 findet im Treptower Park die Berliner Gewerbeausstellung statt, an deren baulicher Konzeption Grisebach beteiligt ist. Im Zweiten Weltkrieg werden das Ausflugsrestaurant und der Orchesterpavillon zerstört. Heute steht an der Stelle von Zenners Restaurant an der Straße Alt-Treptow 14–17 ein Neubau nach dem Entwurf von Hermann Henselmann (1905–1995), der inzwischen erweitert worden ist.

1893

Ausstellungshalle für Weinbau in Chicago

Auf der Weltausstellung in Chicago im Jackson Park direkt am Lake Michigan gestaltet Grisebach die Ausstellungshalle für den Weinbau. Der Bereich befindet sich in der von William Le Baron Jenney (1832–1907) entworfenen, mehr als 300 Meter langen Gartenbauhalle. Die Stahl-Glas-Konstruktion hat einen überkuppelten Mittelbau mit 56 Meter Durchmesser, zwei langgestreckte Verbindungshallen und zwei verbindenden Querflügel an den Enden im Norden und Süden. In der südlichen 75 mal 35 Meter messenden zweigeschossigen Halle legt Grisebach eine Art Klosterhof mit überwölbten Hallenräumen und Erfrischungssälen an, der von Winzern aus allen Ländern bestückt wird. Die Ausstellungsgebäude werden nach sechs Monaten abgerissen.

1893

Ausstellungspavillon für die Chemische Industrie in Chicago

Für den Auftritt des Verbandes der Chemischen Industrie entwirft Grisebach auch im Industriegebäude einen Pavillon. Die rund elf Meter hohe Holzkonstruktion auf einem kreuzförmigen Grundriss mit Kuppeldach und Laterne wird im Januar 1893 schon einmal vorab im Lichthof des Kunstgewerbemuseums in Berlin aufgebaut. Die vier übergiebelten Öffnungen des Pavillons schließen mit Bögen ab, die nur brüstungshoch geschlossenen Wände sind innen mit gepolsterten Bänken ausgestattet. Die gute Verbindung Grisebachs zum Verband resultiert wohl aus seiner Bekanntschaft mit dessen Vorsitzendem Karl Alexander von Martius (1838–1920). Der Chemiker und Industrielle ist der Sohn des Botanikers und Direktors des Botanischen Gartens in München Karl Friedrich Philipp von Martius, während Grisebach ebenfalls Sohn eines Botanikers und Direktors des Göttinger Gartens ist. 1896 entwirft Grisebach für den Verband das Ausstellungsgebäude auf der Gewerbeausstellung in Berlin und 1900 gestaltet er auf der Weltausstellung in Paris erneut ihren Ausstellungsraum. Im Industriegebäude der Weltausstellung in Chicago zeigt Grisebach in der Abteilung für Kunstgewerbe außerdem eine Wohnzimmerausstattung in Nussbaumholz nach seinem Entwurf und eine schmiedeeiserne Außenleuchte.

1900
Ausstellungshalle für die Chemische Industrie in Paris

Für die Weltausstellung in Paris gestaltet Grisebach erneut den Auftritt für den Verband der Chemischen Industrie, die auf dem Marsfeld in einem der sogenannten Industriepaläste ausstellt. Grisebach entwirft für den Hallenraum eine Art geordnetes Labyrinth aus wandbegleitenden und frei stehenden gläsernen Vitrinen.

Innenausstattungen und Möbel

Hans Grisebach entwirft in den ersten Jahren seiner selbstständigen Arbeit als Architekt auch zahlreiche Innenausstattungen und Möbel. Chronologisch aufgeführt sind hier die etwas umfangreicheren Arbeiten, neben denen es aber weitere Zeichnungen und Skizzen zu rund 40 Möbeln gibt. Namentlich als Auftraggeber erwähnt werden neben den hier genannten Herr Prof. Flügge aus Göttingen, Herr Dr. Hammacher, Herr Klipfel, Herr C. Lehmann und Walter (alle um 1880), Herr Jürgens aus Hamburg (1882), Herr Dr. H. Schmidt (1884) und Herr Wegeler aus Koblenz (um 1884). Als in Grisebachs Büro die architektonischen Aufgaben dominieren, entwirft er Innenausstattungen und Möbel nur noch im Zusammenhang mit diesen, also den eigenen Bauten.

Mobiliar für Anna Weidenbusch in Wiesbaden

Für Anna Weidenbusch entwirft Grisebach einen Eichenstuhl mit Rohrgeflecht für eine 15-fache Anfertigung für das Speisezimmer, einen Nähtisch und einen Konsoltisch mit Spiegel. Anna ist wohl die Tochter von Dr. Weidenbusch in Wiesbaden, für den Grisebach ein Jahr später ebenfalls Möbel entwirft.

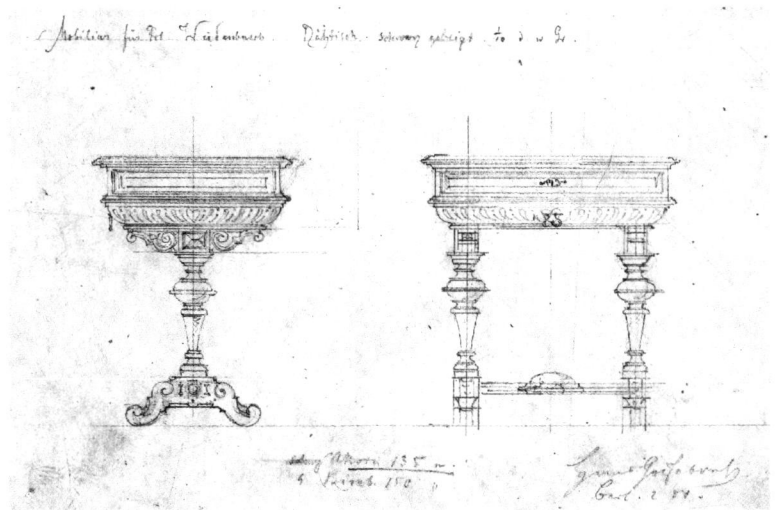

←
Nähtisch, Handzeichnung 7235 aus: Nachlass

1881

Wohnungsausstattung für Dr. Weidenbusch in Wiesbaden

Für das Haus von Dr. Weidenbusch in Wiesbaden entwirft Grisebach eine Wandabwicklung des Speisezimmers, Bibliotheksschränke und einen Schreibtisch.

←
Speisezimmerwand mit Kamin, Handzeichnung 7271 aus: Nachlass

Ausstattung der Villa Schierenberg in Wiesbaden

Über die Villa Schierenberg in Wiesbaden in der Kapellenstraße ist insgesamt sehr wenig bekannt. Grisebach listet sie 1888 in den *Personalnachrichten für das Archiv der Königlichen Akademie der Künste in Berlin* als eines seiner Werke auf und datiert sie mit dem Fertigstellungsjahr 1881. Im Nachlass gibt es ausschließlich Zeichnungen zur Innenausstattung und einzelnen Möbeln: Wandvertäfelungen des Speisezimmers, ein Kleiderschrank aus Eichenholz, Tisch, Stuhl und Kommode mit Spiegelaufsatz.

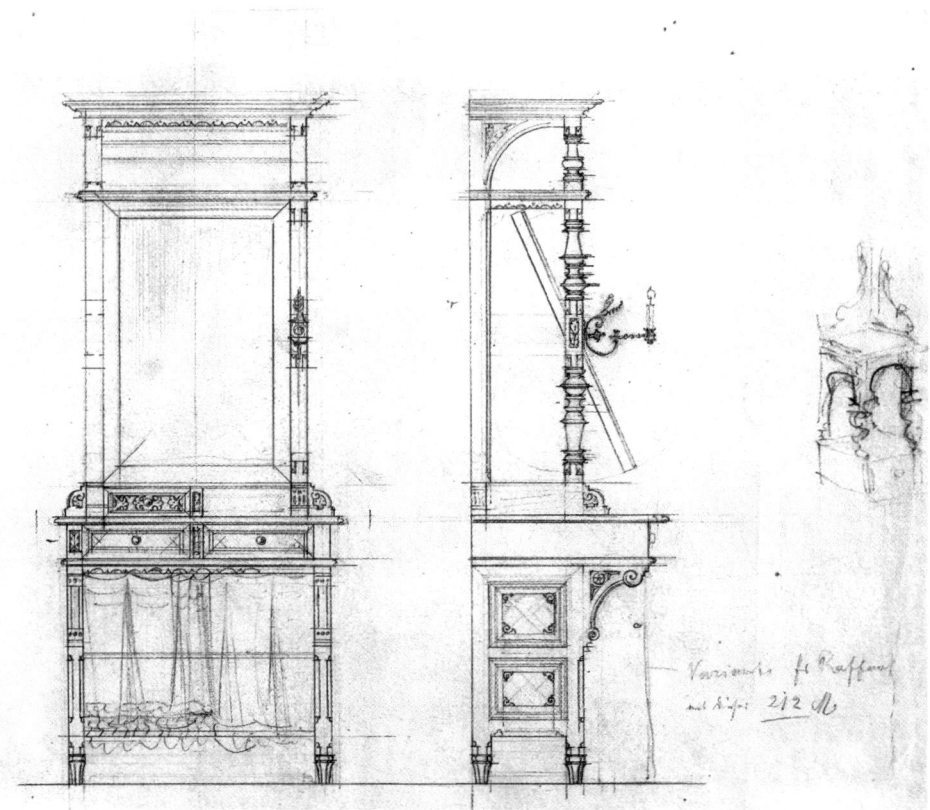

Toilettentisch, Handzeichnung 7269 aus: Nachlass

Ausstattung des Wohnhauses Grafe in Wuppertal

Für das Haus von Herrmann Grafe in Wuppertal-Elberfeld entwirft Grisebach Wandvertäfelungen im Speisezimmer, einen Schrank aus amerikanischem Nussbaumholz und für den Salon einen Schrank im Zusammenhang mit Wandvertäfelungen.

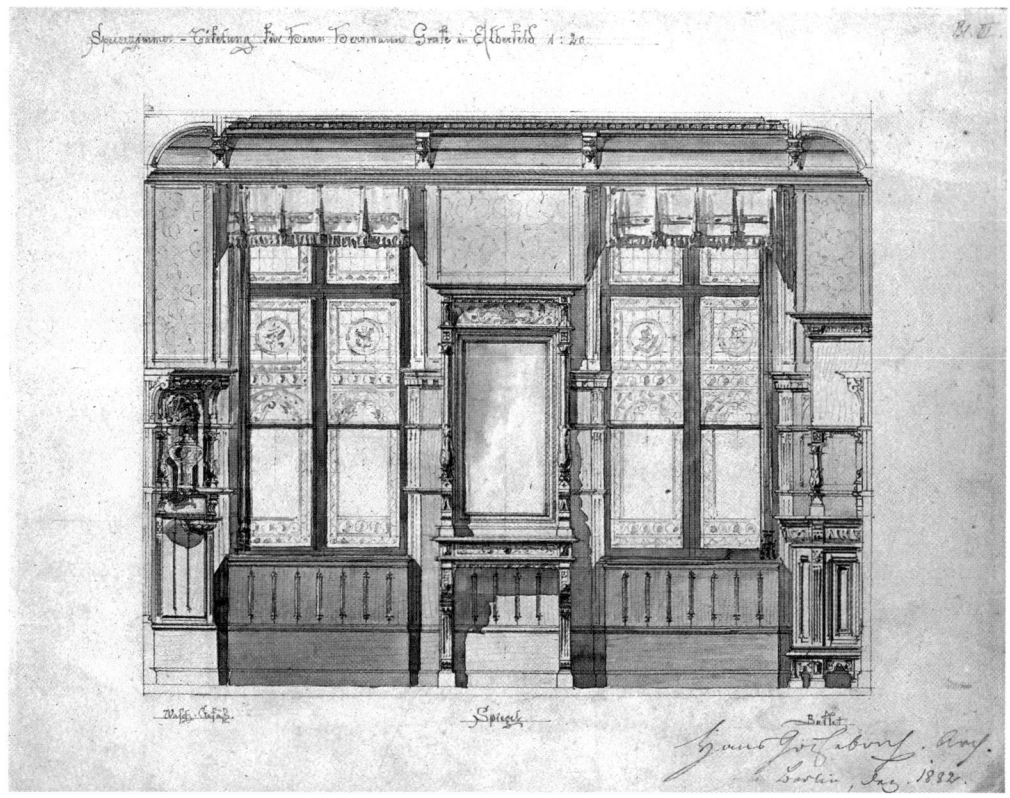

Speisezimmer-Vertäfelung, Handzeichnung 7201 aus: Nachlass

1888

Möblierung der Villa Wahllaender in Berlin-Tiergarten

Gleichzeitig mit dem Entwurf des Sommerhauses für Auguste Wahllaender in Timmendorfer Strand entwirft Grisebach auch Möbel für die Villa der Familie in der Tiergartenstraße 2 in Berlin. Zu diesem Zeitpunkt ist Friedrich Wilhelm Ludwig Wahllaender (1809–1882) allerdings schon verstorben und Auguste zieht etwa 1889 in das neue Sommerhaus an die Ostsee.

Entwürfe und Realisierungen ohne gesicherte Nachweise

1872
Fürstliches Jagdschloss

Während seines Studiums bei Conrad Wilhelm Hase in Hannover skizziert Grisebach eine fiktive Schlossanlage auf einem steilen Berg. Die Gebäudegruppe mit Turm wirkt nicht burgähnlich-wehrhaft, sondern auf die Umgebung bezogen und ihr zugewandt.

Zeichnung aus: Architekturmuseum der TU Berlin, Inv.-Nr. 1590

1873

Städtisches Wohnhaus

Grisebach entwirft während seines Studiums ein zweigeschossiges Wohnhaus auf einer Parzelle mit zwei Brandwänden, also nicht frei stehend, sondern Wand an Wand mit den Nachbarn. Das Haus für eine Familie ist symmetrisch aufgebaut mit einer großzügigen dreiläufigen Treppe in der Mittelachse, den Gesellschaftsräumen auf zwei Ebenen und den Schlafzimmern im Dachgeschoss. Die beiden äußeren Achsen variiert er leicht durch Durchfahrt, Erker, Risalit, Loggia und Wintergarten. Eine wohl etwas später entstandene Zeichnung zeigt die ausgearbeitete Fassade dieses oder eines sehr ähnlichen Hauses, jetzt allerdings rein symmetrisch.

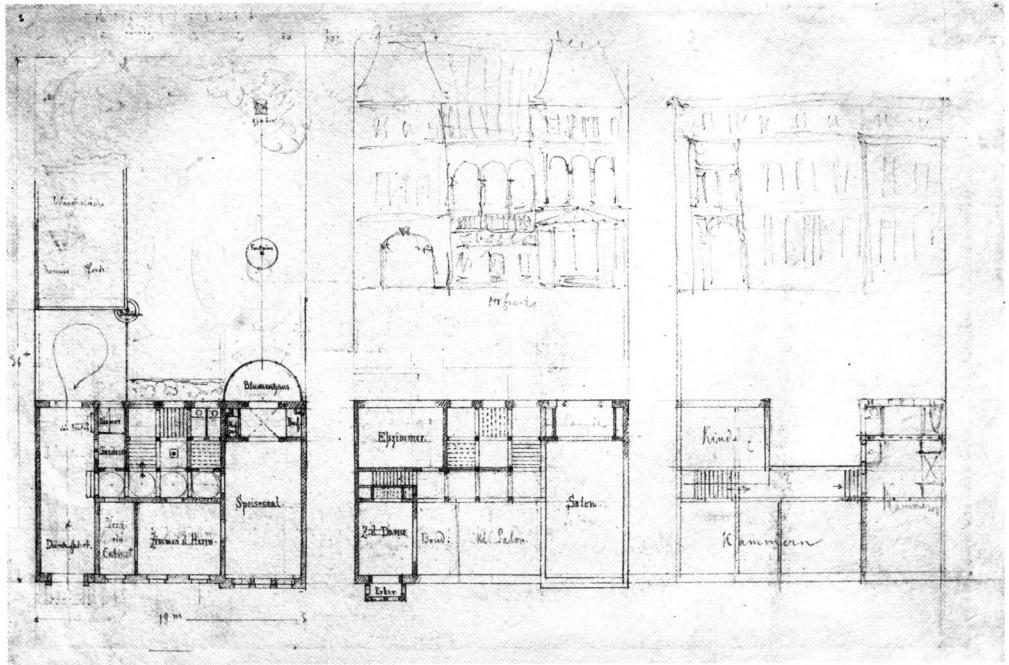

Handzeichnung 7206 aus: Nachlass

1878

Wettbewerb St. Petrikirche in Leipzig

Mit seinem Beitrag zum Wettbewerb für einen neuen evangelisch-lutherischen Kirchenbau erreicht Grisebach den dritten Platz. Er schlägt einen Kirchenraum auf kreuzförmigem Grundriss mit Vierungsturm vor. Insgesamt werden 80 Entwürfe, in der Mehrzahl überkuppelte Zentralbauten, eingereicht. Den ersten Preis erhält das Büro Giese & Weidner, deren Arbeit aber nicht weiterverfolgt wird. Die mit einem zweiten Preis und einem Ankauf bedachten Herren Hartel und Lipsius erhalten den Auftrag zur Realisierung gemeinsam. Die Kirche auf dem heutigen Gaudigplatz wird 1885 eingeweiht und ist erhalten.

1880

Küsterhaus der Bergkirche in Wiesbaden

Grisebach arbeitet seit 1876 in Wiesbaden für Johannes Otzen als Bauleiter an der Realisierung der protestantischen Bergkirche. Der backsteinerne Zentralbau an der Lehrstraße wird 1879 fertiggestellt. Im Anschluss entsteht ein kleines frei stehendes Wohnhaus auf L-förmigem Grundriss für den Küster, für das Grisebach die Entwurfszeichnungen liefert. Das eingeschossige Wohnhaus mit zwei Schlafzimmern im Dachgeschoss hat wie die Kirche selbst Fassaden aus rotem Backstein und ein schiefergedecktes Dach.

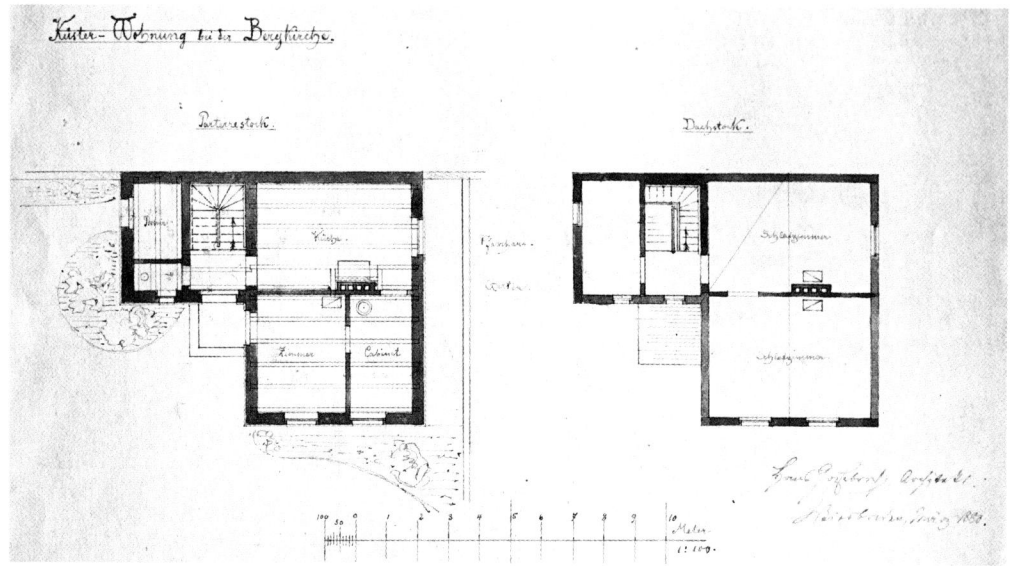

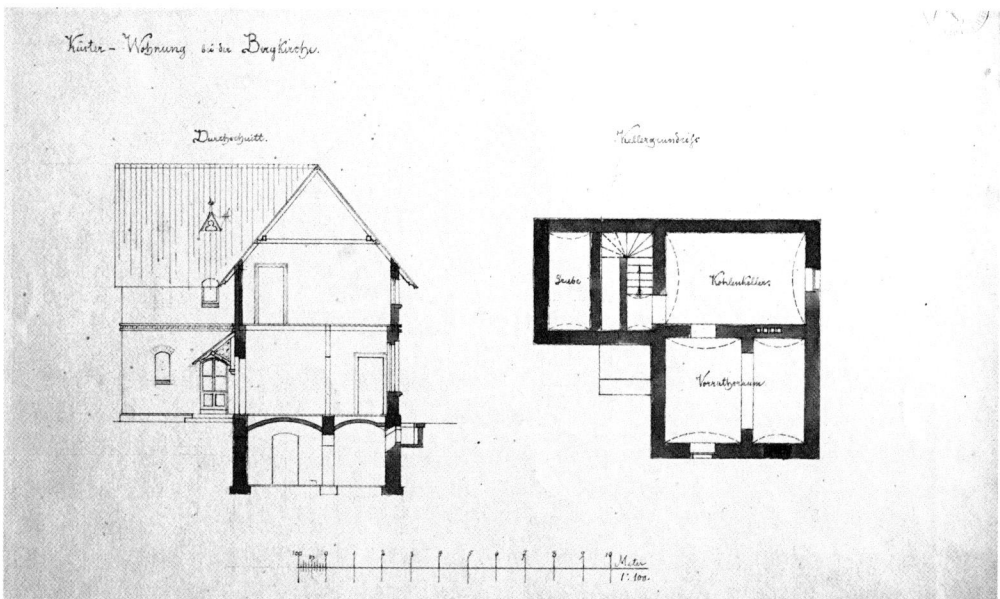

Handzeichnungen 7237 und 7238 aus: Nachlass

Villa Schierenberg in Wiesbaden

Zu dem Haus ist insgesamt sehr wenig bekannt, auch wenn es realisiert wurde. Grisebach listet es 1888 in den *Personalnachrichten für das Archiv der Königlichen Akademie der Künste in Berlin* als eines seiner Werke auf und datiert es mit dem Fertigstellungsjahr 1881. Das Haus befand sich wohl wie die Villen Alves und von Langenbeck in der Kapellenstraße und ist zerstört. Im Nachlass befinden sich keine Zeichnungen zum Haus, sondern ausschließlich welche zu Wandvertäfelungen und Möbeln. Ob es sich bei den 1896 veröffentlichten und hier abgebildeten Zeichnungen tatsächlich um die Villa Schierenberg handelt, ist nicht sicher. Es wird dort als „Landhaus in Wiesbaden, Hans Grisebach, Architekt" betitelt und ist weder die Villa Alves noch die Villa von Langenbeck oder die Villa Lietzmann.

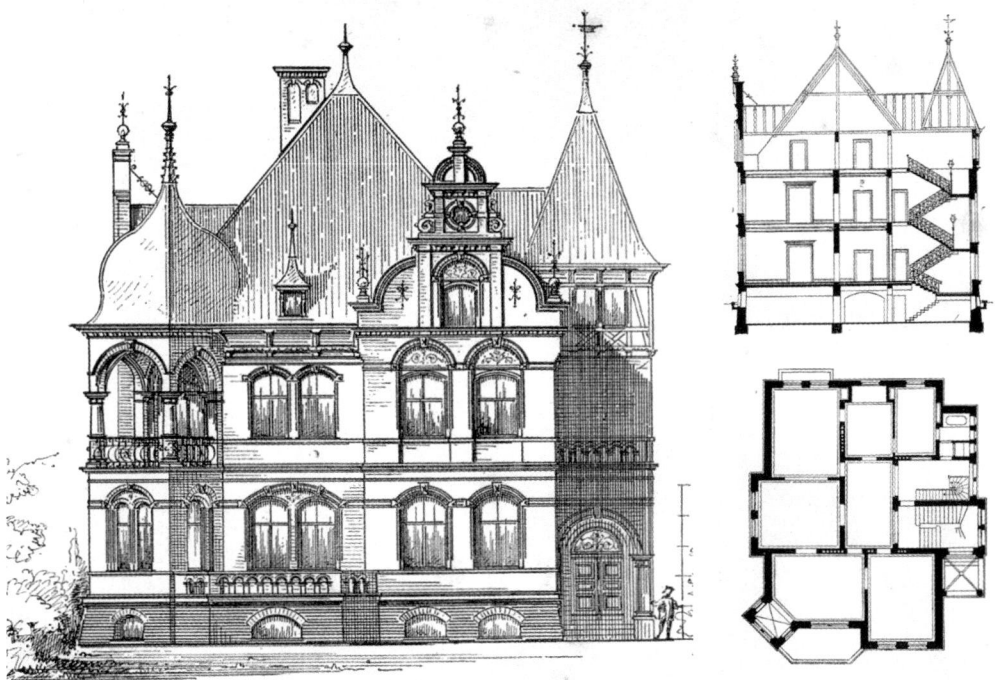

Zeichnungen aus: *Villen und Landhäuser*, Berlin 1896

1881

Villa Schweisguth in Garmisch-Partenkirchen

Zu der Villa für Carl Schweisguth, für die Grisebach 1879 den Entwurf einschließlich Türdetails anfertigt, findet sich kein Hinweis auf eine Realisierung. Grisebach ist in dieser Gegend im Süden Bayerns als Architekt vorher und auch nachher nicht aktiv gewesen und entsprechend ungewohnt wirkt das alpenländische Haus innerhalb seines Gesamtwerks. Es steht am Hang auf einem massiven, leicht geböschten Sockel – darin ist es den Wiesbadener Villen ähnlich – hat aber mit nur einem Hauptgeschoss eine recht geringe Höhe. Auf einer Grundfläche von knapp 200 Quadratmetern befinden sich im erhöhten Erdgeschoss auf der einen Seite der Vorhalle mit der Treppe die Küche und die Speisekammer und auf der anderen die Wohn-, Speise- und Arbeitszimmer mit Bibliothek. Vor dem Speisezimmer gibt es eine aufgeständerte hölzerne Veranda mit Treppe hinunter in die Landschaft. Die Schlafzimmer befinden sich in den Giebelbereichen des Dachgeschosses mit geschützten Austritten und Balkonen, die betont ländlich in Holz gezimmert sind.

a Vorplatz   e Speisezimmer
b Wohnzimmer   f Veranda
c Arbeitszimmer   g Kueche
d Bibliothek   h Speisezimmer

Zeichnungen aus: *Villen und Landhäuser*, Berlin 1896

Werkliste/weitere Projekte

Handzeichnung 7223 aus: Nachlass

Wohnhaus Spaeter in Koblenz

Zu dem Haus ist nichts bekannt, auch wenn es realisiert wurde. Grisebach listet es 1888 in den *Personalnachrichten für das Archiv der Königlichen Akademie der Künste in Berlin* als eines seiner Werke auf und datiert es mit dem Fertigstellungsjahr 1882. Im Nachlass gibt es lediglich Zeichnungen für Wandabwicklungen, Truhen und einen für das Haus bestimmten „billigen" Stuhl.

1882

Wettbewerb Rathaus Wiesbaden

Zum Wettbewerb für ein neues Rathaus auf dem Marktplatz von Wiesbaden werden 81 Arbeiten eingereicht. Grisebach, der sich hier mit Hugo Grothoff aus Wiesbaden zusammenschließt, erhält keinen Preis. Er schlägt einen trapezförmigen Grundriss mit großem Innenhof vor, einer repräsentativen Ballung von Eingangsturm, Giebel und Treppenturm und einem deutlich herausgeschobenen übergiebelten Saalbau mit Eckerkern. Die Büros sind auf drei Geschossen in den traufständigen Flügeln aufgereiht. Der erste Preis geht an die Bürogemeinschaft Ewerbeck und Neumann aus Aachen und Wiesbaden. Realisiert und 1887 fertiggestellt wird das Rathaus aber nach dem Entwurf von Georg Hauberrisser. Der Neubau befindet sich unweit des alten Rathauses aus dem frühen 17. Jahrhundert, beide Gebäude sind bis heute erhalten.

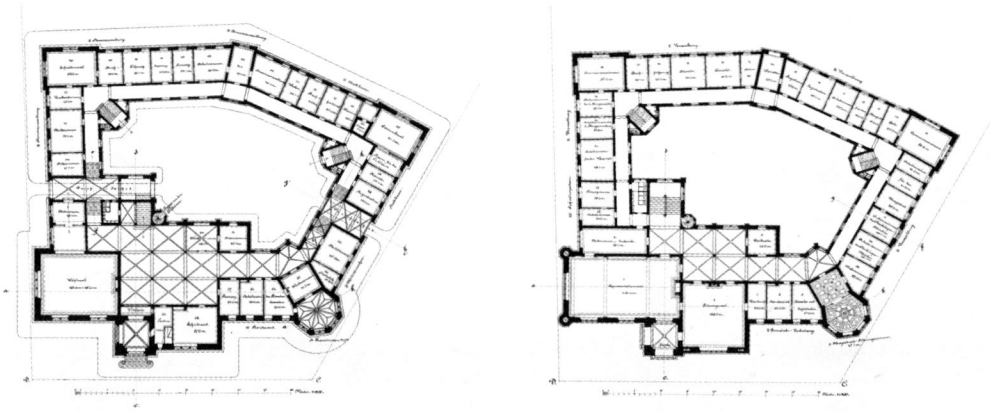

Zeichnung aus: Architekturmuseum der TU Berlin, Inv.-Nr. 1584

Grundrisse Erdgeschoss und Obergeschoss aus: Architekturmuseum der TU Berlin, Inv.-Nr. 1574 und 1575

Werkliste/weitere Projekte

Fassadendetail, Zeichnung aus: Architekturmuseum der TU Berlin, Inv.-Nr. 1586

Wettbewerb Wohnhaus in Lüdenscheid

Der Entwurf für ein „villenartiges Wohnhaus", wie es in der Auslobung gefragt ist, entsteht – für ein privates Wohnhaus recht ungewöhnlich – im Rahmen eines Wettbewerbs. Der Auftraggeber erhält 14 Entwürfe für sein Grundstück in der Paulinenstraße, Grisebach erhält den ersten Preis. In der Konzeption des Baukörpers sind Grisebachs bevorzugte Elemente und Ausdrucksmittel schon da: Turm und Giebel, eine tiefe überwölbte Loggia an der Ecke, der Eingang als offene überdachte Vorhalle. Die Halle im Zentrum ist hier nur eingeschossig und nicht besonders groß, die Küche befindet sich im Erdgeschoss und – noch ungewöhnlicher – auch zwei Schlafzimmer befinden sich hier. Das Obergeschoss ist eigentlich schon ein Dachgeschoss und beherbergt Gästezimmer. Ob es zu einer Realisierung des Entwurfs kommt, ist nicht bekannt.

←
Ansicht und Grundrisse Erdgeschoss und Obergeschoss aus: Architekturmuseum der TU Berlin, Inv.-Nr. MK 57-077, 078 und 083

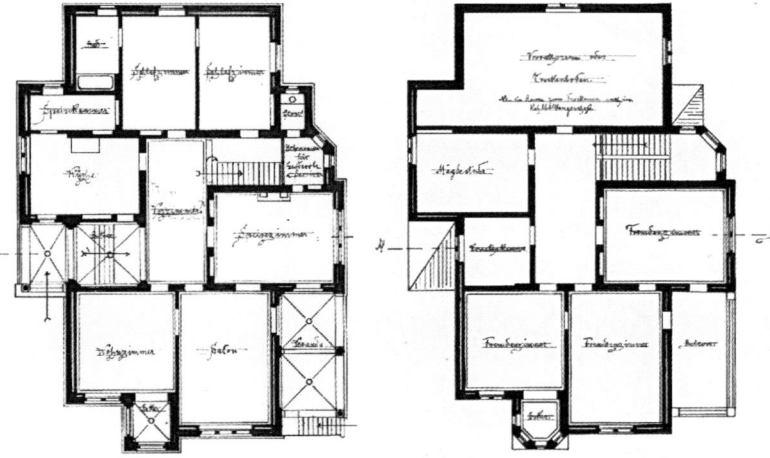

1884

Wettbewerb Christuskirche Unterbarmen in Wuppertal

Am Wettbewerb für einen Kirchenneubau, finanziert aus dem Vermächtnis eines Wuppertaler Fabrikanten, nehmen 74 Architekturbüros teil. Carl Bummerstedt aus Bremen erhält den ersten Preis und realisiert die Kirche, die 1887 fertiggestellt wird. Im Zweiten Weltkrieg wird sie stark beschädigt und nicht wiederaufgebaut, sondern in den 1970er-Jahren durch ein Gemeindezentrum ersetzt. Welchen Rang Grisebach im Wettbewerb erreicht, ist nicht bekannt. Er entwirft einen symmetrischen Zentralbau mit einem hohen Glockenturm in der Eingangsfassade. Der Kirchenraum hat einen nahezu quadratischen Grundriss, der durch polygonale Erweiterungen der Kreuzform in den vier Ecken entsteht, und ist für knapp 1.200 Sitzplätze ausgelegt.

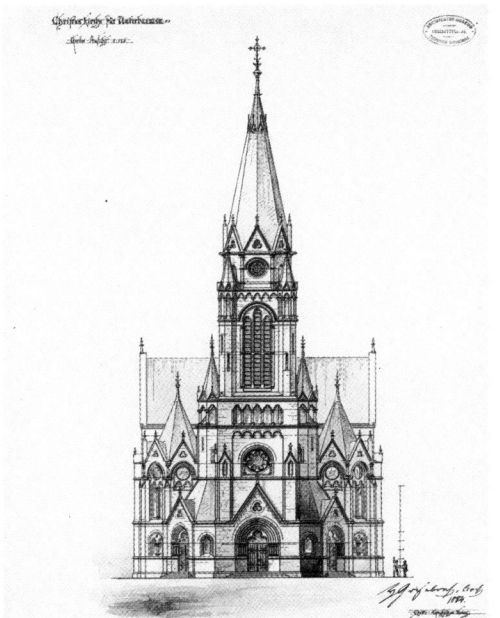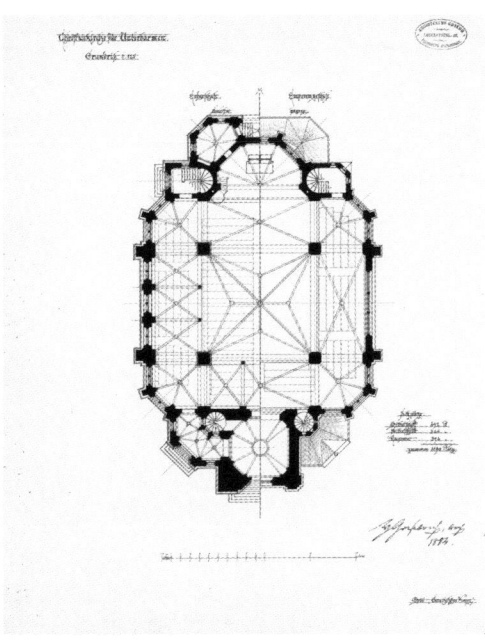

Ansicht und Grundriss aus: Architekturmuseum der TU Berlin, Inv.-Nr. 1568–1570

1885

Wettbewerb Vereinshaus der Deutschen Buchhändler in Leipzig

Als der Sitz des Börsenvereins der Deutschen Buchhändler in Leipzig, die sogenannte Buchhändlerbörse, zu klein wird, lobt der Verein einen Wettbewerb für einen größeren Neubau aus. Grisebach schlägt für das Grundstück an der heutigen Prager Straße Ecke Gerichtsweg – für ihn eher ungewöhnlich – eine lange Hauptfront mit symmetrischem Aufbau vor: Der repräsentative breite Eingangsvorbau wird durch einen geschweiften Giebel betont und von zwei Türmen flankiert. Wettbewerbsgewinner ist das Büro Kayser & von Großheim, nach deren Entwurf das Gebäude auch realisiert und 1888 fertiggestellt wird. Ihr Vorschlag – ein mit roten Ziegeln verkleideter und durch helle Sandsteinelemente gegliederter Baukörper mit hohem Schieferdach, geschweiften Giebeln, Türmen, Söllern und Eckerker – ist dem von Grisebach nicht unähnlich, allerdings platzieren sie den Eingang asymmetrisch und betonen die Ecklage deutlicher. Das Haus wird im Zweiten Weltkrieg zerstört. Seit 1996 befindet sich hier ein Neubau, das sogenannte „Haus des Buches".

Handzeichnung 7294 aus: Nachlass

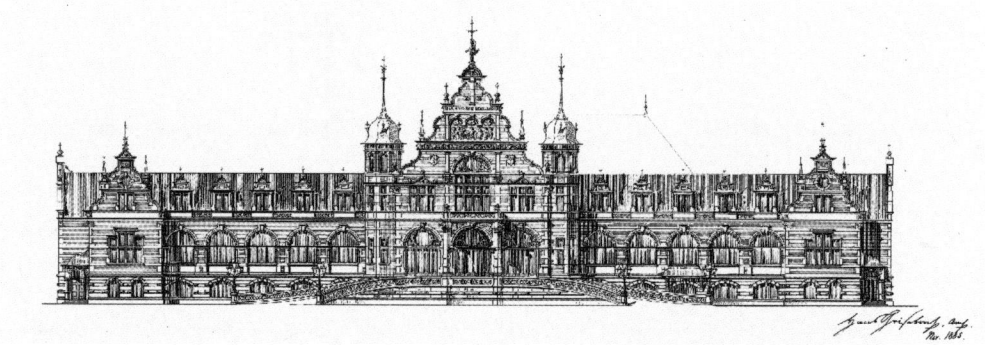

Zeichnung aus: Architekturmuseum der TU Berlin, Inv.-Nr. 1589

1887
Wettbewerb Rathaus Reichenberg (Liberec), Tschechien

Zu dem Wettbewerb für ein neues Rathaus zwischen dem Altstädter Platz und dem 1883 fertiggestellten Theater sind drei Büros eingeladen – neben Grisebach Georg Hauberrisser aus München und Franz von Neumann aus Wien, sechs weitere Arbeiten werden eingereicht. Grisebach lässt den alten Rathausbau im Süden stehen und richtet hierhin die symmetrisch aufgebaute Eingangsfassade mit Torbogen, großem Saalfenster und Giebel in der Mittelachse, Laubengängen im Erdgeschoss und Turmerkern an den Ecken. Den Turm setzt er nicht in die Achse, sondern außermittig an die Ostfassade, wo er die Lage eines Innenhofes markiert. Prämiert wird die Arbeit Franz von Neumanns, nach dessen Entwurf das Rathaus 1893 fertiggestellt wird. Es ist bis heute erhalten.

um 1887

Wettbewerb Rathaus Dessau

Beim Wettbewerb für einen Rathausneubau in Dessau an der Zerbster Straße nördlich der Marienkirche schlägt Grisebach ein durch Giebel, Türme und Erker asymmetrisch gegliederten viergeschossigen Baukörper vor. Fertiggestellt wird der Neubau mit einiger Verzögerung im Jahr 1901 nach dem Entwurf der Architekten Reinhardt und Süßenguth aus Berlin-Charlottenburg. Das Rathaus ist erhalten.

Zeichnung aus: Architekturmuseum der TU Berlin, Inv.-Nr. 1571

Wettbewerb evangelische Kirche in Karlsruhe

Zu dem Entwurf ist nicht mehr bekannt als die Zeichnung der symmetrisch auf-
gebauten Eingangsfront mit einem sehr hoch aufragenden Glockenturm.

Zeichnung aus: Architekturmuseum der TU Berlin, Inv.-Nr. 1564

1890

Herrenhaus von Loën in Görlitz

Zu dem Haus ist insgesamt sehr wenig bekannt, den einzigen Hinweis gibt Hans Grisebach in den *Personalnachrichten für das Archiv der Königlichen Akademie der Künste in Berlin*, wo er es als eines seiner Werke auflistet und mit dem Fertigstellungsjahr 1890 datiert. Das Loënsche Gut mit der Adresse Kastanienallee 23 liegt heute zwischen den beiden Görlitzer Stadtteilen Biesnitz und Weinhübel in Sachsen und war im 14. Jahrhundert ein Rittergut. August von Loën lässt Mitte des 19. Jahrhunderts auf dem Vierseithof den Grundstein für ein Wohnhaus legen, das in den folgenden Jahren sukzessive zu einem schlossartigen Herrenhaus umgebaut wird und 1890 schließlich durch Hans Grisebach seine heutige Form erhält. Die Gutsanlage bildet einen nahezu quadratischen Hof mit offenen Ecken. Das in dieser Gruppierung frei stehende Herrenhaus ist zweigeschossig mit hohem Walmdach, Zwerchgiebeln, Vorbauten, Terrasse und einem markanten, rund 30 Meter hohen Turm mit Aussichtsplattform. Nach dem Ersten Weltkrieg verkauft die Familie das Gut mitsamt dem Land an die Stadt Görlitz. Das Herrenhaus wird in der Folge von der Nationalsozialistischen Deutschen Arbeiterpartei genutzt und nach dem Zweiten Weltkrieg als Kinderheim und Jugendherberge, danach steht es lange leer. Seit 2006 ist es wieder in Privatbesitz und wird sukzessive saniert (www.loensches-gut.de).

1890

Wettbewerb Kaiserin-Augusta-Gedächtniskirche in Berlin

In dem engeren Wettbewerb für einen Kirchenneubau im Invalidenpark in Berlin-Mitte schlägt Grisebach einen symmetrischen Kirchenbau mit Glockenturm in der Eingangsachse vor, dessen zentraler Innenraum stützenfrei ist und einen

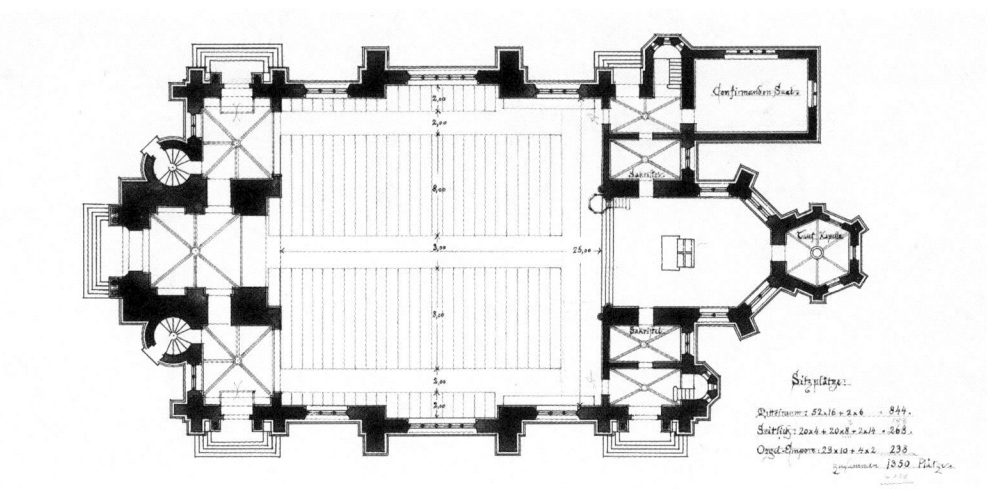

Grundriss aus: Architekturmuseum der TU Berlin, Inv.-Nr. 1565

Zeichnung aus: Architekturmuseum der TU Berlin, Inv.-Nr. 1567

nahezu quadratischen Grundriss hat. Einen Preis erhält er nicht. Die Kirche wird nach dem Entwurf von Max Spitta realisiert und 1896 fertiggestellt. Sie wird im Zweiten Weltkrieg beschädigt und 1967 gesprengt.

Werkliste/weitere Projekte

Innenraumzeichnung aus: Architekturmuseum der TU Berlin, Inv.-Nr. 1566

1890

Wettbewerb Kaiser-Wilhelm-Gedächtniskirche in Berlin

Zu dem beschränkten Wettbewerb für einen Kirchenneubau mit 1.500 Sitzplätzen auf dem damals noch unbenannten Platz, wo der Kurfürstendamm von der Hardenberg- und der Tauentzienstraße geschnitten wird, wie es in den zeitgenössischen Erläuterungen heißt, werden neun Arbeiten eingereicht. Grisebachs

Entwurf hat im Grundriss ein griechisches Kreuz und einen schlanken Turm auf sechseckigem Grundriss, der den Eingang markiert. Gewinner des Wettbewerbs ist Franz Schwechten, nach dessen Entwurf die Kirche auch realisiert und 1895 eingeweiht wird. Die Referenzen romanischer Formen und Elemente finden allgemein große Zustimmung und Schwechten gestaltet in der Folge rund um die Kirche auch das sogenannte Romanische Forum mit zwei großen Wohn- und Geschäftshäusern. Im Zweiten Weltkrieg wird die Kirche stark beschädigt und später teilweise abgetragen. Nach einem Wettbewerb für einen Neubau in den 1950er-Jahren wird – entgegen dem Vorschlag des Gewinners Egon Eiermann – die Ruine des Hauptturms gesichert und als Mahnmal erhalten. Eiermann realisiert den Neubau als Gruppe unterschiedlich großer Baukörper, bestehend aus einem großen Saal auf Achteck-Grundriss mit Foyer, einer Kapelle und einem Glockenturm, die den alten Turm in freier Komposition in ihre Mitte nehmen.

1891
Wettbewerb Rathaus Pforzheim

An dem Wettbewerb für einen Rathausneubau an der Ostseite des Marktplatzes nehmen 78 Büros teil. Das Rathaus ist nicht frei stehend, sondern bildet eine Blockecke. Den ersten Preis erhält Otto Schmalz aus Berlin, Grisebach den sechsten Platz. Die Grundlage für die Realisierung bildet der angekaufte Entwurf von Hermann Thüme aus Dresden, den dann aber der Pforzheimer Architekt Alfons Kern umsetzt. 1895 wird das Gebäude fertiggestellt, im Zweiten Weltkrieg wird es stark beschädigt und in der Folge abgebrochen.

1891
Städtisches Wohnhaus

Grisebach skizziert hier Grundrisse und die Ansicht eines Wohnhauses auf einer städtischen Parzelle innerhalb einer Blockrandbebauung. Es erscheint zunächst naheliegend, dass es sich um Vorstudien zu seinem eigenen Wohnhaus oder dem südlich benachbarten von Wilhelm Martens in der Fasanenstraße handelt, allerdings spricht einiges dagegen: Der Nordpfeil stimmt mit der Situation dort nicht genau überein, die Parzelle hat abweichende Dimensionen und das skizzierte Haus ist nur dreigeschossig. Der wesentliche Unterschied ist aber der, dass es sich hier um ein Mehrfamilienhaus mit einer Wohnung pro Geschoss handelt. Auf der 19 bis 20 Meter breiten Parzelle skizziert Grisebach drei Raumachsen, bildet in der äußeren südwestlichen Achse einen tiefen Vorgarten aus und im hinteren Bereich in derselben Achse einen Seitenflügel, der bis zur Grenze des 32 bis 38 Meter tiefen Grundstücks reicht. An der Straßenfassade erscheinen die Elemente Treppenturm, Erker und Eckerker, einen Giebel gibt es jedoch nicht.

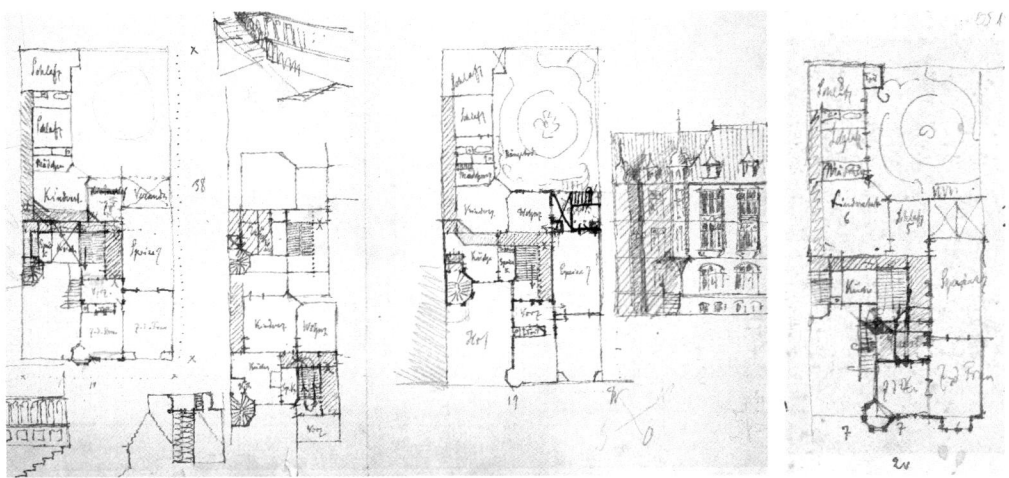

Handzeichnungen 7296 und 7296a aus: Nachlass

1892

Wettbewerb evangelische Kirche in Aachen

Zu dem Wettbewerb für einen Kirchenneubau an der heutigen Martin-Luther-Ecke Wespienstraße werden acht Büros eingeladen, darunter auch Hans Grisebach. Wettbewerbsgewinner ist Georg Frentzen aus Aachen, dessen Entwurf umgesetzt und 1896 fertiggestellt wird. Nach starken Beschädigungen im Zweiten Weltkrieg und einem Brand in den 1970er-Jahren existiert die Christuskirche heute nicht mehr.

1893

Wettbewerb evangelische Kirche in Magdeburg

Im Wettbewerb für einen Kirchenneubau im westlich der Magdeburger Altstadt gelegenen Stadtteil Wilhelmstadt erhält Grisebach den zweiten Preis. Auf dem dreiecksförmigen Grundstück zwischen Goethe-, Anna- und Alexander-Puschkin-Straße richtet er eine zweischiffige Hallenkirche in Ost-West-Richtung aus, platziert den Eingang im Westen und den Turm an der Südostecke. Den ersten Preis erhalten Heinrich Reinhardt und Georg Süßenguth aus Berlin, die den Eingang nach Norden legen und hier auch den Turm platzieren. Ihr Entwurf ist die Grundlage für die Realisierung, die dann aber die Drittplatzierten und in Magdeburg ansässigen Heinrich Cornelius und Emil Jaehn übernehmen. Die Pauluskirche wird 1896 fertiggestellt und ist erhalten.

Herrenhaus Mosse in Dyrotz (Wustermark)

Für den Berliner Verleger Rudolf Mosse (1843–1920), der in Dyrotz 1894 ein ehemaliges Rittergut erwirbt, entwirft Grisebach noch im selben Jahr ein Herrenhaus, das – obwohl es sorgfältig bis in den Maßstab 1:20 entwickelt ist – nicht realisiert wird. Dyrotz liegt westlich von Berlin und ist heute ein Ortsteil der Gemeinde Wustermark. An der nach Berlin führenden Landstraße im Süden des Grundstücks steht neben der Dorfkirche bereits ein einfaches Herrenhaus aus dem frühen 17. Jahrhundert, das wohl erhalten bleiben soll. Grisebach platziert das neue, deutlich größere, zweigeschossige Wohnhaus nördlich des alten mit einem Abstand von etwa 30 bis 40 Metern, folgt aber mit dem Eingang dessen Mittelachse. Das langgestreckte, weit ausgreifende Haus hat eine im Grundriss quadratische zweigeschossige Halle mit eingestellter Galerie, wie Grisebach es einige Male vorsieht, unter anderem in der Villa Neuburger von 1896 in Berlin-Grunewald. Nach Norden in die Landschaft sind das Damenzimmer mit Wintergarten, das Wohnzimmer und das Speisezimmer mit Terrasse sowie ein erhöhter Billardraum aufgereiht. Der Küchentrakt befindet sich ebenerdig und ist unterhalb des Billardraums mit einer Anrichte im Osten angeschlossen. Übergiebelte Vorbauten und ein Rundturm im Nordwesten durchbrechen die Trauflinie des Walmdachs, Erker, Treppenturm, Loggia, Terrasse und eingeschossige Partien bilden einen bewegt gegliederten, sorgfältig in die Topografie gefügten Baukörper, Gesimse binden die Vor- und Rücksprünge zusammen. Das Haus sollte mit Sandstein verkleidet sein und ein dunkles Schieferdach haben. 1896 lässt Mosse sich südlich von Berlin in Schenkendorf ein schlossähnliches Wohnhaus bauen, wo er bis zu seinem Tod lebt.

Nordwestansicht, Zeichnung aus: Architekturmuseum der TU Berlin, Inv.-Nr. 1604

Südwestansicht, Zeichnung aus: Architekturmuseum der TU Berlin, Inv.-Nr. 1605

Details vom Fenster im Speisezimmer, vom Erker im Salon und vom Fenster im Turm, Zeichnung aus: Architekturmuseum der TU Berlin, Inv.-Nr. 1603

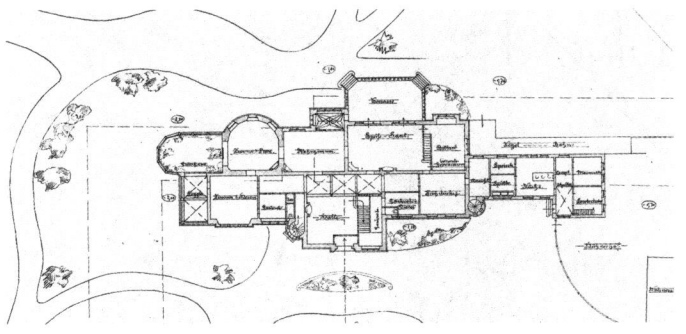

←
Grundriss Erdgeschoss aus:
Architekturmuseum der TU Berlin,
Inv.-Nr. 1600

Wettbewerb reformierte Jacobi-Kirche in Dresden

Bei dem Wettbewerb für einen Kirchenneubau auf dem Wettiner Platz in Dresden werden 68 Entwürfe eingereicht, Grisebachs Arbeit wird angekauft. Er schlägt eine dreischiffige Kirche vor und setzt den Glockenturm mit dem Eingang in die Mittelachse, flankiert von zwei Treppentürmen. Den ersten Preis erhält Jürgen Kröger aus Berlin, der die Kirche auch realisiert und 1901 fertigstellt. Ähnlich wie schon beim Wettbewerb für die Kaiser-Wilhelm-Gedächtniskirche in Berlin werden auch hier in Dresden Referenzen romanischer Formen und Elemente bevorzugt. Im Zweiten Weltkrieg wird die Kirche stark beschädigt und in den 1950er-Jahren gesprengt. Heute befindet sich hier eine Grünanlage mit dem erhaltenen Hauptportal als Denkmal.

1895

Wettbewerb Rathaus Jauer (Jawor), Polen

Nach dem Brand des alten Rathauses schreibt die Stadt Jauer 1895 einen Wettbewerb für einen Neubau öffentlich aus, an dem sich 111 Büros beteiligen. Grisebachs Arbeit wird angekauft, den ersten Preis erhält Hermann Guth aus Berlin-Charlottenburg, der das neue Rathaus auch realisiert. Das 1897 fertigge-stellte L-förmige Gebäude fasst den erhaltenen Turm des Vorgängerbaus ein – einen solchen Vorschlag hatte Grisebach auch gemacht – und ist erhalten.

← Zeichnung aus: Architekturmuseum der TU Berlin, Inv.-Nr. 1572

Wettbewerb Rathauserweiterung Quedlinburg

Beim Wettbewerb für eine bauliche Erweiterung des alten Rathauses von Quedlinburg am Marktkirchhof erhält Grisebach den ersten Preis. Die Aufgabe ist kompliziert: Das bestehende, aber zu klein gewordene Rathaus aus dem 14. Jahrhundert soll mit Respekt behandelt und integriert werden, die Erweiterung in Richtung Norden soll in zwei Phasen möglich sein, einige Wohnhäuser, die dafür fallen müssen, befinden sich noch nicht in städtischem Eigentum, der Neubau, für den ein erhebliches Volumen verlangt ist, soll dennoch nicht dominieren. Nachdem die Unterlagen rund 450 Mal angefordert werden, gehen nur 22 Arbeiten ein. Grisebach löst die schwierige Aufgabe am überzeugendsten. Er lässt den Altbau unangetastet und schlägt eine erste Erweiterungsphase vor, in der zunächst alle Wohnhäuser stehen bleiben können. Sein Entwurf wird dennoch nicht umgesetzt. Der Quedlinburger Stadtbaurat Laumer erledigt die Arbeit selbst, die neuen Gebäudeflügel werden 1901 fertiggestellt. Beide Teile – das alte Rathaus und die nördlich anschließende Erweiterung – sind erhalten.

1896

Wettbewerb Kreishaus Wanzleben

Beim Wettbewerb für ein neues Kreishaus in Wanzleben, das heute ein Ortsteil der Stadt Wanzleben-Börde ist, werden 126 Arbeiten eingereicht. Neben einem neuen Verwaltungsgebäude soll auf einem benachbarten Grundstück auch das Wohnhaus für den Landrat konzipiert werden, das zu einem späteren Zeitpunkt enstehen soll. Grisebach entwirft ein stattliches, aber der Größe des Ortes angemessen wirkendes Gebäude mit zwei Geschossen, asymmetrisch-ausgewogener Gliederung, einem übergiebelten Eingangsbereich, Rundturm und sorgfältig detaillierten Fenstern der beiden Sitzungssäle. Er erhält für seine Arbeit keinen Preis. Der Wettbewerbsgewinner ist Franz Brantzky aus Köln, dessen Entwurf aber nicht umgesetzt wird. Das neue Kreishaus wird 1902 nach einem Entwurf des aus Hannover stammenden Architekten Schorbach fertiggestellt und ist bis heute erhalten.

1897

Wettbewerb Lutherkirche in Zwickau

Die Lutherkirche mit zwei Wohngebäuden für die Geistlichen soll im Westen der Stadt Zwickau an der Brunnen- Ecke Spiegelstraße entstehen. Grisebachs Entwurf einer zweischiffigen Kirche mit hohem Turm an der Südostecke erhält zusammen mit drei weiteren Büros einen dritten Preis. Das Dresdner Büro Schilling und Gräbner gewinnt den Wettbewerb und realisiert den Kirchenneubau in den folgenden Jahren. Fertiggestellt wird er mit einiger Verzögerung 1907 und ist bis heute erhalten.

QUELLEN

VILLA ALVES (SEITE 32)

Rückwardt, Hermann: *Architektur der Neuzeit*, Serie I, Berlin 1889, Taf. 64

Dinklage, August: *Hans Grisebach*, in: *Centralblatt der Bauverwaltung* 24.1904, S. 267

Berckenhagen, Ekhart: *Hans Grisebach. Architekt der Gründerjahre*, Berlin 1974, S. 19

Nachlass Hans Grisebach in der Kunstbibliothek Berlin, Blätter 74/75 Hdz 7219/7220

o. V.: *Villen und Landhäuser. Sammlung von kleineren laendlichen Wohnhaeusern, entworfen und ausgefuehrt von hervorragenden Architekten*, Berlin 1896, Taf. 10

VILLA VON LANGENBECK (SEITE 36)

Berckenhagen, Ekhart: *Hans Grisebach. Architekt der Gründerjahre*, Berlin 1974, S. 18/19

Nachlass Hans Grisebach in der Kunstbibliothek Berlin HDZ 3526 (HDZ 7216–7218a) und E 3483 b gr. (Bilder 32/33)

Landesamt für Denkmalpflege Hessen (Hg.): *Kulturdenkmäler in Hessen. Wiesbaden II – Die Villengebiete*, Braunschweig/Wiesbaden 1988, S. 278

Rückwardt, Hermann/Ende, Hermann: *Architektonische Studien-Blätter*, Serie II, Berlin 1887, Taf. 47–49

Rückwardt, Hermann: *Architektur der Neuzeit*, Serie I, Berlin 1889, Taf. 38, 59

VILLA LIETZMANN (SEITE 40)

Stiehl, Otto (Hg.): *Ausgeführte Backsteinbauten der Gegenwart*, Berlin 1891, Blatt 24

Wicke, Wilhelm: *Architektonische Bilderbogen*, Berlin 1886, Blatt 15

Landesamt für Denkmalpflege Hessen (Hg.): *Kulturdenkmäler in Hessen. Wiesbaden II – Die Villengebiete*, Braunschweig/Wiesbaden 1988, S. 209

WOHN- UND GESCHÄFTSHAUS MIT APOTHEKE (SEITE 44)

Berckenhagen, Ekhart: *Hans Grisebach. Architekt der Gründerjahre*, Berlin 1974, S. 19

Nachlass Hans Grisebach in der Kunstbibliothek Berlin HDZ 3526 (HDZ 7222)

Landesamt für Denkmalpflege Hessen (Hg.): *Kulturdenkmäler in Hessen. Wiesbaden 1.1 – Historisches Fünfeck*, Wiesbaden 2005, S. 161/162

Dinklage, August: *Hans Grisebach*, in: *Centralblatt der Bauverwaltung* 24.1904, S. 267

WOHN- UND GESCHÄFTSHAUS FABER (SEITE 46)

Nachlass Hans Grisebach in der Kunstbibliothek Berlin HDZ 3526 (HDZ 7200, 7275–7278) und E 3483 b gr. (Bilder 39, 42)

Architekturmuseum der TU Berlin, Inv.-Nr. 1599 und MK 55-001 bis MK 55-006

Architekten-Verein zu Berlin/Vereinigung Berliner Architekten: *Berlin und seine Bauten*, Bd. III, Berlin 1896, S. 51–53

Berckenhagen, Ekhart: *Hans Grisebach. Architekt der Gründerjahre*, Berlin 1974, S. 6, 23, 43

Brönner, Wolfgang: *Die bürgerliche Villa in Deutschland 1830–1890*, 3. erw. Aufl. Worms 2009, S. 261, 262, 271, 290, 291

Hammerschmidt, Valentin Wolfgang: *Anspruch und Ausdruck in der Architektur des späten Historismus in Deutschland (1860–1914)*, Frankfurt am Main 1985, S. 139, 141, 146

Licht, Hugo (Hg.): *Architektur der Gegenwart*, 1890–1900, S. 7, Taf. 25

Rückwardt, Hermann/Ende, Hermann: *Architektonische Studien-Blätter*, Serie I, Berlin 1885, Taf. 10, 29

Wicke, Wilhelm: *Architektonische Bilderbogen*, Berlin 1886, Blatt 7

Blätter für Architektur und Kunsthandwerk 4.1891, Nr. 3, S. 13/14, Taf. 25

Architektonische Rundschau 1.1885, Taf. 13

Centralblatt der Bauverwaltung 2.1882, S. 111

Deutsche Bauzeitung 18.1884, S. 473–475

Behrendt, Walter Curt: *Hans Grisebach*, in: *Kunst und Künstler* 14.1916

Dinklage, August: *Hans Grisebach*, in: *Centralblatt der Bauverwaltung* 24.1904

von Bode, Wilhelm: *Nachruf auf Hans Grisebach*, in: *Vossische Zeitung* 27.5.1904

GEWÄCHSHAUS IM GARTEN DER VILLA GAUHE (SEITE 52)

Berckenhagen, Ekhart: *Hans Grisebach. Architekt der Gründerjahre*, Berlin 1974, S. 25, 47

Nachlass Hans Grisebach in der Kunstbibliothek Berlin HDZ 3526 (HDZ 7290)

Architekturmuseum der TU Berlin, Inv.-Nr. 1597/1598

HERRENHAUS VON ANDREAE (SEITE 54)

Nachlass Hans Grisebach in der Kunstbibliothek Berlin HDZ 3526 (HDZ 7298)

Berckenhagen, Ekhart: *Hans Grisebach. Architekt der Gründerjahre*, Berlin 1974, S. 31 (hier irrtümlich als Vorentwurf zum Herrenhaus Maffersdorf bezeichnet)

Kierdorf, Alexander: *Gut Mielenforst im 19. und 20. Jahrhundert*, in: *Rechtsrheinisches Köln, Jahrbuch für Geschichte und Landeskunde*, Band 23, Köln 1997, S. 45–72

VILLA VON BODE (SEITE 58)

Bauakte im Landesarchiv Berlin, B Rep. 207 Nr. 2849–2851

Nachlass Hans Grisebach in der Kunstbibliothek Berlin HDZ 3526 (HDZ 7202–7205) und E 3483 b gr. (Bilder 18a, 57, 77/78, 82)

Berckenhagen, Ekhart: *Hans Grisebach. Architekt der Gründerjahre*, Berlin 1974, S. 25/26

Brönner, Wolfgang: *Die bürgerliche Villa in Deutschland 1830–1890*, 3. erw. Aufl. Worms 2009, S. 262/263

Rave, Paul Ortwin/Wirth, Irmgard: *Die Bauwerke und Kunstdenkmäler von Berlin. Stadt und Bezirk Charlottenburg*, 2. Teil Textband, Berlin 1961, S. 387/388, Abb. 489

Architekten-Verein zu Berlin/Vereinigung Berliner Architekten: *Berlin und seine Bauten*, Bd. III, Berlin 1896, S. 150, 152

von Bode, Wilhelm: *Mein Leben*, Band 2, Berlin 1930, S. 22

Wicke, Wilhelm: *Architektonische Bilderbogen*, Berlin 1886, Blatt 81

Rückwardt, Hermann: *Architektur der Neuzeit*, Serie 1, Berlin 1889, Taf. 32

Zeitschrift für Bauwesen 37.1887, S. 373/374, Taf. 47/48

Architektonische Rundschau 7.1891, H. 6, Taf. 48

Blätter für Architektur und Kunsthandwerk 8.1895, S. 13, Taf. 24

VILLA VON WILKE (SEITE 66)

Bauakte im Landesarchiv Berlin B Rep. 207 Nr. 4231/4232

Berckenhagen, Ekhart: *Hans Grisebach. Architekt der Gründerjahre*, Berlin 1974, S. 26

Architekturmuseum der TU Berlin, Inv.-Nr. ZFB 37 047/ZFB 37 048

Rave, Paul Ortwin/Wirth, Irmgard: *Die Bauwerke und Kunstdenkmäler von Berlin. Stadt und Bezirk Charlottenburg*, 2. Teil Textband, Berlin 1961, S. 385/386, Abb. 491/492

Zeitschrift für Bauwesen 37.1887, S. 373/374, Taf. 47/48

Rückwardt, Hermann: *Architektur der Neuzeit*, Serie I, Berlin 1889, Taf. 78

GESCHÄFTSHAUS ASCHER & MÜNCHOW (SEITE 70)

Architekturmuseum der TU Berlin, Inv.-Nr. F 6433, ZFB 40 066

Berckenhagen, Ekhart: *Hans Grisebach. Architekt der Gründerjahre*, Berlin 1974, S. 26

Architekten-Verein zu Berlin/Vereinigung Berliner Architekten: *Berlin und seine Bauten*, Bd. III, Berlin 1896, S. 51, 52, 54

Rückwardt, Hermann: *Architektur der Neuzeit*, Serie I, Berlin 1889, Taf. 75

Rückwardt, Hermann/Ende, Hermann: *Architektonische Studien-Blätter*, Serie III, Berlin 1890, Taf. 94

Rückwardt, Hermann: *Berliner Neubauten*, Berlin o. J., Taf. 12, 13

Licht, Hugo (Hg.): *Architektur der Gegenwart*, 1890–1900, S. 6, Taf. 18

Licht, Hugo (Hg.): *Architektonische Details von ausgeführten Bauwerken*, Bd. 1, Berlin 1894, Taf. 68

Behrendt, Walter Curt: *Hans Grisebach*, in: *Kunst und Künstler* 14.1916, S. 200, 300

Zeitschrift für Bauwesen 40.1890, S. 418/419, Taf. 66

Blätter für Architektur und Kunsthandwerk 4.1891, Nr. 3, S. 14, Taf. 26, 27

VILLA SCHWARTZ (SEITE 76)

Bauakte im Landesarchiv A Pr. Br. Rep. 030-07 Nr. 678/679

Nachlass Hans Grisebach in der Kunstbibliothek Berlin E 3483 b gr. (Bild 87)

Berckenhagen, Ekhart: *Hans Grisebach. Architekt der Gründerjahre*, Berlin 1974, S. 26

Brönner, Wolfgang: *Die bürgerliche Villa in Deutschland 1830–1890*, 3. erw. Aufl. Worms 2009, S. 263

Schmidt, Hartwig: *Die Bauwerke und Kunstdenkmäler von Berlin. Das Tiergartenviertel*, Teil 1: 1790–1870, Berlin 1981, S. 299, 338

Rave, Paul Ortwin/Wirth, Irmgard: *Die Bauwerke und Kunstdenkmäler von Berlin. Bezirk Tiergarten*, Berlin 1955, S. 166

Architekten-Verein zu Berlin/Vereinigung Berliner Architekten: *Berlin und seine Bauten*, Bd. III, Berlin 1896, S. 150, 152

Architektonische Rundschau 6.1890, H. 11 Taf. 81/82

Blätter für Architektur und Kunsthandwerk 3.1890, S. 46, Taf. 117

Deutsche Bauzeitung 21.1887, S. 468

Rückwardt, Hermann: *Architektur der Neuzeit*, Serie I, Berlin 1889, Taf. 91

Licht, Hugo (Hg.): *Architektur der Gegenwart*, 1890–1900, S. 18, Taf. 63

Licht, Hugo (Hg.): *Architektonische Details von ausgeführten Bauwerken*, Bd. 1, Berlin 1894, Taf. 39

WOHN- UND GESCHÄFTSHAUS „ZUM GAMBRINUS" (SEITE 80)

Berckenhagen, Ekhart: *Hans Grisebach. Architekt der Gründerjahre*, Berlin 1974, S. 27

Nachlass Hans Grisebach in der Kunstbibliothek Berlin E 3483 b gr. (Bild 76)

Architekten-Verein zu Berlin/Vereinigung Berliner Architekten: *Berlin und seine Bauten*, Bd. III, Berlin 1896, S. 9

Rückwardt, Hermann/Ende, Hermann: *Architektonische Studien-Blätter*, Serie III, Berlin 1890, Taf. 93

Blätter für Architektur und Kunsthandwerk 1.1888, S. 6/7, Taf. 1/2

Rückwardt, Hermann: *Architektur der Neuzeit*, Serie I, Berlin 1889, Taf. 20

KRONPRINZENZELT (SEITE 82)

Bauakte im Landesarchiv Berlin B Rep. 202 Nr. 1139–1141

Nachlass Hans Grisebach in der Kunstbibliothek Berlin E 3483 b gr. (Bild 63)

Architekturmuseum der TU Berlin, Inv.-Nr. F 9709

Architekten-Verein zu Berlin/Vereinigung Berliner Architekten: *Berlin und seine Bauten*, Bd. III, Berlin 1896, S. 12/13

Rave, Paul Ortwin/Wirth, Irmgard: *Die Bauwerke und Kunstdenkmäler von Berlin. Bezirk Tiergarten*, Berlin 1955, S. 197

Berckenhagen, Ekhart: *Hans Grisebach. Architekt der Gründerjahre*, Berlin 1974, S. 26/27

Wendland, Folkwin: *Der Große Tiergarten in Berlin*, Berlin 1993, S. 225 (Abb. 166)

Blätter für Architektur und Kunsthandwerk 4.1891, S. 25, Taf. 53, 71, 112

Blätter für Architektur und Kunsthandwerk 5.1892, S. 63, Taf. 120

Licht, Hugo (Hg.): *Architektur der Gegenwart*, 3. Lieferung, Berlin 1891, S. 13, Taf. 52/53

Rückwardt, Hermann: *Berliner Neubauten*, Berlin o. J., Taf. 11

WOHN- UND GESCHÄFTSHAUS SCHWARTZ (SEITE 88)

Bauakte im Bauaktenarchiv Schöneberg-Tempelhof

Berckenhagen, Ekhart: *Hans Grisebach. Architekt der Gründerjahre*, Berlin 1974, S. 27

Licht, Hugo (Hg.): *Architektur der Gegenwart*, Berlin 1890–1900, Taf. 27/28

Quellen

Rückwardt, Hermann: *Berliner Neubauten*,
    Berlin o. J., Taf. 9
Rückwardt, Hermann: *Architektur der Neuzeit*,
    Serie I, Berlin 1889, Taf. 85
Blätter für Architektur und Kunsthandwerk
    3.1890 Nr. 12, S. 47, Taf. 118

SOMMERHAUS GRISEBACH (SEITE 92)

Bauakte im Landesarchiv Schleswig-Holstein,
    Prinzenpalais, Abt. 415 Nr. 2980–2984
Berckenhagen, Ekhart: *Hans Grisebach. Archi-
    tekt der Gründerjahre*, Berlin 1974, S. 27
Behrendt, Walter Curt: *Hans Grisebach*, in:
    Kunst und Künstler 14.1916, S. 304/305,
    309, 312
Grisebach, August: *Lob der Timmendorfer
    Halle*, Heidelberg 1967 (verfasst 1938 in
    Potsdam und herausgegeben von Manon
    Maren-Grisebach, Privatdruck Ahlborn
    Buchholz 1967)
Wilhelm Amberg, *Landhaus-Ensemble Tim-
    mendorf*, Öl auf Leinwand, ca. 48 x 58 cm,
    1893, Privatbesitz Manon Andreas-Grise-
    bach

SOMMERHAUS WAHLLAENDER (SEITE 98)

Bauakte im Landesarchiv Schleswig-Holstein,
    Prinzenpalais, Abt. 415 Nr. 2979
Nachlass Hans Grisebach in der Kunstbiblio-
    thek Berlin HDZ 3526 (HDZ 7295)
Berckenhagen, Ekhart: *Hans Grisebach. Archi-
    tekt der Gründerjahre*, Berlin 1974, S. 27
Behrendt, Walter Curt: *Hans Grisebach*, in:
    Kunst und Künstler 14.1916, S. 303
Grisebach, August: *Lob der Timmendorfer
    Halle*, Heidelberg 1967 (verfasst 1938 in
    Potsdam und herausgegeben von Manon
    Maren-Grisebach, Privatdruck Ahlborn
    Buchholz 1967), S. 11
Wilhelm Amberg, *Landhaus-Ensemble Tim-
    mendorf*, Öl auf Leinwand, ca. 48 x 58 cm,
    1893, Privatbesitz Manon Andreas-Grisebach

VILLA AGATH (SEITE 100)

Nachlass Hans Grisebach in der Kunstbiblio-
    thek Berlin E 3483 b gr. (Bilder 37, 86, 92, 96)
Berckenhagen, Ekhart: *Hans Grisebach. Archi-
    tekt der Gründerjahre*, Berlin 1974, S. 28

Behrendt, Walter Curt: *Hans Grisebach*, in:
    Kunst und Künstler 14.1916, S. 307
Brönner, Wolfgang: *Die bürgerliche Villa in
    Deutschland 1830–1890*, Düsseldorf 1987
    und 3. erw. Aufl. Worms 2009, S. 293/294
Hammerschmidt, Valentin Wolfgang: *Anspruch
    und Ausdruck in der Architektur des späten
    Historismus in Deutschland (1860–1914)*,
    Frankfurt am Main 1985, S. 177–181
Rückwardt, Hermann: *Architektur der Neuzeit*,
    Serie II, Berlin 1892, Taf. 21–23
Deutsche Bauzeitung 33.1899, S. 161/162, 165

GESCHÄFTSHAUS FASSKESSEL & MÜNTMANN (SEITE 104)

Nachlass Hans Grisebach in der Kunstbiblio-
    thek Berlin E 3483 b gr. (Bilder Nr. 46, 56,
    61, 79)
Architekturmuseum der TU Berlin, Inv.-Nr. F
    9708
Berckenhagen, Ekhart: *Hans Grisebach. Archi-
    tekt der Gründerjahre*, Berlin 1974, S. 28
Architekten-Verein zu Berlin/Vereinigung Ber-
    liner Architekten: *Berlin und seine Bauten*,
    Bd. III, Berlin 1896, S. 54, 56
Blätter für Architektur und Kunsthandwerk
    5.1892, S. 3, Taf. 9 und 7. 1894, S. 71,
    Taf. 118
Architektonische Rundschau 11.1895, H. 3,
    Taf. 20
Licht, Hugo (Hg.): *Architektur der Gegenwart*,
    Bd. 2, Berlin 1892, S. 23, Taf. 83
Cremer, Wilhelm/Wolffenstein, Richard (Hg.):
    *Der Innere Ausbau. Sammlung ausgeführ-
    ter Arbeiten*, Berlin 1894, Band 1, Taf. 148

HERRENHAUS HEINE (SEITE 108)

Unterlagen im Archiv des Klosters Hadmers-
    leben
von Bode, Wilhelm: *Mein Leben*, Berlin 1930,
    Bd. 1, S. 8
Merfert, Walter/Peda, Gregor: *Hadmersleben
    – ehemaliges Benediktinerinnenkloster*,
    Passau 2000
Historische Kommission für die Provinz
    Sachsen und das Herzogtum Anhalt (Hg.):
    *Beschreibende Darstellung der älteren
    Bau- und Kunstdenkmäler des Kreises
    Wanzleben*, Halle 1912, S. 76–97

WOHNHAUS REIMARUS (SEITE 110)

Berckenhagen, Ekhart: *Hans Grisebach. Archi-
tekt der Gründerjahre*, Berlin 1974, S. 28
Brönner, Wolfgang: *Die bürgerliche Villa in
Deutschland 1830–1890*, 3. erw. Aufl.
Worms 2009, S. 263/264
Rave, Paul Ortwin/Wirth, Irmgard: *Die Bau-
werke und Kunstdenkmäler von Berlin.
Stadt und Bezirk Charlottenburg*, 2. Teil
Textband, Berlin 1961, S. 420
Architekten-Verein zu Berlin/Vereinigung Ber-
liner Architekten: *Berlin und seine Bauten*,
Bd. III, Berlin 1896, S. 216, 219/220
Behrendt, Walter Curt: *Hans Grisebach*, in:
Kunst und Künstler 14.1916, S. 302 f.
Deutsche Bauzeitung 25.1891, S. 185–187, 189

KREISHAUS HALBERSTADT (SEITE 112)

Berckenhagen, Ekhart: *Hans Grisebach. Archi-
tekt der Gründerjahre*, Berlin 1974, S. 28
Nachlass Hans Grisebach in der Kunstbiblio-
thek Berlin E 3483 b gr. (Bilder Nr. 44/45)
Rückwardt, Hermann: *Architektur der Neuzeit*,
Serie III, Berlin 1895, Taf. 7
Magistrat der Stadt Halberstadt (Hg.): *Hal-
berstadt*, bearbeitet von Richard Sinning,
Berlin 1926, S. 71

WOHNHAUS KAUFMANN (SEITE 114)

Bauakte im Landesarchiv Berlin, B Rep. 211
Nr. 5332
Kuhrau, Sven: *Der Kunstsammler im Kaiser-
reich*, Kiel 2005, S. 109, 195–197, 278, 238

VILLA RAUSSENDORFF (SEITE 118)

Bauakte im Landesarchiv Berlin,
B Rep. 207 Nr. 2189
Architekturmuseum der TU Berlin, Inv.-Nr.
B 3255,07–B 3255,10
Berckenhagen, Ekhart: *Hans Grisebach. Archi-
tekt der Gründerjahre*, Berlin 1974, S. 28
Nachlass Hans Grisebach in der Kunstbiblio-
thek Berlin E 3483 b gr. (Bilder 60, 62,
68, 89)

Rave, Paul Ortwin/Wirth, Irmgard: *Die Bau-
werke und Kunstdenkmäler von Berlin.
Stadt und Bezirk Charlottenburg*, 2. Teil
Textband, Berlin 1961, S. 388/389, Abb. 490
von der Lieth, Elke (Hg.): *Sammlerstücke. Der
Berliner Kunstsammler Hugo Raussendorff
(1832–1908) und die Charlottenburger
Kunstdeputation*, Berlin 2008
Kuhrau, Sven: *Der Kunstsammler im Kaiser-
reich*, Kiel 2005, S. 283
Rückwardt, Hermann: *Villen-Neubauten der
Umgebung von Berlin*, Serie I, Berlin 1892,
Taf. 6–9
Rückwardt, Hermann: *Architektur der Neuzeit*,
Serie II, Berlin 1892, Taf. 94–96
Licht, Hugo (Hg.): *Architektonische Details
von ausgeführten Bauwerken*, Bd. 1, Berlin
1894, Taf. 41
Cremer, Wilhelm/Wolffenstein, Richard (Hg.):
*Der Innere Ausbau. Sammlung ausgeführ-
ter Arbeiten*, Berlin 1894, Band 1, Taf. 95/96
Deutsche Bauzeitung 25.1891, S. 483

VILLA SPRINGMANN (SEITE 126)

Berckenhagen, Ekhart: *Hans Grisebach. Architekt der Gründerjahre*, Berlin 1974, S. 24
Nachlass Hans Grisebach in der Kunstbibliothek Berlin E 3483 b gr. (Bild 55)
Kick, Wilhelm (Hg.): *Moderne Neubauten. Fortlaufend erscheinende illustrierte Blätter für
Architektur*, 1. Jahrgang, Stuttgart 1894,
Taf. 62, 70
von Germersheim, Barbara: *Unternehmervillen
der Kaiserzeit (1871–1914)*, München 1988,
S. 151–155

WOHNHAUS GRISEBACH (SEITE 130)

Nachlass Hans Grisebach in der Kunstbib-
liothek Berlin HDZ 3526 und E 3483 b gr.
(Bilder 15/16, 19, 22, 115–119)
Berckenhagen, Ekhart: *Hans Grisebach. Archi-
tekt der Gründerjahre*, Berlin 1974, S. 29
Architekturmuseum der TU Berlin, Inv.-Nr. F
9706/9707
Architekten-Verein zu Berlin/Vereinigung Ber-
liner Architekten: *Berlin und seine Bauten*,
Bd. III, Berlin 1896, S. 129–132

Quellen

Brönner, Wolfgang: *Die bürgerliche Villa in Deutschland 1830–1890*, 3. erw. Aufl. Worms 2009, S. 262, 271, 339, 348, 350

Rave, Paul Ortwin/Wirth, Irmgard: *Die Bauwerke und Kunstdenkmäler von Berlin. Stadt und Bezirk Charlottenburg*, 2. Teil Textband, Berlin 1961, S. 389/390

Behrendt, Walter Curt: *Hans Grisebach*, in: *Kunst und Künstler* 14.1916, S. 306 f.

Deutsche Bank Berlin (Hg.): *Stadtvilla Grisebach und Käthe-Kollwitz-Museum*, Berlin 1986

Licht, Hugo (Hg.): *Architektur der Gegenwart, Berlin 1890–1900*, Band 3, S. 1/2, Taf. 5/6, 8/9

Blätter für Architektur und Kunsthandwerk 5.1892, S. 43, Taf. 81–83 und 6.1893, S. 28, Taf. 58

Deutsche Bauzeitung 25.1891, S. 484

WOHNHAUS KLOPSTOCKSTRASSE (SEITE 138)

Bauakte im Landesarchiv von Berlin B Rep. 202, Nr. 1191 (Beginn der Akte ist das Jahr 1891, ein Hinweis auf Grisebach findet sich darin nicht)

Nachlass Hans Grisebach in der Kunstbibliothek Berlin E 3483 b gr. (Bilder 36, 54)

Berckenhagen, Ekhart: *Hans Grisebach. Architekt der Gründerjahre*, Berlin 1974, S. 29

Architekten-Verein zu Berlin/Vereinigung Berliner Architekten: *Berlin und seine Bauten*, Bd. III, Berlin 1896, S. 241, 245

Licht, Hugo (Hg.): *Architektonische Details von ausgeführten Bauwerken*, Bd. 1, Berlin 1894, Taf. 62, 99

Licht, Hugo (Hg.): *Architektur der Gegenwart*, Bd. 3, Berlin 1894, S. 15, Taf. 55

Rave, Paul Ortwin/Wirth, Irmgard: *Die Bauwerke und Kunstdenkmäler von Berlin. Bezirk Tiergarten*, Berlin 1955, S. 163

JOHANNESKIRCHE (SEITE 142)

Nachlass Hans Grisebach in der Kunstbibliothek Berlin E 3483 b gr. (Bild 17)

Berckenhagen, Ekhart: *Hans Grisebach. Architekt der Gründerjahre*, Berlin 1974, S. 29

Landesamt für Denkmalpflege (Hg.): *Kulturdenkmäler in Hessen. Universitätsstadt Gießen*, Braunschweig/Wiesbaden 1993, S. 94

Evangelische Johannesgemeinde/Evangelische Lukasgemeinde (Hg.): *1893–1993. 100 Jahre Johanneskirche. Festschrift zum 100jährigen Jubiläum der Johanneskirche zu Gießen*, Gießen 1993, darin: Naumann, Karl: *Die Johanneskirche zu Gießen. Festschrift zur Feier der Einweihung am Donnerstag den 30. November 1893*, Gießen 1893

Dinklage, August: *Hans Grisebach*, in: *Centralblatt der Bauverwaltung* 24.1904

Deutsche Bauzeitung 25.1891, S. 213

WOHN- UND GESCHÄFTSHAUS BLUMEN-SCHMIDT (SEITE 144)

Berckenhagen, Ekhart: *Hans Grisebach. Architekt der Gründerjahre*, Berlin 1974, S. 29

Nachlass Hans Grisebach in der Kunstbibliothek Berlin E 3483 b gr. (Bilder 58–60)

Architekten-Verein zu Berlin/Vereinigung Berliner Architekten: *Berlin und seine Bauten*, Bd. III, Berlin 1896, S. 51, 52, 55

Architektonische Rundschau 12.1896, H. 2, Taf. 9

The Builder 27.4.1895, Taf. nach S. 314

Centralblatt der Bauverwaltung 16.1896, Nr. 33, S. 361–363

Rückwardt, Hermann: *Architektur der Neuzeit*, Serie III, Berlin 1895, Taf. 83, 86

Licht, Hugo (Hg.): *Architektur der Gegenwart, Berlin 1890–1900*, Bd. 4, Berlin 1897, S. 19/20, Taf. 76

VILLA FÜRST ZU STOLBERG-WERNIGERODE (SEITE 150)

Nachlass Hans Grisebach in der Kunstbibliothek Berlin E 3483 b gr. (Bilder 93–95, 97, 112/113)

Behrendt, Walter Curt: *Hans Grisebach*, in: *Kunst und Künstler* 14.1916, S. 302

Licht, Hugo (Hg.): *Architektur der Gegenwart, Berlin 1890–1900*, Band 4, Berlin 1897, S. 13, Taf. 53

Grisebach, Erich: *Geschichte der Familie Grisebach*, Hamburg 1936, S. 175–177

HERRENHAUS HASENCLEVER (SEITE 154)

Berckenhagen, Ekhart: *Hans Grisebach. Architekt der Gründerjahre*, Berlin 1974, S. 30

Nachlass Hans Grisebach in der Kunstbibliothek Berlin E 3483 b gr. (Bilder 52/53)

Artelt, Gisbert: *Der Park in Tremsbüttel*, in: Kreis Stormarn (Hg.): *Denkmalpflege im Kreis Stormarn II*, Neumünster 1989, S. 148–178

Mennekes, Ralf: *Die Renaissance der deutschen Renaissance*, Petersberg 2005, S. 401–404

Neuschäffer, Hubertus: *Schlösser und Herrenhäuser in Südholstein*, Würzburg 1984, S. 179–190

Blätter für Architektur und Kunsthandwerk 12.1899, S. 41/42, Taf. 27/28, 50–52, 104/105 sowie 13.1900, S. 81, Taf. 102 sowie 14.1901, S. 73, 82, Taf. 107, 193

PETERSKIRCHE (SEITE 158)

Nachlass Hans Grisebach in der Kunstbibliothek Berlin E 4383 b gr. (Bilder Nr. 13, 24, 29/30, 66/67, 70/71, 91)

Architekturmuseum der TU Berlin, Inv.-Nr. 1559–1563, 1563.1, B 0836, B 0862, B 0870, B0871

Berckenhagen, Ekhart: *Hans Grisebach. Architekt der Gründerjahre*, Berlin 1974, S. 28

Battenberg, Friedrich Wilhelm: *Die alte und die neue Peterskirche zu Frankfurt am Main*, Leipzig/Frankfurt am Main 1895

Hammerschmidt, Valentin Wolfgang: *Anspruch und Ausdruck in der Architektur des späten Historismus in Deutschland (1860–1914)*, Frankfurt am Main 1985, S. 294 f.

Kick, Wilhelm (Hg.): *Moderne Neubauten. Fortlaufend erscheinende illustrierte Blätter für Architektur*, 2. Jahrgang, Stuttgart 1895, Taf. 51, 77, 85/86

Deutsche Bauzeitung 24.1890, Nr. 88, S. 529–534

Centralblatt der Bauverwaltung 10.1890, Nr. 43, S. 443–446

Blätter für Architektur und Kunsthandwerk 4.1891, S. 1, Taf. 4/5

Architektonische Rundschau 7.1891, H. 5, Taf. 36

SCHLOSS VON WULF (SEITE 164)

Nachlass Hans Grisebach in der Kunstbibliothek Berlin HDZ 3526 (HDZ 7297) und E 3483 b gr. (Bilder 18, 20)

Architekturmuseum der TU Berlin, Inv.-Nr. 1593–1596

Berckenhagen, Ekhart: *Hans Grisebach. Architekt der Gründerjahre*, Berlin 1974, S. 29, 51

Brönner, Wolfgang: *Die bürgerliche Villa in Deutschland 1830–1890*, 3. erw. Aufl. Worms 2009, S. 314/315

Grisebach, Erich: *Geschichte der Familie Grisebach*, Hamburg 1936, S. 191 (Erich Grisebach schreibt hier allerdings, dass das „Schloss in Livland 1905 zerstört" worden sei)

Zeitschrift für Bauwesen 46.1896, S. 159–161

AUSSTELLUNGSGEBÄUDE FÜR CHEMIE UND OPTIK (SEITE 168)

Berckenhagen, Ekhart: *Hans Grisebach. Architekt der Gründerjahre*, Berlin 1974, S. 30

Nachlass Hans Grisebach in der Kunstbibliothek Berlin E 3483 b gr. (Bilder 34/35)

Centralblatt der Bauverwaltung 15.1895, S. 153–156 sowie 16.1896, S. 77–79, S. 350–354

Deutsche Bauzeitung 30.1896, S. 265, 268 f.

Behrendt, Walter Curt: *Hans Grisebach*, in: *Kunst und Künstler* 14.1916, S. 297, 301

Dinklage, August: *Hans Grisebach*, in: *Centralblatt der Bauverwaltung* 24.1904

Lindenberg, Paul: *Berliner Gewerbe-Ausstellung 1896*, Berlin 1896

VILLA NEUBURGER (SEITE 172)

Bauakte im Archiv Berlin Charlottenburg-Wilmersdorf

Berckenhagen, Ekhart: *Hans Grisebach. Architekt der Gründerjahre*, Berlin 1974, S. 30

Brönner, Wolfgang: *Die bürgerliche Villa in Deutschland 1830–1890*, 3. erw. Aufl. Worms 2009, S. 263/264

Architekten- und Ingenieur-Verein zu Berlin (Hg.): *Berlin und seine Bauten*, Bd. IV C, Berlin/München/Düsseldorf 1975, S. 64

Quellen

Senatsverwaltung für Stadtentwicklung und
    Umweltschutz (Hg.): *Denkmaltopographie
    der Bundesrepublik Deutschland. Bau-
    denkmale in Berlin. Bezirk Wilmersdorf,
    Ortsteil Grunewald*, Berlin 1993, S. 36/37
Centralblatt der Bauverwaltung 18.1898,
    S. 97/98
Architektonische Rundschau 15.1899, Taf. 77
Academy Architecture 1899, S. 104

VILLA WEISE (SEITE 178)

Bauakte im Stadtarchiv Halle
Berckenhagen, Ekhart: *Hans Grisebach. Archi-
    tekt der Gründerjahre*, Berlin 1974, S. 30
Brönner, Wolfgang: *Die bürgerliche Villa in
    Deutschland 1830–1890*, 3. erw. Aufl.
    Worms 2009, S. 263, 265
Landesamt für Denkmalpflege Sachsen-Anhalt
    (Hg.): *Denkmalverzeichnis Sachsen-Anhalt*,
    Bd. 4 Stadt Halle, Halle 1996, S. 197
Noeldner, Dana: *Villa Weise*, in: Dolgner, Dieter
    (Hg.): *Historische Villen der Stadt Halle/
    Saale*, Halle (Saale) 1998, S. 67–74
Blätter für Architektur und Kunsthandwerk
    10.1897, S. 69, Taf. 91/92

ST. JOHANNIS-KIRCHE (SEITE 182)

Bauakten im Archiv der Kirchengemeinde
    Bretleben
Berckenhagen, Ekhart: *Hans Grisebach. Archi-
    tekt der Gründerjahre*, Berlin 1974, S. 31
Thüringisches Landesamt für Denkmalpflege
    (Hg.): *Denkmaltopographie Bundesrepublik
    Deutschland. Kulturdenkmale in Thürin-
    gen*, Bd. 5.3 Kyffhäuserkreis, östlicher
    Teil, bearbeitet von Dietrich Wiegand,
    S. 1064–1066
Dinklage, August: *Hans Grisebach*, in: *Cen-
    tralblatt der Bauverwaltung* 24.1904

VILLA RIEDEL (SEITE 184)

Bauakte im Stadtarchiv Halle (Saale)
Architekturmuseum der TU Berlin, Inv.-Nr.
    F 9710
Berckenhagen, Ekhart: *Hans Grisebach. Archi-
    tekt der Gründerjahre*, Berlin 1974, S. 30

Brönner, Wolfgang: *Die bürgerliche Villa in
    Deutschland 1830–1890*, 3. erw. Aufl.
    Worms 2009, S. 263, 265
Brülls, Holger/Dietzsch, Thomas: *Architektur-
    führer Halle an der Saale*, Berlin 2000, S. 116
Landesamt für Denkmalpflege Sachsen-Anhalt
    (Hg.): *Denkmalverzeichnis Sachsen-Anhalt*,
    Bd. 4 Stadt Halle, Halle 1996, S. 32
Müller, Kathrin: *Villa Riedel*, in: Dolgner, Dieter
    (Hg.): *Historische Villen der Stadt Halle/
    Saale*, Halle (Saale) 1998, S. 75–82
Blätter für Architektur und Kunsthandwerk
    11.1898, S. 50/51, Taf. 69–71
Berliner Architekturwelt 1.1899, S. 6
Architektonische Rundschau 16.1900, H. 2,
    S. 14, Taf. 10 und H. 3, Taf. 18

**NORDBÖHMISCHES GEWERBEMUSEUM
    (SEITE 190)**

Berckenhagen, Ekhart: *Hans Grisebach. Archi-
    tekt der Gründerjahre*, Berlin 1974, S. 31
Architekturmuseum der TU Berlin, Inv.-Nr. 1588
Hammerschmidt, Valentin Wolfgang: *Anspruch
    und Ausdruck in der Architektur des späten
    Historismus in Deutschland (1860–1914)*,
    Frankfurt am Main 1985, S. 103/104
Der Architekt 2.1896, S. 13 und 3.1897, S. 17/18,
    Taf. 33/34
Deutsche Bauzeitung 33.1899, S. 613/614,
    629/630, 633, 637, Taf. 100
Pazaurek, Gustav E.: *Das Nordböhmische Ge-
    werbemuseum 1873–98*, Reichenberg 1898

HERRENHAUS GINZKEY (SEITE 194)

Berckenhagen, Ekhart: *Hans Grisebach. Archi-
    tekt der Gründerjahre*, Berlin 1974, S. 31
Brönner, Wolfgang: *Die bürgerliche Villa in
    Deutschland 1830–1890*, 3. erw. Aufl.
    Worms 2009, S. 263/264
Centralblatt der Bauverwaltung 18.1898,
    Nr. 22, S. 253–255

VILLA NEISSER (SEITE 198)

Berckenhagen, Ekhart: *Hans Grisebach. Archi-
    tekt der Gründerjahre*, Berlin 1974, S. 31
Architekturmuseum der TU Berlin, Inv.-Nr. B
    0922

Buchwald, Conrad: *Das Haus Albert und Toni Neisser*, Breslau 1920

Harasimowicz, Jan: *Atlas architektury Wroclawia*, 2 Bd., Breslau 1997/1998

Kick, Wilhelm (Hg.): *Moderne Neubauten. Fortlaufend erscheinende illustrierte Blätter für Architektur*, 4. Jahrgang, Stuttgart 1898, Taf. 36, S. 40

SCHLOSS VON SCHNITZLER (SEITE 202)

Nachlass Hans Grisebach in der Kunstbibliothek Berlin E 3483 b gr. (Bilder 2–6, 43)

Berckenhagen, Ekhart: *Hans Grisebach. Architekt der Gründerjahre*, Berlin 1974, S. 30

Deutsche Bauzeitung 37.1903, S. 325/326, 329, 335, 338–340

Adamiak, Josef: *Schlösser und Gärten in Mecklenburg*, Leipzig 1975, S. 264, Taf. 184

ATELIER LIEBERMANN (SEITE 208)

Bauakte im Landesarchiv Berlin, A Rep. 010-02 Nr. 7842

Architekturmuseum der TU Berlin, Inv.-Nr. F 0058

Achenbach, Sigrid/Eberle, Matthias (Hg.): *Max Liebermann in seiner Zeit*, Ausstellungskatalog Nationalgalerie Berlin, München 1979, S. 296/297

Demps, Laurenz: *Der Pariser Platz*, Berlin 1995, S. 77–82

Pfisterer, Ulrich/von Rosen, Valeska (Hg.): *Der Künstler als Kunstwerk. Selbstporträts vom Mittelalter bis zur Gegenwart*, Stuttgart 2005, darin: Ziegler, Hendrik: *Max Liebermann*, S. 144/145

GUTSHAUS SCHÜTTE (SEITE 214)

Nachlass Hans Grisebach in der Kunstbibliothek Berlin E 3483 b gr. (Bild 67)

Berckenhagen, Ekhart: *Hans Grisebach. Architekt der Gründerjahre*, Berlin 1974, S. 31/32 (Berckenhagen führt neben dem Gutshaus Steinhagen in Mecklenburg auch eine Villa Bützow auf. Vermutlich handelt es sich um dasselbe Projekt)

Grisebach, Erich: *Geschichte der Familie Grisebach*, Hamburg 1936, S. 145, 170

AUSSTELLUNGSGEBÄUDE DER BERLINER SECESSION (SEITE 216)

Berckenhagen, Ekhart: *Hans Grisebach. Architekt der Gründerjahre*, Berlin 1974, S. 31

o. V.: *Katalog der deutschen Kunstausstellung der Berliner Secession*, Berlin 1899

o. V.: *Katalog der deutschen Kunstausstellung der Berliner Secession*, Berlin 1900

Rave, Paul Ortwin/Wirth, Irmgard: *Die Bauwerke und Kunstdenkmäler von Berlin. Stadt und Bezirk Charlottenburg*, 2. Teil Textband, Berlin 1961, S. 269/270

Architekten- und Ingenieurverein zu Berlin: *Berlin und seine Bauten*, Teil VIII Bd. B, Berlin/München/Düsseldorf 1980, S. 129/130, 147

Doede, Werner: *Die Berliner Secession*, Berlin 1977, S. 17/18, 20

Berliner Architekturwelt 2.1899/1900, S. 115–120

Bundesarchiv Bild 183-1986-0718-502

VILLA WEISE (SEITE 220)

Berckenhagen, Ekhart: *Hans Grisebach. Architekt der Gründerjahre*, Berlin 1974, S. 32

Brönner, Wolfgang: *Die bürgerliche Villa in Deutschland 1830–1890*, 3. erw. Aufl. Worms 2009, S. 263/264

Held, Bettina: *Ernst und Günther Paulus (1868–1936 und 1898–1976) Architekten*, Berlin 2010, S. 17/18

Architektonische Rundschau 17.1901, S. 59/60, Taf. 40

Berliner Architekturwelt 2.1900, S. 130

WOHNHAUS HAUPTMANN (WIESENSTEIN) (SEITE 224)

Berckenhagen, Ekhart: *Hans Grisebach. Architekt der Gründerjahre*, Berlin 1974, S. 31

Briefnachlass und Manuskriptnachlass Gerhart Hauptmann, Staatsbibliothek zu Berlin Preußischer Kulturbesitz, Handschriftenabteilung

Schmitz, Walter: *Das Haus Wiesenstein. Gerhart Hauptmanns dichterisches Wohnen*, Dresden 2009

Brönner, Wolfgang: *Die bürgerliche Villa in Deutschland 1830–1890*, 3. erw. Aufl. Worms 2009, S. 349/350

De Bruyn, Wolfgang/Johanning, Antje: *Gerhart Hauptmann und seine Häuser. Hiddensee, Erkner, Schreiberhau, Agnetendorf*, Kunersdorf 2007, S. 159–197

Hauptmann, Gerhart: *Buch der Leidenschaft. Roman einer Ehe*, in: *Sämtliche Werke Band 7*, Berlin 1929

Pleschinski, Hans: *Wiesenstein*, München 2018 (Roman)

HOCHBAHNSTATION SCHLESISCHES TOR (SEITE 228)

Berckenhagen, Ekhart: *Hans Grisebach. Architekt der Gründerjahre*, Berlin 1974, S. 31

Hammerschmidt, Valentin Wolfgang: *Anspruch und Ausdruck in der Architektur des späten Historismus in Deutschland (1860–1914)*, Frankfurt am Main 1985, S. 594 f.

Bohle-Heintzenberg, Sabine: *Die Architektur der Berliner Hoch- und Untergrundbahn. Planungen, Entwürfe und Bauten bis 1930*, Berlin 1980, S. 45/46

Bongiorno, Biagia: *Verkehrsdenkmale in Berlin. Die Bahnhöfe der Berliner Hoch- und Untergrundbahn*, Berlin 2007, S. 48

Meyer-Kronthaler, Jürgen: *Berlins U-Bahnhöfe – Die ersten hundert Jahre*, Berlin 1996, S. 242/243

Architekten- und Ingenieur-Verein zu Berlin (Hg.): *Berlin und seine Bauten*, Teil X, Band B, Anlagen und Bauten für den Verkehr (1) Städtischer Nahverkehr, Berlin/München/Düsseldorf 1979, S. 38/39, S. 102/103

Landesdenkmalamt Berlin (Hg.): *Denkmaltopographie Bundesrepublik Deutschland. Denkmale in Berlin. Bezirk Friedrichshain-Kreuzberg, Ortsteil Kreuzberg*, Petersberg 2016, Seite 258/259

Centralblatt der Bauverwaltung 19.1899, S. 489/490

Dekorative Kunst 5.1902, S. 233

Deutsche Bauzeitung 36.1902, S. 268/269, 278

Blätter für Architektur und Kunsthandwerk 15.1902, S. 65/66, Taf. 83/84

Berliner Architekturwelt 4.1902, S. 346

VILLA LEVIN (SEITE 236)

Berckenhagen, Ekhart: *Hans Grisebach. Architekt der Gründerjahre*, Berlin 1974, S. 31

Brönner, Wolfgang: *Die bürgerliche Villa in Deutschland 1830–1890*, 3. erw. Aufl. Worms 2009, S. 263, 265, 348, 351

Dinklage, August: *Hans Grisebach*, in: *Centralblatt der Bauverwaltung* 24.1904, S. 267

von Germersheim, Barbara: *Unternehmervillen der Kaiserzeit (1871–1914)*, München 1988, S. 185–189

Müller, Hans-Herbert (Hg.): *Denkmaltopografie Bundesrepublik Deutschland. Baudenkmale in Niedersachsen. Stadt Göttingen 5.1*, Braunschweig/Wiesbaden 1982

Architektonische Rundschau 15.1899, S. 72, Taf. 47/48

WOHNHAUS CLEVE (SEITE 240)

Bauakte im Archiv Berlin Charlottenburg-Wilmersdorf

Mielke, Friedrich: *Das Bürgerhaus in Potsdam*, Tübingen 1972, S. 239, Abb. S. 240 und Taf. 143b (nur zur Innentür aus dem Holländischen Viertel)

Architektur des XX. Jahrhunderts 4.1904, S. 12/13, Taf. 23

Keramische Monatshefte 1904, H. 5, S. 9, 66, 69

WEITERE PROJEKTE

GRABMAL SPAETER (SEITE 248)

Berckenhagen, Ekhart: *Hans Grisebach. Architekt der Gründerjahre*, Berlin 1974, S. 22

Nachlass Hans Grisebach in der Kunstbibliothek Berlin HDZ 3526 (HDZ 7264) und E 3483 b gr. (Bild 51)

ERBBEGRÄBNIS LIEBERMANN (SEITE 248)

Steckner, Cornelius: *Museum Friedhof, Bedeutende Grabmäler in Berlin*, Berlin 1984, S. 54/55

Jüdische Gemeinde zu Berlin (Hg.): *Der Jüdische Friedhof Schönhauser Allee, Berlin*, bearbeitet von Jörg Kuhn und Fiona Laudamus, Berlin 2011

GRABMAL GRISEBACH (SEITE 248)

Archiv Luisen-Kirchhof III, Acta Grisebach
Grisebach, Erich: *Geschichte der Familie Grisebach*, Hamburg 1936, S. 192/193
Jochens, Birgit/May, Herbert: *Die Friedhöfe in Berlin-Charlottenburg. Geschichte der Friedhofsanlagen und deren Grabmalkultur*, Berlin 1994, S. 192

ORCHESTERPAVILLON ZENNER (SEITE 251)

Berckenhagen, Ekhart: *Hans Grisebach. Architekt der Gründerjahre*, Berlin 1974, S. 27
Rückwardt, Hermann: *Berliner Neubauten*, Berlin o. J., Taf. 10

AUSSTELLUNGSHALLE FÜR WEINBAU IN CHICAGO (SEITE 251)

o. V.: *Columbische Weltausstellung in Chicago. Amtlicher Katalog der Ausstellung des Deutschen Reiches*, Berlin 1893
Centralblatt der Bauverwaltung 13.1893, S. 406, 457/458

AUSSTELLUNGSPAVILLON FÜR DIE CHEMISCHE INDUSTRIE IN CHICAGO (SEITE 251)

o. V.: *Columbische Weltausstellung in Chicago. Amtlicher Katalog der Ausstellung des Deutschen Reiches*, Berlin 1893
Dinklage, August: *Hans Grisebach*, in: *Centralblatt der Bauverwaltung* 24.1904
Die Chemische Industrie 1.5.1893, S. 165 und 15.5.1893, S. 169

AUSSTELLUNGSHALLE FÜR DIE CHEMISCHE INDUSTRIE IN PARIS (SEITE 252)

o. V.: *Weltausstellung zu Paris 1900: Sammelausstellung der Deutschen Chemischen Industrie*, Berlin 1900
Dinklage, August: *Hans Grisebach*, in: *Centralblatt der Bauverwaltung* 24.1904

MOBILIAR FÜR ANNA WEIDENBUSCH IN WIESBADEN (SEITE 253)

Berckenhagen, Ekhart: *Hans Grisebach. Architekt der Gründerjahre*, Berlin 1974, S. 20
Nachlass Hans Grisebach in der Kunstbibliothek Berlin HDZ 3526 (HDZ 7234–7236)

WOHNUNGSAUSSTATTUNG FÜR DR. WEIDENBUSCH IN WIESBADEN (SEITE 253)

Berckenhagen, Ekhart: *Hans Grisebach. Architekt der Gründerjahre*, Berlin 1974, S. 23
Nachlass Hans Grisebach in der Kunstbibliothek Berlin HDZ 3526 (HDZ 7271–7274)

AUSSTATTUNG DER VILLA SCHIERENBERG IN WIESBADEN (SEITE 254)

Berckenhagen, Ekhart: *Hans Grisebach. Architekt der Gründerjahre*, Berlin 1974, S. 22
Nachlass Hans Grisebach in der Kunstbibliothek Berlin HDZ 3526 (HDZ 7265–7269)
(siehe auch Entwürfe und Realisierungen ohne gesicherte Nachweise)

AUSSTATTUNG DES WOHNHAUSES GRAFE IN WUPPERTAL (SEITE 254)

Berckenhagen, Ekhart: *Hans Grisebach. Architekt der Gründerjahre*, Berlin 1974, S. 24
Nachlass Hans Grisebach in der Kunstbibliothek Berlin HDZ 3526 (HDZ 7201, 7282/7283)

MÖBLIERUNG DER VILLA WAHLLAENDER IN BERLIN-TIERGARTEN (SEITE 255)

Berckenhagen, Ekhart: *Hans Grisebach. Architekt der Gründerjahre*, Berlin 1974, S. 27
Nachlass Hans Grisebach in der Kunstbibliothek Berlin HDZ 3526 (HDZ 7247)
Cremer, Wilhelm/Wolffenstein, Richard (Hg.): *Der Innere Ausbau. Sammlung ausgeführter Arbeiten*, Berlin 1894, Band 1, Taf. 12/13

FÜRSTLICHES JAGDSCHLOSS (SEITE 256)

Berckenhagen, Ekhart: *Hans Grisebach. Architekt der Gründerjahre*, Berlin 1974, S. 17

Quellen

Architekturmuseum der TU Berlin, Inv.-Nr.
1590/1591

STÄDTISCHES WOHNHAUS (SEITE 257)

Berckenhagen, Ekhart: *Hans Grisebach. Architekt der Gründerjahre*, Berlin 1974, S. 17/18
Nachlass Hans Grisebach in der Kunstbibliothek Berlin HDZ 3526 (HDZ 7206, 7215)

**WETTBEWERB ST. PETRIKIRCHE
IN LEIPZIG (SEITE 257)**

Berckenhagen, Ekhart: *Hans Grisebach. Archi-
tekt der Gründerjahre*, Berlin 1974, S. 18
Hammerschmidt, Valentin Wolfgang: *Anspruch
und Ausdruck in der Architektur des späten
Historismus in Deutschland (1860–1914)*,
Frankfurt am Main 1985, S. 285 f.
Deutsche Bauzeitung 1878, S. 157/158,
221/222, 235 und 1879, S. 125/126, 135–137

**KÜSTERHAUS DER BERGKIRCHE
IN WIESBADEN (SEITE 258)**

Berckenhagen, Ekhart: *Hans Grisebach. Architekt der Gründerjahre*, Berlin 1974,
S. 18–20
Nachlass Hans Grisebach in der Kunstbibliothek Berlin HDZ 3526 (HDZ 7226,
7237/7238)

**VILLA SCHIERENBERG IN WIESBADEN
(SEITE 259)**

Berckenhagen, Ekhart: *Hans Grisebach. Architekt der Gründerjahre*, Berlin 1974, S. 22
Nachlass Hans Grisebach in der Kunstbibliothek Berlin HDZ 3526 (HDZ 7265–7269)
o. V.: *Villen und Landhäuser. Sammlung von
kleineren laendlichen Wohnhaeusern,
entworfen und ausgefuehrt von hervorragenden Architekten*, Berlin 1896, Taf. 48
(eventuell handelt es sich hierbei um die
Villa Schierenberg)

**VILLA SCHWEISGUTH IN GARMISCH-PARTEN-
KIRCHEN (SEITE 259)**

Berckenhagen, Ekhart: *Hans Grisebach. Architekt der Gründerjahre*, Berlin 1974, S. 19

Nachlass Hans Grisebach in der Kunstbibliothek Berlin HDZ 3526 (HDZ 7223–7225)
o. V.: *Villen und Landhäuser. Sammlung von
kleineren laendlichen Wohnhaeusern,
entworfen und ausgefuehrt von hervorragenden Architekten*, Berlin 1896, Taf. 10

**WOHNHAUS SPAETER IN KOBLENZ
(SEITE 261)**

Nachlass Hans Grisebach in der Kunstbibliothek Berlin HDZ 3526 (HDZ 7260)

**WETTBEWERB RATHAUS WIESBADEN
(SEITE 261)**

Berckenhagen, Ekhart: *Hans Grisebach. Architekt der Gründerjahre*, Berlin 1974, S. 24
Nachlass Hans Grisebach in der Kunstbibliothek Berlin HDZ 3526 (HDZ 7279)
Architekturmuseum der TU Berlin, Inv.-Nr.
1573–1587
Centralblatt der Bauverwaltung 2.1882, S. 357,
417–420

**WETTBEWERB WOHNHAUS IN LÜDENSCHEID
(SEITE 264)**

Berckenhagen, Ekhart: *Hans Grisebach. Architekt der Gründerjahre*, Berlin 1974, S. 25
Nachlass Hans Grisebach in der Kunstbibliothek Berlin HDZ 3526 (HDZ 7291)
Architekturmuseum der TU Berlin, Inv.-Nr. MK
57-077 bis 57-083
Centralblatt der Bauverwaltung 4.1884, S. 16

**WETTBEWERB CHRISTUSKIRCHE
UNTERBARMEN IN WUPPERTAL
(SEITE 265)**

Berckenhagen, Ekhart: *Hans Grisebach. Architekt der Gründerjahre*, Berlin 1974, S. 25
Nachlass Hans Grisebach in der Kunstbibliothek Berlin E 3483 b gr. (Bild 23/Kostenauf-
listung)
Architekturmuseum der TU Berlin, Inv.-Nr.
1568–1570

WETTBEWERB VEREINSHAUS DER DEUTSCHEN BUCHHÄNDLER IN LEIPZIG (SEITE 265)

Berckenhagen, Ekhart: *Hans Grisebach. Architekt der Gründerjahre*, Berlin 1974, S. 26
Nachlass Hans Grisebach in der Kunstbibliothek Berlin HDZ 3526 (HDZ 7294)
Architekturmuseum der TU Berlin, Inv.-Nr. 1589

WETTBEWERB RATHAUS REICHENBERG (LIBEREC), TSCHECHIEN (SEITE 266)

Nachlass Hans Grisebach in der Kunstbibliothek Berlin E 3483 b gr. (Bild 75)
Hammerschmidt, Valentin Wolfgang: *Anspruch und Ausdruck in der Architektur des späten Historismus in Deutschland (1860–1914)*, Frankfurt am Main 1985, S. 370
Deutsche Bauzeitung 21.1887, S. 577–580, 613–615

WETTBEWERB RATHAUS DESSAU (SEITE 267)

Berckenhagen, Ekhart: *Hans Grisebach. Architekt der Gründerjahre*, Berlin 1974, S. 27
Architekturmuseum der TU Berlin, Inv.-Nr. 1571

WETTBEWERB EVANGELISCHE KIRCHE IN KARLSRUHE (SEITE 268)

Berckenhagen, Ekhart: *Hans Grisebach. Architekt der Gründerjahre*, Berlin 1974, S. 28
Architekturmuseum der TU Berlin, Inv.-Nr. 1564

WETTBEWERB KAISERIN-AUGUSTA-GEDÄCHTNISKIRCHE IN BERLIN (SEITE 269)

Berckenhagen, Ekhart: *Hans Grisebach. Architekt der Gründerjahre*, Berlin 1974, S. 28
Architekturmuseum der TU Berlin, Inv.-Nr. 1565–1567
Centralblatt der Bauverwaltung 10.1890, S. 144

WETTBEWERB KAISER-WILHELM-GEDÄCHTNISKIRCHE IN BERLIN (SEITE 271)

Nachlass Hans Grisebach in der Kunstbibliothek Berlin E 3483 b gr. (Bilder Nr. 41, 111)

Berckenhagen, Ekhart: *Hans Grisebach. Architekt der Gründerjahre*, Berlin 1974, S. 28
Hammerschmidt, Valentin Wolfgang: *Anspruch und Ausdruck in der Architektur des späten Historismus in Deutschland (1860–1914)*, Frankfurt am Main 1985, S. 268
Deutsche Bauzeitung 24.1890, S. 606/607, 631–634 und 25.1891, S. 37 f.
Centralblatt der Bauverwaltung, 10.1890, S. 517–519

WETTBEWERB RATHAUS PFORZHEIM (SEITE 272)

Berckenhagen, Ekhart: *Hans Grisebach. Architekt der Gründerjahre*, Berlin 1974, S. 29
Hammerschmidt, Valentin Wolfgang: *Anspruch und Ausdruck in der Architektur des späten Historismus in Deutschland (1860–1914)*, Frankfurt am Main 1985, S. 373 f.
Deutsche Konkurrenzen 1.1892, Heft 1, S. 18/19

STÄDTISCHES WOHNHAUS (SEITE 272)

Berckenhagen, Ekhart: *Hans Grisebach. Architekt der Gründerjahre*, Berlin 1974, S. 29
Nachlass Hans Grisebach in der Kunstbibliothek Berlin HDZ 3526 (HDZ 7296/7296a)

WETTBEWERB EVANGELISCHE KIRCHE IN AACHEN (SEITE 273)

Berckenhagen, Ekhart: *Hans Grisebach. Architekt der Gründerjahre*, Berlin 1974, S. 29
Deutsche Konkurrenzen 1.1892, Heft 6, S. 19–21

WETTBEWERB EVANGELISCHE KIRCHE IN MAGDEBURG (SEITE 273)

Centralblatt der Bauverwaltung 14.1894, S. 208
Deutsche Konkurrenzen 3.1894, Heft 12, S. 10/11

HERRENHAUS MOSSE IN DYROTZ (WUSTERMARK) (SEITE 274)

Berckenhagen, Ekhart: *Hans Grisebach. Architekt der Gründerjahre*, Berlin 1974, S. 30
Architekturmuseum der TU Berlin, Inv.-Nr. 1600–1605

WETTBEWERB REFORMIERTE JACOBI-KIRCHE IN DRESDEN (SEITE 276)

Berckenhagen, Ekhart: *Hans Grisebach. Architekt der Gründerjahre*, Berlin 1974, S. 30
Centralblatt der Bauverwaltung 15.1895, S. 308, 336

WETTBEWERB RATHAUS JAUER (JAWOR), POLEN (SEITE 276)

Berckenhagen, Ekhart: *Hans Grisebach. Architekt der Gründerjahre*, Berlin 1974, S. 30
Nachlass Hans Grisebach in der Kunstbibliothek Berlin E 3483 b gr. (Bild 88)
Architekturmuseum der TU Berlin, Inv.-Nr. 1572
Centralblatt der Bauverwaltung 15.1895, S. 435
Deutsche Konkurrenzen 5.1896, Heft 9, S. 14/15

WETTBEWERB RATHAUSERWEITERUNG QUEDLINBURG (SEITE 277)

Centralblatt der Bauverwaltung 16.1896, S. 464, 494–497

WETTBEWERB KREISHAUS WANZLEBEN (SEITE 277)

Berckenhagen, Ekhart: *Hans Grisebach. Architekt der Gründerjahre*, Berlin 1974, S. 30
Deutsche Konkurrenzen 7.1897, Heft 2, S. 22/23

WETTBEWERB LUTHERKIRCHE IN ZWICKAU (SEITE 277)

Deutsche Konkurrenzen 8.1898 Heft 10, S. 16–19

BIBLIOGRAFIE

Achenbach, Sigrid/Eberle, Matthias (Hg.): *Max Liebermann in seiner Zeit*, Ausstellungskatalog Nationalgalerie Berlin, München 1979

Architekten-Verein zu Berlin/Vereinigung Berliner Architekten: *Berlin und seine Bauten*, Bd. III, Berlin 1896

Architekten- und Ingenieur-Verein zu Berlin (Hg.): *Berlin und seine Bauten*, Berlin/München/Düsseldorf 1964 f.

Architekten- und Ingenieur-Verein zu Berlin (Hg.): *Berlin und seine Bauten*, Teil X, Band B, Anlagen und Bauten für den Verkehr (1) Städtischer Nahverkehr, Berlin/München/Düsseldorf 1979

Battenberg, Friedrich Wilhelm: *Die alte und die neue Peterskirche zu Frankfurt am Main*, Leipzig/Frankfurt am Main 1895

Behrendt, Walter Curt: *Hans Grisebach*, in: *Kunst und Künstler* 14.1916

Berckenhagen, Ekhart: *Hans Grisebach. Architekt der Gründerjahre*, Berlin 1974

Bohle-Heintzenberg, Sabine: *Die Architektur der Berliner Hoch- und Untergrundbahn. Planungen, Entwürfe und Bauten bis 1930*, Berlin 1980

Bongiorno, Biagia: *Verkehrsdenkmale in Berlin. Die Bahnhöfe der Berliner Hoch- und Untergrundbahn*, Berlin 2007

Brachmann, Christoph/Steigenberger, Thomas: *Ein Schwede in Berlin. Der Architekt und Designer Alfred Grenander und die Berliner Architektur (1890–1914)*, Korb 2010

Brönner, Wolfgang: *Die bürgerliche Villa in Deutschland 1830–1890*, Düsseldorf 1987 und 3. erw. Aufl. Worms 2009

Buchwald, Conrad: *Das Haus Albert und Toni Neisser*, Breslau 1920

Cremer, Wilhelm/Wolffenstein, Richard (Hg.): *Der Innere Ausbau. Sammlung ausgeführter Arbeiten*, Berlin 1894

de Bruyn, Wolfgang/Johanning, Antje: *Gerhart Hauptmann und seine Häuser. Hiddensee, Erkner, Schreiberhau, Agnetendorf*, Kunersdorf 2007

Demps, Laurenz: *Der Pariser Platz*, Berlin 1995

Deutsche Bank Berlin (Hg.): *Stadtvilla Grisebach und Käthe-Kollwitz-Museum*, Berlin 1986

Doede, Werner: *Die Berliner Secession*, Berlin 1977

Dolgner, Dieter (Hg.): *Historische Villen der Stadt Halle/Saale*, Halle (Saale) 1998

Engel, Helmut: *Baugeschichte Berlin, Band 2: Umbruch, Suche, Reformen: 1861–1918*, Berlin 2004

Evangelische Johannesgemeinde/Evangelische Lukasgemeinde (Hg.): *1893–1993. 100 Jahre Johanneskirche. Festschrift zum 100jährigen Jubiläum der Johanneskirche zu Gießen*, Gießen 1993

Fioretos, Aris (Hg.): *Berlin über und unter der Erde. Alfred Grenander, die U-Bahn und die Kultur der Metropole*, Berlin 2006

Goebel, Benedikt: *Der Umbau Alt-Berlins zum modernen Stadtzentrum*, Berlin 2003

Grisebach, August: *Lob der Timmendorfer Halle*, Heidelberg 1967 (verfasst 1938 in Potsdam und herausgegeben von Manon Maren-Grisebach, Privatdruck)

Grisebach, Erich: *Geschichte der Familie Grisebach*, Hamburg 1936

Gut, Albert: *Das Berliner Wohnhaus*, Berlin 1917

Habel, Robert: *Alfred Messels Wertheimbauten in Berlin. Der Beginn der modernen Architektur in Deutschland*, Berlin 2009

Hammerschmidt, Valentin Wolfgang: *Anspruch und Ausdruck in der Architektur des späten Historismus in Deutschland (1860–1914)*, Frankfurt am Main 1985

Harasimowicz, Jan: *Atlas architektury Wroclawia*, 2 Bd., Breslau 1997/98

Hauptmann, Gerhart: *Buch der Leidenschaft. Roman einer Ehe*, in: *Sämtliche Werke Band 7*, Berlin 1929

Held, Bettina: *Ernst und Günther Paulus (1868–1936 und 1898–1976) Architekten*, Berlin 2010

Historische Kommission bei der Bayerischen Akademie der Wissenschaften: *Neue deutsche Biographie*, Band 7, Berlin 1966

Hoh-Slodczyk, Christine: *Das Haus des Künstlers im 19. Jahrhundert*, München 1985

Jessen, Peter: *Führer durch die Sonderausstellung Die Buchkunst der alten Meister: Bestände der vormaligen Sammlung Hans Grisebach*, Berlin 1906

Jochens, Birgit/May, Herbert: *Die Friedhöfe in Berlin-Charlottenburg*, Berlin 1994

Kick, Wilhelm (Hg.): *Moderne Neubauten. Fortlaufend erscheinende illustrierte Blätter für Architektur*, Stuttgart 1894–1898

Kierdorf, Alexander: *Gut Mielenforst im 19. und 20. Jahrhundert*, in: *Rechtsrheinisches Köln, Jahrbuch für Geschichte und Landeskunde*, Band 23, Köln 1997

Kokkeling, Günther: *Conrad Wilhelm Hase: Baumeister des Historismus*, Hannover 1968

Kokkeling, Günther/Lemke-Kokkelink, Monika: *Baukunst in Norddeutschland: Architektur und Kunsthandwerk der Hannoverschen Schule 1850–1900*, Hannover 1998

Kreis Stormarn (Hg.): *Denkmalpflege im Kreis Stormarn II*, Neumünster 1989

Kromrei, Claudia: *Albert Gessner. Das städtische Miethaus. Mit einem Katalog des Gesamtwerks*, Berlin 2012

Kuhrau, Sven: *Der Kunstsammler im Kaiserreich*, Kiel 2005

Landesamt für Denkmalpflege Hessen (Hg.): *Kulturdenkmäler in Hessen. Wiesbaden II – Die Villengebiete*, Braunschweig/Wiesbaden 1988

Landesamt für Denkmalpflege Hessen (Hg.): *Kulturdenkmäler in Hessen. Wiesbaden 1.1 – Historisches Fünfeck*, Wiesbaden 2005

Landesdenkmalamt Berlin (Hg.): *Denkmaltopographie Bundesrepublik Deutschland. Denkmale in Berlin. Bezirk Friedrichshain-Kreuzberg, Ortsteil Kreuzberg*, Petersberg 2016, Seite 258/259

Licht, Hugo (Hg.): *Architektonische Details von ausgeführten Bauwerken*, 2 Bde., Berlin 1894/1900

Licht, Hugo (Hg.): *Architektur der Gegenwart*, Berlin 1890–1900

Lindenberg, Paul: *Berliner Gewerbe-Ausstellung 1896*, Berlin 1896

Matthes, Olaf: *James Simon. Mäzen im Wilhelminischen Zeitalter*, Berlin 2000

Maurer, Golo: *August Grisebach. 1881–1950. Kunsthistoriker in Deutschland*, Ruhpolding 2007

Mennekes, Ralf: *Die Renaissance der deutschen Renaissance*, Petersberg 2005

Merfert, Walter/Peda, Gregor: *Hadmersleben – ehemaliges Benediktinerinnenkloster*, Passau 2000

Meyer-Kronthaler, Jürgen: *Berlins U-Bahnhöfe: die ersten hundert Jahre*, Berlin 1996

Mielke, Friedrich: *Das Bürgerhaus in Potsdam*, Tübingen 1972

Milde, Kurt: *Neorenaissance in der deutschen Architektur des 19. Jahrhunderts*, Dresden 1981

Müller, Hans-Herbert (Hg.): *Denkmaltopografie Bundesrepublik Deutschland. Baudenkmale in Niedersachsen. Stadt Göttingen 5.1*, Braunschweig/Wiesbaden 1982

Muthesius, Hermann: *Die englische Baukunst der Gegenwart. Beispiele neuer englischer Profanbauten*, Leipzig/Berlin 1900

Muthesius, Hermann: *Das englische Haus. Entwicklung, Bedingungen, Anlage, Aufbau, Einrichtung und Innenraum*, 3 Bde., Berlin 1904

Muthesius, Stefan: *Das englische Vorbild. Eine Studie zu den deutschen Reformbewegungen in Architektur, Wohnbau und Kunstgewerbe des späteren 19. Jahrhundert*, München 1974

Neuschäffer, Hubertus: *Schleswig-Holsteins Schlösser und Herrenhäuser*, 2. Aufl., Husum 1992

Oechslin, Werner: *Stilhülse und Kern. Otto Wagner, Adolf Loos und der evolutionäre Weg zur modernen Architektur*, Zürich 1994

Pazaurek, Gustav E.: *Das Nordböhmische Gewerbemuseum 1873–98*, Reichenberg 1898

Pfisterer, Ulrich/von Rosen, Valeska (Hg.): *Der Künstler als Kunstwerk. Selbstporträts vom Mittelalter bis zur Gegenwart*, Stuttgart 2005, darin: Ziegler, Hendrik: *Max Liebermann*

Posener, Julius: *Berlin auf dem Wege zu einer neuen Architektur*, München 1979

Rave, Paul Ortwin/Wirth, Irmgard: *Die Bauwerke und Kunstdenkmäler von Berlin. Stadt und Bezirk Charlottenburg*, Berlin 1961

Rave, Paul Ortwin/Wirth, Irmgard: *Die Bauwerke und Kunstdenkmäler von Berlin. Bezirk Tiergarten*, Berlin 1955

Rückwardt, Hermann: *Architektur der Neuzeit*, Serie I bis III, Berlin 1889–1895

Rückwardt, Hermann: *Villen-Neubauten der Umgebung von Berlin*, Serie I und II, Berlin 1892/1894

Rückwardt, Hermann: *Berliner Neubauten*, Berlin o. J.

Rückwardt, Hermann/Ende, Hermann: *Architektonische Studien-Blätter*, Serie I bis III, Berlin 1884–1890

Saint, Andrew: *Richard Norman Shaw*, New Haven/London 1976

Schliepmann, Hans: *Geschäfts- und Warenhäuser*, Berlin/Leipzig 1913

Schmidt, Hartwig: *Die Bauwerke und Kunstdenkmäler von Berlin. Das Tiergartenviertel*, Teil 1: 1790–1870, Berlin 1981

Schmitz, Walter: *Das Haus „Wiesenstein". Gerhart Hauptmanns dichterisches Wohnen*, Dresden 2009

Senatsverwaltung für Stadtentwicklung und Umweltschutz (Hg.): *Baudenkmale in Berlin. Bezirk Wilmerdorf, Ortsteil Grunewald*, Berlin 1993

Stiehl, Otto (Hg.): *Ausgeführte Backsteinbauten der Gegenwart*, Berlin 1891

Thüringisches Landesamt für Denkmalpflege (Hg.): *Denkmaltopographie Bundesrepublik Deutschland. Kulturdenkmale in Thüringen*, Bd. 5.3 Kyffhäuserkreis, östlicher Teil, bearbeitet von Dietrich Wiegand

Unglaub, Franz: *Die Diele im niedersächsischen Bauernhaus und norddeutschen Bürgerhaus*, Lübeck 1911

von Bode, Wilhelm: *Mein Leben*, 2 Bde., Berlin 1930

von der Lieth, Elke (Hg.): *Sammlerstücke. Der Berliner Kunstsammler Hugo Raussendorff (1832–1908) und die Charlottenburger Kunstdeputation*, Berlin 2008

von Germersheim, Barbara: *Unternehmervillen der Kaiserzeit (1871–1914)*, München 1988

von Müller, Hans: *Eduard Grisebach – Ein Versuch*, Berlin 1910

Wendland, Folkwin: *Der Große Tiergarten in Berlin*, Berlin 1993

Wicke, Wilhelm: *Architektonische Bilderbogen*, Berlin 1886

o. V.: *Katalog der deutschen Kunstausstellung der Berliner Secession*, Berlin 1899

o. V.: *Katalog der deutschen Kunstausstellung der Berliner Secession*, Berlin 1900

o. V.: *Katalog der Großen Berliner Kunstausstellung im Landesausstellungsgebäude am Lehrter Bahnhof*, Berlin 1895

o. V.: *Amtlicher Katalog der Ausstellung des Deutschen Reiches auf der Columbischen Weltausstellung Chicago 1893*, Berlin 1893

o. V.: *Weltausstellung zu Paris 1900: Sammelausstellung der Deutschen Chemischen Industrie*, Berlin 1900

o. V.: *Villen und Landhäuser. Sammlung von kleineren laendlichen Wohnhaeusern, entworfen und ausgefuehrt von hervorragenden Architekten*, Berlin 1896

Nachrufe in Zeitschriften:

Dinklage, August: *Hans Grisebach*, in: *Centralblatt der Bauverwaltung* 24.1904

Hofmann, Albert: *Hans Grisebach*, in: *Deutsche Bauzeitung* 38.1904

Liebermann, Max: *Hans Grisebach*, in: *Kunst und Künstler*, 14.1916

von Bode, Wilhelm: *Hans Grisebach*, in: *Kunst und Künstler* 14.1916

GROSSEN DANK AN
DIETER UND THOMAS

Die Deutsche Nationalbibliothek verzeichnet diese Publikation in der Deutschen Nationalbibliografie; detaillierte bibliografische Daten sind im Internet über http://dnb.dnb.de abrufbar.

ISBN 978-3-7212-1010-1
© 2020 Niggli,
ein Imprint der Braun Publishing AG,
Salenstein

www.niggli.ch

1. Auflage 2020

Grafisches Konzept: Benjamin Wolbergs
Layout: Michaela Prinz
Korrektorat: Sophie Steybe